DOCÊNCIA em FORMAÇÃO
Ensino Médio

Coordenação:
Antônio Joaquim Severino
Selma Garrido Pimenta

© 2008 by Evandro Ghedin

© Direitos de publicação
CORTEZ EDITORA
Rua Monte Alegre, 1074 – Perdizes
05014-000 – São Paulo – SP
Tel.: (11) 3864-0111 Fax: (11) 3864-4290
cortez@cortezeditora.com.br
www.cortezeditora.com.br

Direção
José Xavier Cortez

Editor
Amir Piedade

Preparação
Alexandre Soares Santana

Revisão
Alexandre Ricardo da Cunha
Oneide M. M. Espinosa
Rodrigo da Silva Lima
Roksyvan Paiva

Edição de Arte
Mauricio Rindeika Seolin

Dados Internacionais de Catalogação na Publicação (CIP)
(Câmara Brasileira do Livro, SP, Brasil)

Ghedin, Evandro
    Ensino de Filosofia no Ensino Médio / Evandro Ghedin. — 2. ed. — São Paulo: Cortez, 2009. — (Coleção Docência em Formação. Série Ensino Médio)

ISBN 978-85-249-1326-6

1. Filosofia (Ensino Médio) 2. Filosofia – Estudo e ensino – 3. Prática e ensino. 4. Professores – Formação profissional I. Título. II. Série.

07-7447   CDD-370.71

Índices para catálogo sistemático:
1. Professores de filosofia: Formação profissional: Educação 370.71

Impresso no Brasil – setembro de 2009

Evandro Ghedin

Ensino de Filosofia no Ensino Médio

2ª edição
2009

AGRADECIMENTOS

Ao professor Antônio Joaquim Severino, que me proporcionou apoio e crescimento formativo e, com suas orientações, tornou possível este livro; a Selma Garrido Pimenta, que, entre outras contribuições, me acolheu no Grupo de Estudo e Pesquisa em Formação de Educadores (Gepefe); aos colegas que participaram e continuam participando desse grupo, pela partilha, troca e colaboração na construção do conhecimento coletivo que ocorrem nesse espaço; aos professores Maria Izabel de Almeida, José C. Fusari, Cecília H. Mate, Maria Amélia S. Franco, Sonia Maria R. de Souza, Elsa Garrido, Maria Nazaré de Camargo P. Amaral, Ivani Catarina A. Fazenda e Antônio José R. Valverde, pela oportunidade de diálogos e debates frutíferos e construtores de novos horizontes e perspectivas na compreensão da educação brasileira, tendo em vista o ensino de Filosofia, a pesquisa em aula e a formação de professores; a Pérsio, Luiz Augusto, Joelson, Tânia, Ana Maria Gobatto, aos colegas do Programa de Educação Continuada, aos amigos e colegas da Universidade do Estado do Amazonas, a Suely O. Moraes, a Amarildo M. Gonzaga e a tantos outros que colaboraram e colaboram no processo de construção do conhecimento; ao Programa de Pós-Graduação em Educação da FE/USP, pelo apoio materializado em bolsa de estudo com financiamento da Capes, sem a qual o presente projeto teria tido sérias limitações para sua realização; gratidão eterna à minha esposa, Elizabeth Ramos Ghedin, que, ao longo da elaboração deste trabalho, não mediu esforços para apoiar-me. Com ela divido os méritos da obra.

À Elizabeth, por toda partilha, esperança, amor e dedicação.
Aos meus pais: Quintino Ghedin e Zelídia Furlaneto.
Aos meus irmãos: Eliane, Leila, Dorneles, Regiane, Ernan.
Aos meus sobrinhos: Fernando, Rafael, Caroline, Gian e Gustavo.
Aos amigos que acompanham e partilham a caminhada, a luta, a vida e a resistência.
Aos professores, por continuarem resistindo e lutando pedagógica e politicamente por um mundo mais justo, humano e de igual condição para todos.

Sumário

Aos professores		9
Apresentação da coleção		11
Introdução		21
Capítulo I	A epistemologia do filosofar e sua construção reflexiva, crítica e criativa	33

    1. As dimensões do filosofar como mediações no processo de ensino de Filosofia 35
        1.1. A dimensão ético-política 37
        1.2. A meditação 39
        1.3. A busca 40
        1.4. A admiração 43
        1.5. A paixão 44
        1.6. O diálogo 45
        1.7. A suspeita e a dúvida 48
        1.8. A imaginação e a criação 49
        1.9. A demanda por sentido e a responsabilidade 50
        1.10. A dimensão problematizadora 52
        1.11. O compromisso com a crítica 58
    2. A especificidade do filosofar no ensino de Filosofia 69
    3. O filosofar como práxis no ensino de Filosofia 77
    4. O filosofar, suas implicações e limites para o ensino de Filosofia 82

Capítulo II	Epistemologia do processo de ensino-aprendizagem e suas implicações no ensino de Filosofia	91

    1. A Didática e a aprendizagem 93
    2. A função social do ensino e a organização dos conteúdos de aprendizagem 102

3. Didática e ensino de Filosofia 114
   3.1. É possível pensar uma
       "didática da Filosofia"? 118
4. Mediações do processo de
ensino-aprendizagem de Filosofia que
possibilitam a autoaprendizagem 124

Capítulo III   Epistemologia da prática: a pesquisa e a escrita como condições para a autonomia no processo de aprendizagem da Filosofia 133
   1. A questão do método na Filosofia e
implicações para seu ensino 135
   2. A leitura e a escrita como mediações
fundadoras para o exercício do
filosofar no ensino de Filosofia 153
      2.1. A leitura e a dissertação filosófica 161
      2.2. Procedimentos para produção
          textual no ensino de Filosofia 164
   3. O ensino como pesquisa para a
construção do conhecimento
autônomo do aluno 169
      3.1. A produção do conhecimento e sua
          construção pela pesquisa como
          mediação no ensino de Filosofia 171
         3.1.1. A pesquisa em aula, sua operação,
              o conteúdo produzido e
              sua comunicação 177
         3.1.2. Uma didática por projetos de trabalho
              como mediação no ensino de Filosofia .. 179
         3.1.3. Aspectos a ser levados em conta no
              desenvolvimento de um projeto 181

CAPÍTULO IV EPISTEMOLOGIA DA PRÁTICA: A IMAGEM COMO POSSIBILIDADE DE AMPLIAÇÃO DO HORIZONTE REFLEXIVO NO ENSINO-APRENDIZAGEM DE FILOSOFIA 189
    1. Reflexões sobre o uso da imagem como mediação didática no ensino de Filosofia .. 191
        1.1. Reflexões sobre a interpretação da imagem para o ensino de Filosofia 192
        1.2. A imagem como pretexto para o ensino de Filosofia 199
            1.2.1. Educar o olhar para ler o mundo em suas múltiplas representações 199
            1.2.2. Aprender a ler a linguagem das imagens para aprender a refletir sobre o mundo que revelam 206
            1.2.3. Cinema e Filosofia: a imagem-movimento e a reflexão do pensamento no ensino de Filosofia 212
            1.2.4. O uso do filme como mediação didática nas aulas de Filosofia 219

CONSIDERAÇÕES FINAIS 223
BIBLIOGRAFIA 231

AOS PROFESSORES

A Cortez Editora tem a satisfação de trazer ao público brasileiro, particularmente aos estudantes e profissionais da área educacional, a Coleção Docência em Formação, destinada a subsidiar a formação inicial de professores e a formação contínua daqueles que se encontram no exercício da docência.

Resultado de reflexões, pesquisas e experiências de vários professores especialistas de todo o Brasil, a coleção propõe uma integração entre a produção acadêmica e o trabalho nas escolas. Configura um projeto inédito no mercado editorial brasileiro por abarcar a formação de professores para todos os níveis de escolaridade: educação básica (incluindo a educação infantil, o ensino fundamental e o ensino médio) e a educação superior; a educação de jovens e adultos e a educação profissional. Completa essa formação com as problemáticas transversais e com os saberes pedagógicos.

Com mais de 25 anos de experiência e reconhecimento, a Cortez é uma referência no Brasil, nos demais países latino-americanos e em Portugal pela coerência de sua linha editorial e atualidade dos temas que publica, especialmente na área da educação, entre outras. É com orgulho e satisfação que lançamos esta coleção, pois estamos convencidos de que representa novo e valioso impulso e colaboração ao pensamento pedagógico e à valorização do trabalho dos professores na direção de uma melhoria da qualidade social da escolaridade.

José Xavier Cortez
Diretor

APRESENTAÇÃO DA COLEÇÃO

A **Coleção Docência em Formação** tem por objetivo oferecer aos professores em processo de formação, e aos que já atuam como profissionais da educação, subsídios formativos que levem em conta as novas diretrizes curriculares, buscando atender, de modo criativo e crítico, às transformações introduzidas no sistema nacional de ensino pela Lei de Diretrizes e Bases da Educação Nacional de 1996. Sem desconhecer a importância desse documento como referência legal, a proposta desta coleção identifica seus avanços e seus recuos e assume como compromisso maior buscar uma efetiva interferência na realidade educacional por meio do processo de ensino e de aprendizagem, núcleo básico do trabalho docente social. Seu propósito é, pois, fornecer aos docentes e alunos das diversas modalidades dos cursos de formação de professores e aos docentes em exercício textos de referência para sua preparação científica, técnica e pedagógica. Esses textos contêm subsídios formativos relacionados ao campo dos saberes pedagógicos, bem como ao dos saberes ligados aos conhecimentos especializados das áreas de formação profissional.

> Trata-se da Lei nº 9.394, de 20 de dezembro de 1996, Lei de Diretrizes e Bases da Educação Nacional (LDB). Essa lei aplica ao campo da educação os dispositivos constitucionais, constituindo, assim, a referência fundamental da organização do sistema educacional do país.

A proposta da coleção parte de uma concepção orgânica e intencionada da educação e da formação de seus profissionais, tendo bem claro que professores se pretende formar para atuar no contexto da sociedade brasileira contemporânea, marcada por determinações históricas específicas.

Como bem o mostram estudos e pesquisas recentes na área, os professores são profissionais essenciais nos processos de mudança das sociedades. Se forem deixados à margem, as decisões pedagógicas e curriculares alheias, por mais interessantes que possam parecer, não

> Os professores exercem papel imprescindível e insubstituível no processo de mudança social.

se efetivam, não geram efeitos sobre a sociedade. Por isso é preciso investir na formação e no desenvolvimento profissional dos professores.

Na sociedade contemporânea, as rápidas transformações no mundo do trabalho, o avanço tecnológico configurando a sociedade virtual e os meios de informação e comunicação incidem fortemente na escola, aumentando os desafios para torná-la uma conquista democrática efetiva. Transformar práticas e culturas tradicionais e burocráticas das escolas que, por meio da retenção e da evasão, acentuam a exclusão social não é tarefa simples nem para poucos. O desafio é educar as crianças e os jovens, propiciando-lhes um desenvolvimento humano, cultural, científico e tecnológico, de modo que adquiram condições para enfrentar as exigências do mundo contemporâneo. Tal objetivo exige esforço constante de diretores, professores, funcionários e pais de alunos e de sindicatos, governantes e outros grupos sociais organizados.

Não ignoramos que esse desafio precisa ser prioritariamente enfrentado pelas políticas de governo. Todavia, os professores são profissionais essenciais na construção dessa nova escola. Nos anos 1980-90, diferentes países realizaram grandes investimentos na área da formação e desenvolvimento profissional de professores para essa finalidade. Os professores contribuem com seus saberes, seus valores, suas experiências nessa complexa tarefa de melhorar a qualidade social da escolarização.

Entendendo que a democratização do ensino passa pelos professores, por sua formação, por sua valorização profissional e por suas condições de trabalho, pesquisadores têm defendido a importância do investimento no seu desenvolvimento profissional. Esse processo de valorização envolve formação inicial e continuada,

> As escolas precisam passar por profundas transformações em suas práticas e culturas para enfrentar os desafios do mundo contemporâneo.

> Na complexa tarefa de aprimoramento da qualidade do trabalho escolar, os professores contribuem com seus saberes, seus valores e suas experiências.

> A formação docente é um processo permanente e envolve a valorização identitária e profissional dos professores.

articulada, identitária e profissional. Essa formação identitária é epistemológica, ou seja, reconhece a docência como um campo de conhecimentos específicos configurados em quatro grandes conjuntos, a saber: 1) conteúdos das diversas áreas do saber e do ensino, ou seja, das ciências humanas e naturais, da cultura e das artes; 2) conteúdos didático-pedagógicos, diretamente relacionados ao campo da prática profissional; 3) conteúdos ligados a saberes pedagógicos mais amplos do campo teórico da prática educacional; 4) conteúdos ligados à explicitação do sentido da existência humana individual, com sensibilidade pessoal e social. E essa formação identitária é também profissional, ou seja, a docência constitui um campo específico de intervenção profissional na prática social.

> A identidade do professor é simultaneamente epistemológica e profissional, realizando-se no campo teórico do conhecimento e no âmbito da prática social.

O desenvolvimento profissional dos professores é objetivo de propostas educacionais que valorizam a sua formação não mais baseada na racionalidade técnica, que os considera meros executores de decisões alheias, mas em uma perspectiva que reconhece sua capacidade de decidir. Ao confrontar suas ações cotidianas com as produções teóricas, é necessário rever as práticas e as teorias que as informam, pesquisar a prática e produzir novos conhecimentos para a teoria e a prática de ensinar. Assim, as transformações das práticas docentes só se efetivarão se o professor ampliar sua consciência sobre a própria prática, a de sala de aula e a da escola como um todo, o que pressupõe os conhecimentos teóricos e críticos sobre a realidade. Tais propostas enfatizam que os professores colaboram para transformar a gestão, os currículos, a organização, os projetos educacionais e as formas de trabalho pedagógico das escolas. Assim, reformas produzidas nas instituições sem tomar os

> A transformação da prática do professor decorre da ampliação de sua consciência crítica sobre essa mesma prática.

professores como parceiros/autores não transformam a qualidade social da escola. Em consequência, valorizar o trabalho docente significa dar aos professores condições para analisar e compreender os contextos histórico, social, cultural e organizacional que fazem parte de sua atividade docente.

> Têm-se cobrado dos professores responsabilidades que ultrapassam suas atribuições no plano individual. Cabe-lhes, sim, apontar coletivamente caminhos institucionais para enfrentar essas novas demandas.

Na sociedade brasileira contemporânea novas exigências são acrescentadas ao trabalho dos professores. Com o colapso das velhas certezas morais, cobra-se deles que cumpram funções da família e de outras instâncias sociais; que respondam à necessidade de afeto dos alunos; que resolvam os problemas da violência, da droga e da indisciplina; que preparem melhor os alunos para as áreas de matemática, de ciências e tecnologia para colocá-los em melhores condições de enfrentar a competitividade; que restaurem a importância dos conhecimentos e a perda da credibilidade das certezas científicas; que sejam os regeneradores das culturas/identidades perdidas com as desigualdades/diferenças culturais; que gerenciem as escolas com parcimônia; que trabalhem coletivamente em escolas com horários cada vez mais reduzidos. Em que pese a importância dessas demandas, não se pode exigir que os professores individualmente as atendam. Espera-se, pois, que, coletivamente, apontem caminhos para o enfrentamento dessas exigências.

> Para enfrentar os desafios das situações de ensino, o profissional da educação precisa da competência do conhecimento, de sensibilidade ética e de consciência política.

É nesse contexto complexo que se faz necessário ressignificar a identidade do professor. O ensino, atividade característica dele, é uma prática social complexa, carregada de conflitos de valor e que exige posturas éticas e políticas. Ser professor requer saberes e conhecimentos científicos, pedagógicos, educacionais, sensibilidade, indagação teórica e criatividade para encarar as situações ambíguas, incertas, conflituosas e, por vezes, violentas, presentes nos contextos escolares e não escolares. É da natureza da atividade docente proceder à mediação reflexiva e crítica entre as transformações sociais concretas e a formação humana dos alunos, questionando os modos de pensar, sentir, agir e de produzir e distribuir conhecimentos.

Problematizando e analisando as situações da prática social de ensinar, o professor utiliza o conhecimento elaborado das ciências, das artes, da filosofia, da pedagogia e das ciências da educação como ferramenta para a compreensão e a proposição do real.

> Valorizar o trabalho docente implica dar aos professores condições para análise crítica do contexto em que se realiza sua prática educativa.

Esta coleção investe na valorização da capacidade de decisão dos professores. Assim, discutir os temas que permeiam o cotidiano das atividades escolares, como projeto pedagógico, autonomia, identidade e profissionalismo dos professores, violência, cultura, religiosidade, importância do conhecimento e da informação na sociedade contemporânea, a ação coletiva e interdisciplinar, as questões de gênero, o papel do sindicato na formação, entre outros, articulados aos contextos institucionais, às políticas públicas e confrontados com experiências de outros contextos escolares e com teorias, é o caminho que esta coleção propõe.

> O caminho proposto por esta coleção é o da discussão dos temas do cotidiano escolar, ligados aos contextos institucionais e às políticas públicas e confrontados com as teorias e a experiência.

Os livros que a compõem apresentam um tratamento teórico-metodológico relacionado a três premissas: 1. Há estreita vinculação entre os conteúdos científicos e pedagógicos. 2. Produz-se conhecimento de forma construtiva. 3. Existe estrita ligação entre teoria e prática.

Assim, de um lado, é preciso considerar que a atividade profissional de todo professor possui uma natureza pedagógica, isto é, vincula-se a objetivos educativos

> A atividade pedagógica tem estreita vinculação com os objetivos educacionais, com os processos metodológicos e organizacionais da apropriação e da transmissão do saber e do agir.

de formação humana e a processos metodológicos e organizacionais de transmissão e apropriação de saberes e modos de ação. O trabalho docente está impregnado de intencionalidade, pois visa à formação humana por meio de conteúdos e habilidades, de pensamento e ação, o que implica escolhas, valores, compromissos éticos. Isso significa introduzir objetivos de natureza conceitual, procedimental e valorativa, em relação aos conteúdos da matéria que ensina; transformar o saber científico ou tecnológico em conteúdos formativos; selecionar e organizar conteúdos de acordo com critérios lógicos e psicológicos, em função das características dos alunos e das finalidades do ensino; utilizar métodos e procedimentos de ensino específicos, inserindo-os em uma estrutura organizacional em que participe de decisões e ações coletivas. Por isso, para ensinar, o professor necessita de conhecimentos e práticas que ultrapassem o campo de sua especialidade.

De outro lado, é preciso levar em conta que todo conteúdo de saber é resultado de um processo de construção de conhecimento. Por isso, dominar conhecimentos não quer dizer apenas apropriação de dados objetivos pré-elaborados, produtos prontos do saber acumulado. Mais do que dominar os produtos, interessa aos alunos compreender que estes são resultantes de um processo de investigação humana. Assim trabalhar o conhecimento no processo formativo dos alunos significa proceder à mediação entre os significados do saber no mundo atual e aqueles dos contextos nos quais foram produzidos. Significa explicitar os nexos entre a atividade de pesquisa e seus resultados; portanto, instrumentalizar os alunos no próprio processo de pesquisar.

> Os conteúdos do saber decorrem intrinsecamente de um processo de construção do conhecimento; não são produtos acumulados.

Na formação de professores, os currículos devem considerar a pesquisa como princípio cognitivo, investigando com os alunos a realidade escolar, desenvolvendo neles essa atitude investigativa em suas atividades profissionais e assim tornando a pesquisa também princípio formativo na docência.

> A construção do conhecimento se dá através da prática da pesquisa. Ensinar e apreender só ocorrem significativamente quando decorrem de uma postura investigativa de trabalho.

Além disso, é no âmbito do processo educativo que mais íntima se afirma a relação entre a teoria e a prática. Essencialmente, a educação é uma prática, mas uma prática intencionada pela teoria. Disso decorre atribuirmos importância ao estágio no processo de formação do professor. Entendendo que ele faz parte de todas as disciplinas, percorrendo o processo formativo desde o início, os livros desta coleção sugerem várias modalidades de articulação direta com as escolas e demais instâncias, nas quais os professores atuarão, apresentando formas de estudo, análise e problematização dos saberes nelas praticados. O estágio também pode servir de espaço de projetos interdisciplinares, ampliando a compreensão e o conhecimento da realidade profissional de ensinar. As experiências docentes dos alunos que já atuam no magistério, como também daqueles que participam da formação continuada, devem ser valorizadas como referências importantes para serem discutidas e refletidas nas aulas.

> No processo educativo, teoria e prática se associam e a educação é sempre prática intencionalizada pela teoria.

> O estágio e as experiências docentes acumuladas assumem papel relevante na formação do professor.

Considerando que a relação entre as instituições formadoras e as escolas pode representar a continuidade da formação para os professores das escolas, assim como para os formadores, os livros sugerem a realização de projetos conjuntos. Essa relação poderá propiciar ao aluno em formação oportunidade para rever e aprimorar sua escolha pelo magistério.

> Formar o profissional de educação exige um investimento competente e crítico nas ofertas do conhecimento da ética e da política

Para subsidiar a formação inicial e continuada dos professores onde quer que se realize, nas faculdades isoladas, nos centros universitários e no ensino médio, esta coleção está assim estruturada:

Educação Infantil
profissionais de creche e pré-escola

Ensino Fundamental
professores da 1ª à 4ª série e da 5ª à 8ª série

Ensino Médio
professores do ensino médio

Ensino Superior
professores do ensino superior

Educação Profissional
professores do ensino profissional

Educação de Jovens e Adultos
professores de jovens e adultos em cursos especiais

Saberes Pedagógicos e Formação de Professores

Problemáticas Transversais e Formação de Professores

Em síntese, a elaboração dos livros desta coleção baseia-se nos seguintes pontos:

• Investir no conceito de desenvolvimento profissional, superando a visão dicotômica de formação inicial e de formação continuada.

- Investir em sólida formação teórica nos campos que constituem os saberes da docência.

- Considerar a formação voltada para o profissionalismo docente e para a construção da identidade de professor.

- Tomar a pesquisa como componente essencial da/na formação.

- Considerar a prática social concreta da educação como objeto de reflexão/formação ao longo do processo formativo.

- Assumir a visão de totalidade do processo escolar/educacional em sua inserção no contexto sociocultural.

- Valorizar a docência como atividade intelectual, crítica e reflexiva.

- Considerar a ética como fundamental à formação e à atuação docente.

Investir em uma concepção orgânica de formação dos professores mediante um tratamento metodológico que vincula os campos dos saberes da docência: o propósito dos livros desta coleção.

Antônio Joaquim Severino
Selma Garrido Pimenta
coordenadores

Introdução

Introdução

Introdução

Não há como fazer filosofia sem inserção na tradição filosófica, mas é possível filosofar pondo essa tradição entre parênteses. Com efeito, para fazer filosofia, é preciso assumir uma posição diante da tradição, conhecer sua história, trajetória, expressões, momentos significativos, modos de ser. Não para nos tornar eruditos, mas para compreender que nosso modo de pensar, viver, existir, querer e organizar o conhecimento tem uma gênese e constitui um valor cultural fundamental para a educação e para a constituição da sociedade contemporânea, com todas as suas contradições.

Nota de esclarecimento: todas as traduções de textos e trabalhos estrangeiros não publicados em português são de inteira responsabilidade do autor.

Esse "valor cultural", epistemológico, metodológico e existencial não pode ser privilégio de uns poucos. A sociedade, seja ela qual for, deve proporcionar a seus indivíduos a liberdade de escolha por meio dos diversos saberes que a compõem. A Filosofia, à medida que pensa problemas, nunca foi privilégio de uma elite, embora bem poucos, ao longo da história humana, tenham tido as condições materiais de exercê-la. Os saberes que a sociedade detém são conquistas históricas da humanidade, e nenhum ser humano pode ou deve privar-se desse conjunto de conhecimentos que possibilitam um salto significativo na humanização.

O pressuposto é a liberdade de escolha. Para haver escolha, é preciso conhecer o objeto escolhido. Ninguém escolhe o que não conhece. Isso quer dizer que, para fazer uma escolha pela Filosofia, é necessário o jovem e a sociedade da qual faz parte terem a oportunidade de saber o que ela é, qual sua proposta, seus sentidos, seus significados e quais problemas humanos procurou e procura responder. Negar essa possibilidade de escolha a um país é o mesmo que negar-lhe tudo que alimenta seu espírito.

Espírito no sentido de tudo aquilo que compõe a dimensão simbólica e imaginária da cultura humana. "No contexto da filosofia contemporânea, não tem mais o sentido de 'alma substancial' da metafísica essencialista, seja ela realista ou idealista, nem de *cogito* transcendental, puramente lógico ou ontológico. Mas também não se refere a um órgão neurológico--cerebral, como cérebro empírico; nem quer dizer puro epifenômeno, efeito apreendido *a posteriori* das atividades humanas" (Severino, 2001b, p. 19). A expressão quer traduzir a condição do ser humano histórico como sujeito da prática real pela qual instaura sua modalidade própria ante outras formas de existência de outros entes com os quais convive no mundo.

Introdução

Toda trajetória histórica do pensamento humano, em certo sentido, é o esforço para manter viva a expressão da cultura humana, que ultrapassa a existência individual. Nesse sentido, a cultura não é um modo de vida composto somente de técnicas e símbolos, mas de tudo que fomos e somos como humanidade.

A Filosofia tem procurado retomar suas origens. Tal busca e resistência permitiram-lhe resgatar problemas abandonados por séculos, o que lhe deu novo vigor e abriu outras perspectivas. A presente obra tem como proposta conceber uma tese de caráter epistemológico no interior dessa tradição da qual somos herdeiros, diante da responsabilidade de fazer avançar o saber humano em sua expressão filosófica. Constitui um esforço de reflexão e de investigação sobre a possibilidade de propor algumas indicações de caráter metodológico para o ensino de Filosofia, com especial preocupação com o ensino médio. Quer estabelecer um diálogo com os professores empenhados na práxis cotidiana do aprender a saber e compreender o mundo pela ótica da Filosofia. Além disso, insere-se na caminhada e na luta, que já se estendem por algumas décadas, para fazer valer, perante a sociedade, a conquista humana da Filosofia no ensino médio brasileiro.[^1]

Essa problemática em torno do ensino de Filosofia põe-nos diante de um conjunto de questões que possibilitam uma reflexão sistemática sobre seu processo metodológico. A reflexão, pelo fato de poder ser ensinada na escola por meio da Filosofia, há que caracterizar-se como um processo de ações que busquem revolucionar o cotidiano de nossas vidas e de nossa sociedade. Por essa razão, a reflexão crítica adquire sentido ao transformar-se em práxis. Diz respeito à realização vital pela qual o ser humano manifesta toda a riqueza potencial de um ser. Assim a Filosofia, na sala de aula, deve conseguir plantar sementes a fim de propor uma reflexão que nos permita reconstruir a sociedade – uma

[^1]: Nesse sentido, são significativos os trabalhos de Severino (1994b, 2001b, 2002a, entre outros), Kohan (2002), Wuensch e Valadão (2000), Kohan, Leal e Ribeiro (2000), Horn (2000), Gallina (2000), Gallo (2002), Ghedin (2002a; 2000b) e Eiterer (2002), entre tantos outros esforços que procuram refletir e imprimir a marca desta reflexão à educação brasileira contemporânea.

construção necessária e urgente para os filósofos, para os professores de Filosofia, para os pedagogos e para toda a educação.

Entendo que o ensino de Filosofia no espaço da escola é uma problemática atual e não devidamente considerada. De um lado há o reconhecimento social de sua importância e necessidade; de outro, a carência de propostas de cunho metodológico. Diante disso, pretendo continuar um diálogo já estabelecido pela tradição e por uma produção significativa a respeito da Filosofia e de seu ensino. Este trabalho de pesquisa, reflexão e análise quer inserir-se nessa complexa discussão. Porém, não tem nem a pretensão nem a possibilidade de esgotar o conjunto de relações estabelecidas nesse campo de estudo. Seu objetivo é, antes, contribuir com algumas sugestões que sejam significativas para ampliar o debate sobre a questão.

A Filosofia no ensino médio necessita conquistar seu espaço, tanto no campo político-institucional como no plano de sua efetivação no currículo. Diante desse entendimento emergem indagações sobre a natureza dos conteúdos filosóficos a ser ensinados e sobre os pressupostos epistemológicos e metodológicos que fundamentam a prática do ensino da disciplina. É na tentativa de dar uma resposta a essa necessidade e a essas indagações que a presente obra encontra sua razão de existir; ou seja, trata-se da elaboração de uma proposta de metodologia para o ensino de Filosofia com preocupação especial com o ensino médio.

O enfoque no método não é uma fuga do conteúdo, mas uma tentativa de torná-lo – o conteúdo – acessível ao estudante de Filosofia. Tendo isso em vista, revela-se importante frisar que só é possível adquirir e construir métodos de trabalho em Filosofia se antes houver a compreensão de que o método lhe é inerente. *"Elaborar uma metodologia, com efeito, já é fazer filosofia, já que isto envolve necessariamente uma concepção filosófica"* (Folscheid e Wunenburger, 1999, p. viii). Por isso, é essencial dispor de métodos que não se confundam com simples técnicas pragmáticas, aplicáveis a todos os problemas, mas permitam pensar melhor, raciocinar melhor, refletir melhor sobre as questões apresentadas pela vida. Com efeito, *"aprender filosofia não é aprender a servir-se de um instrumento para aumentar nosso poder sobre as coisas ou sobre os homens, mas é adquirir progressivamente a arte de desenvolver as aptidões de nosso próprio espírito, a julgar e raciocinar em geral"* (Folscheid e Wunenburger, 1999, p. x).

Nesse sentido, a ideia que pretendo perseguir, investigar, analisar e propor centra-se na tese de que a Filosofia é o resultado de um processo que, problematizado, sistematizado e sintetizado, evidencia-se como disciplina ensinada na práxis cotidiana da escola. Apresento o filosofar como uma postura epistemológica que possibilita uma construção reflexiva, crítica e criativa do pensamento, da prática e da práxis filosófica. Proponho uma epistemologia dos processos de ensino-aprendizagem como fundamentação da possibilidade de uma didática da Filosofia. Com base na concepção de filosofar como atividade e nos processos de ensino-aprendizagem, sugiro um conjunto de mediações metodológicas de caráter didático-pedagógico para o ensino de Filosofia no espaço da sala de aula, fundadas na construção e na criação do conhecimento por meio da pesquisa.

O Capítulo I apresenta uma reflexão sobre as dimensões do filosofar como mediações epistemológicas no processo de ensino de Filosofia, compreendendo o filosofar em sua dimensão ético-política, crítica e problematizadora, e também como meditação, busca, admiração, paixão, diálogo, suspeita, dúvida, imaginação e criação, demanda por sentido e responsabilidade comprometida com o humano. Entendo que esses elementos caracterizam a Filosofia em seu processo originário e toda atividade de ensino da disciplina deve levá-los em consideração como horizontes de sentido e de significado que fundam e fundamentam o processo filosófico. Na expressão de cada uma dessas características apresenta-se a Filosofia em sua tradição e a compreensão de sua originalidade metodológica. Ademais, saliento a especificidade do filosofar no processo de ensino de Filosofia, em que a atividade filosófica aparece como uma tentativa de desmistificação dos falsos sentidos e dos falsos significados do mundo impostos pela ideologia. Distingo nessa atividade um suporte para compreender a realidade sem deixar-se enganar pelas falsificações. Assim, sustento que a Filosofia, como atividade reflexiva, pode ser uma arma contra a alienação. Essa ideia está, portanto, relacionada a uma ideia de verdade, que por sua vez se reporta a uma concepção de liberdade, possibilitando-nos pensar na construção da cidadania e da democracia. Proponho o filosofar como modelo de práxis no ensino de Filosofia, entendendo a práxis como uma ação que conjuga um fazer orientado teoricamente, a fim de superar o tradicional engano da separação entre teoria e prática.

No Capítulo II, examino a Didática e a didática da Filosofia, investigando sua necessária relação com uma epistemologia determinada, sem a qual não é possível ensinar e aprender – ou seja, verificando que a metodologia de ensino-aprendizagem aparece radicalmente ligada ao processo de apropriação do conhecimento, aos modos e métodos da produção desse conhecimento e à relação que o estudante estabelece com ele. Nesse sentido, desenvolvo uma reflexão sobre as mediações do processo de ensino-aprendizagem, entendendo o ensino como um processo interpessoal e intencional que utiliza a comunicação e a situação pedagógica como meio de provocar, favorecer e alcançar a aprendizagem. O professor, por sua vez, é o mediador, o organizador de condições externas do ato de aprender, o facilitador, o provocador do desenvolvimento de formas de aprendizagem.

No mesmo capítulo, discuto a organização dos conteúdos de aprendizagem, mas não antes de sustentar que a função social do ensino é formar cidadãos capazes de compreender a realidade e interferir nela. Assim, qualquer proposta de aprendizagem está condicionada ou limitada por

---

Neste livro, "ensino-aprendizagem" aparecem unidos por hífen por entender que ensino e aprendizagem são conceitos essencialmente relacionais e dialéticos. Segundo Veiga (1997, p. 139), "o ensino (magistério) não existe por si mesmo, mas na relação com a aprendizagem (estudo) [...] o que existe entre o ensino e a aprendizagem é uma relação de 'dependência ontológica'". Nesse sentido, a rigor não podemos dizer que houve ensino se não houve aprendizagem; embora o sujeito possa aprender algo sozinho, nunca está sozinho em absoluto: no mínimo está partilhando uma linguagem que representa, em alguma medida, a presença do outro. É certo que é até possível fazer a distinção e falar de ensino do professor e aprendizagem do aluno, mas mesmo assim os dois se exigem reciprocamente, pedem um encontro (Vasconcelos, 2000, p. 98). Segundo Altet (1994), sem a sua finalidade de aprendizagem o ensino não existe; se o ensino-aprendizagem forma uma dupla indissociável, se forma as duas faces de uma mesma coisa, as relações entre si podem variar e a primazia de um ou de outro modifica totalmente as pedagogias postas em execução.

uma ideia de sociedade. Toda atividade educativa vincula-se a uma visão e um modelo de ser humano, o que presume uma filosofia, uma visão da vida, uma ideologia, um modelo de pessoa e algumas pautas de comportamento em relação a determinada escala de valores. Em decorrência dessa visão de sociedade e de homem/mulher é que será organizado um conjunto de saberes considerados pertinentes para compor o currículo da escola.

Com base nessa compreensão, desenvolvo uma reflexão sobre a conceituação de Didática, sobre o ensino e sobre a Filosofia, delineando o prelúdio de uma didática para a Filosofia no espaço do ensino. Examino a Didática em sua relação com o ensino de Filosofia, considerando que voltar-se para a Didática significa reportar tal ensino ao percurso propriamente filosófico, pois o objetivo de aprender a filosofar põe a Filosofia em contato com os aprendizes – o que implica pensar também sobre a questão da comunicação filosófica no ensino da disciplina. Reflito ainda sobre algumas mediações didáticas que possibilitam um processo de ensino-aprendizagem de Filosofia centrado no desenvolvimento autônomo do aluno. A proposta é que o trabalho docente promova espaços, condições e materiais para que ocorra a autoaprendizagem. Isso envolve mudança de atitude do professor e do aluno diante do conhecimento.

No Capítulo III discorro sobre a "epistemologia da prática", intentando criar e sugerir um conjunto de mediações práticas que facilitem o processo de ensino-aprendizagem de Filosofia. Para isso busco estabelecer uma ponte entre a epistemologia do filosofar, a Didática e o ensino de Filosofia. As reflexões expostas anteriormente são usadas como fundamentação para tal proposição. Como se trata de mediações, procuro centrar a proposição em sua operacionalidade prática, ou seja, expor quais procedimentos seriam necessários em cada mediação para estabelecer, na sala de aula, um conjunto de relações que possam ser facilitadoras da prática do filosofar no espaço do ensino.

Introdução

Parte dessas mediações nasceu de minha prática com o ensino de Filosofia no ensino médio e em cursos de introdução à Filosofia para alunos iniciantes no ensino superior. De certo modo, já passaram inúmeras vezes pelo crivo da prática com diferentes turmas, períodos e faixas etárias. Em todos os momentos em que delas lancei mão, procurei avaliar os resultados e pedir que os próprios estudantes as avaliassem em comparação com seus outros processos formativos. Aqui não pretendo analisar a eficiência dessas mediações, mas expô-las como possibilidades facilitadoras do processo pedagógico no ensino de Filosofia como expressão da prática filosófica.

Compreendendo a íntima relação entre linguagem e pensamento e sabendo que a aprendizagem da Filosofia exige um processo de leitura e interpretação, centro as sugestões de mediações na produção textual. Todos os movimentos operados nas mediações sugeridas têm como ponto de chegada a produção de um texto, com a justificativa de que, à medida que o aluno precisa escrever, é "forçado" a fazer um duplo movimento de pensamento, e isso lhe possibilita não só a criação de uma linguagem de segurança, mas também a expressão de uma crítica à sua visão de mundo e às formas de expressão das ideologias. Com efeito, a escrita, além de ampliar a inteligência, torna possível o exercício da crítica e sua contribuição à formação de um estudante cidadão. Nesse sentido, considero a linguagem e o pensamento como estruturantes da inteligência, a qual a escola, de modo geral, e a Filosofia, em particular, são – juntamente com as outras ciências presentes no espaço escolar – responsáveis por ampliar como condição de hominização.

Propor mediações na construção do conhecimento centrada no processo de aprendizagem do estudante e na relação com seus processos cognitivos, procurando ensiná-lo a aprender, para que possa aprender a aprender, e auxiliando-o no processo de pensar e compreender significativamente as

---

A pesquisa de Greter (1997) é significativa no sentido de construir um olhar sobre o ensino da Filosofia como possibilidade de uma linguagem de segurança. Também Fabbrini (1995) e Favaretto (1995) propõem essa reflexão.

Segundo Gardner (1994, p. 57-77), entre todos os tipos de inteligências (musical, lógico-matemática, espacial, corporal-cinestésica, pessoal e linguística) desenvolvidas pelo ser humano, a inteligência linguística é a mais significativa.

Sobre a relação entre linguagem e pensamento, são interessantes e significativos, em vista da ampliação de nossa compreensão dessa questão para a educação, os trabalhos de Vygotsky (2000), Piaget (1999), Searle (2000), Chomsky (1998a; 1998b), Cury (1998), Frawley (2000), Gardner (2000), Pinker (1998).

Segundo Cortella (2001, p. 43), a hominização expressa a noção do humano produzir-se, produzindo cultura e sendo produzido por ela. Esse conceito não pode ser confundido com humanização, um conceito ético que indica o processo de criar condições de vida mais dignas para as pessoas como um todo.

> Falar em uma cultura do pensamento na escola e na sala de aula é fazer referência a um ambiente no qual várias forças funcionam em conjunto para expressar e reforçar o empreendimento do bom pensar. Nessa cultura, pressupõe-se que todos pensem e todos – incluindo o professor– se esforcem para ser conscientes, inquisitivos e imaginativos.
>
> O pressuposto é que a instauração de uma cultura do pensamento na sala de aula ensina a pensar. Nesse sentido, o propósito de ensinar a pensar é preparar os alunos para um futuro de resolução de problemas, de tomada consciente de decisões e de aprendizado contínuo por toda a vida.
>
> Para aprofundar essa questão, recomendo o trabalho proposto por Tishman, Perkins e Jay (1999), Raths et al. (1977) e Dewey (1979).

coisas, o mundo e a si mesmo, para que possa aprender a filosofar com autonomia, constitui o objetivo central desta obra. Sua proposta não é formar filósofos no sentido tradicional do termo, mas dar à sala de aula e à escola a oportunidade de ser espaços privilegiados para uma cultura do pensamento.

As mediações para o ensino de Filosofia no espaço da sala de aula iniciam-se pela reflexão sobre a questão do método e suas implicações para o ensino da disciplina. O motivo de tal discussão consiste não na tentativa de assumir uma técnica mecânica para o pensar, mas na busca de problematizar a questão e situar-se criticamente diante das mediações pedagógicas em Filosofia. A preocupação é oferecer uma orientação metodológica que proporcione a superação da dualidade – existente ao longo da tradição filosófica quando se trata de ensino – entre conteúdo e método. Em seguida analiso a questão da leitura e da escrita como mediações fundadoras para o exercício do filosofar. Com tal abordagem, procuro pensar o sentido da leitura na perspectiva da dissertação filosófica, ao mesmo tempo em que indico procedimentos para a produção textual no ensino de Filosofia. Desse modo, reflito sobre o filosofar, fundado na leitura e na escrita, como forma de expressão e organização da atividade cognitiva. Compreendo que o movimento da leitura e da escrita exige um duplo pensar, e isso se encontra na base do filosofar. Nessa mesma linha, proponho a pesquisa e o processo cognitivo que ela implica como condição para a construção do conhecimento autônomo do aluno, discorrendo sobre o ato de conhecer e seu sentido pedagógico em tal construção. Nesse ponto, é sugerida a atividade de pesquisa como mediação para o ensino de Filosofia em todos os níveis.

Na esteira dessa preocupação com a escrita, ao longo do Capítulo IV, apresento também algumas reflexões sobre o uso da imagem exterior como mediação didática no processo de ensino de Filosofia. Em uma perspectiva hermenêutica, proponho direções para a interpretação da imagem como orientação para esse ensino. Desenvolvendo a ideia de que é preciso educar o olhar para aprender a ler o mundo em suas múltiplas representações, sustento que o estudante de Filosofia deve aprender a ler as imagens exteriores para poder capturar seu significado e ampliar seu sentido. Em meu entendimento, essa dinâmica ocorre à medida que educamos o olhar para aprender a ver melhor e mais profundamente as coisas. Com essa suposição, procuro refletir sobre algumas interseções entre cinema e filosofia, estudando a imagem-movimento como mediação reflexiva relevante no ensino da disciplina. Finalmente, sugiro que a imagem pode ser não só um pretexto para esse ensino, mas um novo texto que expressa formas, modos e conteúdos para o pensamento.

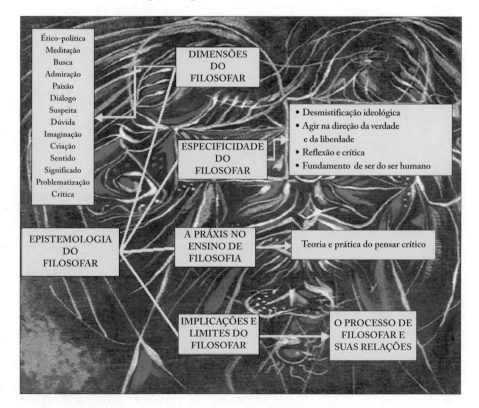

Capítulo I

A EPISTEMOLOGIA DO FILOSOFAR E SUA CONSTRUÇÃO REFLEXIVA, CRÍTICA E CRIATIVA

A epistemologia do filosofar e sua construção reflexiva, crítica e criativa

Neste primeiro capítulo, serão traçadas as linhas gerais que nos permitem pensar a Filosofia na perspectiva de uma epistemologia do filosofar, entendida como condição para um processo reflexivo, crítico e criativo. Parto das dimensões dessa epistemologia para conceber mediações que nos possibilitem compreender o processo de ensino dessa disciplina como expressão da tradição filosófica. Além disso, reflito sobre a especificidade do filosofar nesse contexto e sua implicação para o ensino médio, ao mesmo tempo em que busco entender o filosofar como práxis que se efetiva no espaço do ensino de Filosofia por meio da descoberta, da ação, da criação e do pensar sobre o mundo. Por fim, trato do filosofar em suas múltiplas relações epistemológicas numa perspectiva metodológica.

1. As dimensões do filosofar como mediações no processo de ensino de Filosofia

Detenho-me, primeiramente, em torno de determinado significado de Filosofia e na importância desse significado para seu ensino, tomado sob o aspecto de estrutura e necessidade facilitadora de um processo de consciência/ação crítica no modo de compreender e ver o mundo. Essa concepção condiciona e amplia o modo de ensinar, pensar e viver a Filosofia. De certo modo, falo dela para introduzir a questão

> Consciência e ação são aspectos indissociáveis do humano. A análise crítica, como tal, significa que o ser humano é percebido em suas raízes mais profundas, é visto em sua perspectiva histórica e em sua situação de dependência e liberdade. A consciência/ação crítica que daí surge é aquela que se percebe situada e ao mesmo tempo descobre que pode avançar e recuar. Ação crítica é aquela ação reflexiva que se recusa a ver apenas um lado da questão. Uma visão/ação crítica da realidade continua com uma desconfiança metódica das palavras que usamos. O peculiar de uma postura crítica é saber distinguir os níveis das práticas ideológicas que nos fazem avançar e recuar na compreensão da realidade (Gonçalves Filho, 1989).

Deleuze e Guattarri (1992, p. 13) dizem que *"a Filosofia, mais rigorosamente, é a disciplina que consiste em criar conceitos"*. Mas, *"na Filosofia não se cria conceito a não ser em função dos problemas que se consideram mal vistos ou mal colocados"* (p. 28). Gallo (2002, p.194) desenvolve *"a perspectiva de que a especificidade da filosofia e, portanto, também de seu ensino, está no ato de criação de conceitos".*
É esse ato que faz da filosofia propriamente filosofia e, assim sendo, se desejamos um ensino de filosofia 'filosófico,' precisamos desenvolvê-lo através do trato com os conceitos".

Assumo a compreensão de que *"a dialética é a posição, consciente e metódica, da contradição, onde a contradição é concebida na sua unidade e relação, isto é, ela é o resultado do isolamento da eliminação do caráter absoluto da oposição. Isto quer dizer que, se os opostos são opostos, eles se contradizem e cada um se torna seu próprio oposto e o oposto continua a ser esse oposto que ele é, a determinação continua a ser idêntica a si própria. Se conseguirmos expor a partir de uma dimensão pessoal, dizer-se-ia que a dialética, enquanto método de 'dissecação' da realidade, propõe-se a verificar as relações da realidade que nos aparece contradizendo-se e ao mesmo tempo opondo-se, na medida que se mostra no fenômeno particular. A dialética permite captar este movimento e relação aparentemente contraditória para recompor a totalidade da realidade"* (Ghedin, 2003b, p. 173).

do pensar, que nos lança no interior da crítica e de sua construção como consciência que reflete, organiza e fundamenta sistematicamente uma epistemologia de seu processo e de seu modo de ser.

É importante dizer que a trajetória histórica da Filosofia criou um conjunto de significados que procuram interpretá-la, compreendê-la, fundamentá-la, justificá-la como horizonte apropriado para a construção de sentidos tanto para si própria quanto para a ciência e para a atribuição de um propósito à existência humana no mundo. Esse conjunto de significações foi-se estruturando, de modo que configurasse expressivo material de pesquisa e de reflexão, dando ensejo às mais diversas definições de Filosofia. Apesar disso e por conta do atual contexto histórico, estabeleceu-se um conjunto de tendências ou correntes que procuram instrumentalizar a prática filosófica. Esse conjunto tem suas características, fundamentos, expressões, qualidades e modos específicos de comunicação do conteúdo filosófico. Diante disso, escolho uma tradição ou visão de Filosofia como espaço de diálogo e como fundamentação epistemológica deste trabalho.

Por um lado, assumo a Filosofia como um processo reflexivo e, por outro, como uma atividade extremamente criativa e crítica – portanto, como um fazer que cria conceitos à medida que os pensa em confronto com o real. As definições de Filosofia, ou como reflexão, ou como espaço de criação de conceitos, são, a meu ver posições dialéticas do processo de construção do pensamento e do conhecimento humano. São posições e modos de compreender a realidade em suas relações contraditórias. Entendo-as como contraditórias porque estão em relação dialética, num diálogo que amplia sua compreensão. Uma constitui a estrutura epistemológica para a ação e fundamentação da outra.

Ao assumir determinada posição diante da tradição filosófica, já estou fazendo a opção por um conjunto determinado de ações que incidem no ensino de Filosofia. Do mesmo modo que, ao concentrar-nos em determinado aspecto, estamos escolhendo uma direção epistemológica que implica mediação metodológica no processo de ensino-aprendizagem. Ao fazer essa opção, faço escolhas que imprimem limites e possibilidades ao ensino. De fato, todo modo de ensinar traz em seu interior uma concepção do conteúdo. O que ocorre, geralmente, é que nem sempre há clareza dos fundamentos e pressupostos que compõem as interferências mais diretas na forma de assumir a prática do ensino de Filosofia.

Essa condição teórico-metodológica conduz nossa compreensão e interpretação do mundo e da Filosofia numa perspectiva que delimita a atuação docente. Com efeito, somos levados a pensar que a primeira questão a ser avaliada, quando se trata do ensino, está mais relacionada com o conteúdo a ser ensinado do que com a metodologia que lhe imprimiria ritmo. Penso que método e conteúdo são inseparáveis no caso do ensino-aprendizagem de Filosofia. Mas esse é um assunto que ficará para os Capítulos III e IV, nos quais é estabelecida uma prática epistêmica para o ensino da disciplina, conciliando conteúdo e método. Por ora, serão trabalhadas as dimensões do filosofar.

O debate entre Paul Ricoeur (1977; 1990) e Hans-Georg Gadamer (1977) é esclarecedor nesta questão do horizonte da compreensão numa perspectiva hermenêutica.

"A Ética não é uma imagem ou uma redoma de vidro por detrás da qual nos protegemos. Constitui-se, acima de tudo, num risco que corremos em agir transgredindo os valores injustos, defendidos pela tradição social. Romper com esta tradição, a partir dos princípios que regem a vida humana, quebrando os padrões da cultura estabelecida que massifica, é uma exigência ética que nos faz pensar contra um sistema opressor; contudo, ele nos impulsiona a agir reproduzindo-o. Romper com esta reprodução é uma necessidade da humanização contemporânea" (Ghedin, 1999, p. 9).

1.1. A dimensão ético-política

Retomando o raciocínio a respeito das concepções de Filosofia assumidas nesta obra, cabe dizer que o mais importante como escolha para o ensino, em sua vinculação ao método, é o processo de *filosofar*, entendido como a construção de um caminho que ajude a pessoa a pensar criticamente, criando uma estrutura cognitivo-reflexiva que lhe permita compreender a realidade em sua complexidade, aguçando-lhe o juízo, a habilidade analítica, o horizonte de compreensão e de construção de sentido ante os desafios da sociedade e do mundo contemporâneo. Essa compreensão implica atribuir caráter *ético-político* à Filosofia no espaço da escola e constitui dimensão central do filosofar. Nesse sentido, o ensino de Filosofia no espaço escolar, além de ter o encargo

A leitura de Habermas (1975; 1994) indica que o processo de justificação da dominação econômica mantém-se pela despolitização das massas. É no isolamento das partes interdependentes que o sistema se reproduz, justificando-se. As ações práticas no sistema capitalista tardio organizam-se, teoricamente, de forma dogmatizada, o que perpetua uma fé quase inabalável na ciência e constitui poderoso instrumento de reforço e ampliação das ramificações que justificam, fortificam e perpetuam a dominação manifesta hoje em outras modalidades, além da econômica. É nesse ponto que a educação, como a ciência e a técnica, transforma-se em instrumento ideológico que amplia os tentáculos do sistema via reprodução de um conhecimento tecnicista, formador e disseminador de um modo específico de conceber e pensar o mundo, o humano e seu processo de conhecimento (Ghedin, 2001a).

de oferecer ao educando um referencial da cultura produzida pela disciplina em sua tradição histórica, deve propor-lhe uma formação ético-política que lhe possibilite compreender significativamente as relações de poder presentes na sociedade atual e sua responsabilidade ética na humanização dessa sociedade.

Essa característica fundadora do filosofar implica compromisso ético com a transformação da sociedade. Assim, o fim último do ensino de Filosofia, da educação, da própria Filosofia, do conhecimento, dos paradigmas epistemológicos da ciência e da política é proporcionar condições de humanização, e não a supremacia da barbárie. Dizendo de outra maneira, a grande tarefa do presente é superar a despolitização suscitada pela técnica e pela ciência como formas ideológicas que imprimem uma lógica perversa de desumanização. Essa despolitização, de fundo ideológico só poderá ser vencida por um processo de politização, efetivado com a mobilização de diversos setores organizados da sociedade, conjuntura em que a Filosofia e seu ensino no espaço escolar desempenham papel relevante. Esse exercício deverá ser feito por uma crítica radical, e *"radicalizar a crítica é torná-la dialeticamente uma com os embates históricos pela construção da cidadania coletiva"* (Oliveira, 1998, p. 18).

A defesa da Filosofia como reflexão crítica radical situa-se nesse espaço de alienação criado pela técnica. Com efeito, uma das tarefas do filosofar, considerado sob o aspecto metodológico, é possibilitar uma alternativa de rompimento do *modus operandi* do sistema político-econômico. Quando se compreende a Filosofia como um pensar reflexivo, crítico e criativo, ao filosofar cabe não só dar conta da imersão do ser humano no mundo, mas também pensar todas as suas dimensões, realidades, angústias e sofrimentos, assim como o sentido de tal imersão no conjunto das relações humanas.

1.2. A meditação

O filosofar, como atividade reflexiva própria da Filosofia, procura o ser esparramado na teia do cotidiano urbano, perdido em nichos que pouco podem expressar a humanidade em sua totalidade. Isso requer uma atitude meditante, que exige uma reflexão sobre as relações por meio das quais, de modo desconexo, se formam as identidades, processo pelo qual um ser desnudo e desorientado é posto ante os mecanismos de dominação e de exclusão da sociedade contemporânea. Revela-se cada vez mais urgente vestir a humanidade com o manto da meditação filosófica, não para que ela seja sábia, mas para que, aprendendo a "salvar" o outro de sua condição degradante, "salve" a si mesma da degradação, de que também é vítima. Esse ser velado e escondido nos becos da mente suburbana expressa-se pela rebeldia, porque não teve a oportunidade de ser cidadão. O filosofar, com seu caráter meditativo, exige da própria reflexão a superação dos limites impostos pela realidade, para que a identidade se espelhe, de fato, na humanidade do outro. Esse discurso, aparentemente ingênuo, é apenas um modo de "metaforizar" a falta do "mundo" no Mundo. Ou a falta do ser num mundo sem entes.

A meditação filosófica é construtora de sentidos num mundo sem significados. É uma proposição da compreensão para construir um horizonte significativo para a vida. Por conseguinte, meditar sobre as respostas que a história construiu constitui caminho interpretativo do presente que pode "iluminar" nossa compreensão. A noção de "ausência do ser num mundo sem entes" indica que o indivíduo já não concebe sua identidade como uma construção da história da humanidade. Esse modo de formar o horizonte de sentido, desvinculado da perspectiva histórica, marca radicalmente a barbárie da qual somos vítimas. Por trás disso se escondem todas as formas de ideologia que massacram o humano, refém da falta de um horizonte que o conduza para a compreensão de si diante do outro. É a isso que se chama falta

Esta ideia do filosofar como meditação expressa-se na teoria da interpretação de Paul Ricoeur (1977, p. 45-55): *"Quando dizemos: a filosofia é reflexão, certamente queremos dizer reflexão sobre si mesmo"*; *"A reflexão é o esforço para reaprender"* (p. 45); *"é uma tarefa, a tarefa de igualar minha experiência concreta à afirmação: existo"* (p. 47); *"é a apropriação de nosso esforço para existir e de nosso desejo de ser através das obras que dão testemunho desse esforço e desse desejo. É por isso que a reflexão é mais do que uma simples crítica do juízo, pois reflete sobre esse ato de existir que manifestamos no esforço e no desejo"* (p. 48). Para Ricoeur (1977, p. 55), a reflexão deve fazer-se hermenêutica, pois a hermenêutica representa uma contestação e uma prova para a reflexão, cujo primeiro movimento é identificar-se com a consciência imediata.

do ser. A identificação de si ancora sua interpretação não mais na ação do sujeito conduzido e orientado pela razão meditante, mas na subjetivação da subjetividade, que nega a autonomia do indivíduo e o faz lançar seu ente na obscuridade de uma ausência, preenchida por imagens que disfarçam a compreensão.

Essa situação em que a sociedade contemporânea se encontra mergulhada não só mascara a identidade do humano como o descaracteriza e o despe da possibilidade de uma ação política. Construir uma filosofia sem sujeito numa sociedade que se pretende democrática é impossibilitar a democracia como forma de distribuição do poder na sociedade. A filosofia da ausência do sujeito como portador de ação política esconde-o ou deixa de pensá-lo fora das esferas da subjetividade. Negar o sujeito é negar a possibilidade do humano, que só constrói sua identidade em referência ao outro individual, social e coletivo. Levar esse pensar às últimas consequências implica destruir aquilo que identifica o humano como tal. É diante de um contexto dessa natureza que se faz necessário um filosofar meditante, a fim de reconsiderar os problemas para poder pensar alternativas às interpretações vigentes.

1.3. A busca

Ao lado da atitude meditativa, é preciso um filosofar que esteja permanentemente em busca do desvelamento da própria Filosofia como conteúdo que não mede o radicalismo de sua proposição. A Filosofia, ao longo da história, tem sido essa busca, esse encontro e a tensão entre o desvelamento e a ocultação da realidade, das filosofias e das ideologias postas e escondidas diante de nosso ser. Desde os pensadores gregos antigos até os filósofos contemporâneos, tem sido constante e permanente a busca de compreender as dimensões da realidade e sua incidência na construção do humano, embora, em muitos momentos da trajetória, tenha havido desvios e distorções do objeto da Filosofia. Mas esse ir e vir, esse revelar-se e ocultar-se, esse manifestar-se e esconder-se da realidade exige a busca de uma postura reflexiva, meditativa, um olhar diferenciado sobre as coisas, pondo-nos diante de tudo que é, cobrando-nos uma resposta, um sentido, um dizer significante do ser.

A busca é a construção do caminho que alarga os passos numa direção, quando se sabe por onde se está indo e aonde se quer chegar. Ela persegue a verdade, mesmo se sabendo temporária, passageira e parcial. Qualquer filosofia, como todo conhecimento, há que buscar a verdade como horizonte último de sua existência. O relativismo, levado às últimas consequências, é a negação da verdade, seja absoluta, seja de qualquer natureza. Em última instância, exclui, em cadeia, a própria comunicação, a linguagem e o fundamento distintivo da humanidade. Recusar que a verdade seja possível, nesses termos mais radicais, é impossibilitar qualquer forma de conhecimento, também aquele que nega a possibilidade da verdade.

Sustenta-se aqui não que a verdade seja absoluta, e sim que sua total negação torna impossível a existência, a exigência e a necessidade do conhecimento como possibilidade de extirpação da ignorância que marca a visão de mundo e o sofrimento existencial do indivíduo contemporâneo. É fato demonstrado pela tradição filosófica que a verdade não é absoluta, mas histórica. Contudo, o radicalismo da tendência relativista, conjugado com o pragmatismo pós-moderno, nega a possibilidade não só de explicação, mas também de compreensão. Essa situação desmobiliza a busca e enraíza o ser no imobilismo, pois, se não há nenhuma verdade possível, ainda que parcial, por que mover-se em determinada direção? Outro efeito mais nocivo é que o imobilismo na busca da verdade histórica gera um imobilismo político diante das situações e formas de dominação presentes no mundo contemporâneo.

"Como diria Sócrates, uma vida sem exame (interrogação) ou uma paixão (busca amorosa) pela verdade é uma vida que não merece ser vivida. Jamais a possuiremos. Mas alimentamos sempre a crença e a esperança de poder encontrá-la. Se não procedermos assim, nossa identidade estará em questão" (Japiassu, 2001, p. 20). Esse autor elabora e assume uma crítica a determinadas filosofias que conduzem ao imobilismo social e político. Depois de expô-la, conclui, afirmando que, *"se a verdade nos liberta, devemos viver nossa liberdade como a afirmação constante de nossa autonomia. Porque só seremos sujeitos livres, autônomos e soberanos enquanto resistirmos a desempenhar o papel de marionetes, realizando espasmodicamente os gestos que tenta impor-nos o meio sócio-histórico--cultural, e enquanto continuarmos pondo em questão as representações coletivas estabelecidas, as ideias sobre o mundo, sobre os deuses e a boa ordem da cidade"* (p. 125-179, grifos do autor).

Entendo que as filosofias que negam a possibilidade de autonomia do sujeito acabam criando uma espécie de imobilismo político. Ao conjunto representativo dessa tendência filosófica chamo "filosofias do não sujeito". Compreendo que a crítica gerada por tais reflexões é pertinente, mas, se for levada às últimas consequências, seu resultado social pode ser desastroso.

Defender a busca como característica fundadora do filosofar é abrir uma possibilidade reflexiva e construtiva para o conhecimento, o qual permite o acesso à verdade sedimentada na história e pode lançar o sujeito no horizonte de outras buscas e ações que lhe facultam pensar e agir para além do imobilismo político gerado pelas filosofias do não sujeito. Para garantir a possibilidade da Filosofia como criação e construção de conceitos e como processo reflexivo, é preciso salvaguardar a busca como horizonte e perspectiva diante da verdade, entendida como construção permanente. É nessa direção que tem e faz sentido ensinar Filosofia em todas as fases do ensino.

Ampliar o universo do estudo e do conhecimento da Filosofia justifica-se precisamente como forma de superar as filosofias que parcializam o ser, privando-o da compreensão de si mesmo. Considerada à luz da impossibilidade da verdade, a existência da Filosofia não teria mais sentido, rompidos seus vínculos com o conhecimento. Como consequência, ensiná-la e estudá-la seria uma contradição, não no sentido dialético, mas pela impossibilidade de sua própria construção. Para garantir a possibilidade da Filosofia no ensino e sua tradição, é preciso ensiná-la como atividade em todas as fases do desenvolvimento humano. O objetivo não é assegurar a continuidade da tradição filosófica, mas preservar um aspecto fundador do conhecimento como orientador da compreensão da existência humana no mundo.

Defender a busca como horizonte do filosofar é criar a condição fundadora da possibilidade do ensino de Filosofia. Negar isso ao ser humano é negar a construção de uma existência com sentido num mundo desorientado e incompreendido. Pensar na busca como horizonte significativo da existência humana no mundo remete-nos a outra característica do filosofar, exposta a seguir.

1.4. A admiração

> *"Platão disse que a origem da filosofia era o espanto. O sentido da visão permitiu-nos 'contemplar as estrelas, o Sol e o firmamento celeste'. Esse espetáculo deu-nos 'o impulso para a investigação do universo. Daí nasceu a filosofia, o maior bem que os deuses concederam aos mortais'. Aristóteles disse: 'Foi a admiração que incitou os homens a filosofar: admiraram-se primeiro do que lhes acontecia e lhes era estranho, depois, pouco a pouco, foram mais longe e inquiriram dos movimentos da Lua, do Sol, dos astros e da criação do universo'"* (Jaspers, 1987, p. 17, grifo do autor). Para Platão (*Teeteto*, 11, 155d), *"essa emoção, essa admiração, é própria do filósofo; nem tem a filosofia outro princípio além desse"*. Segundo Aristóteles (*Metafísica*, I, 2, 982b 12ss), *"devido à admiração os homens começaram a filosofar e ainda agora filosofam: de início começaram a admirar as coisas que mais facilmente suscitavam dúvida, depois continuaram pouco a pouco a duvidar até das coisas maiores, como, por exemplo, das modificações da lua e do que se refere ao sol, às estrelas e à geração do universo. Aquele que duvida e admira sabe que ignora; por isso, o filósofo é também amante do mito, pois o mito consiste em coisas admiráveis"*. Para ele, a admiração é a atitude que está na raiz da dúvida e da investigação, é uma tomada de consciência da não compreensão.

Dispor-se ou predispor-se à reflexão envolve a sensibilidade para admirar-se diante das coisas, do mundo, dos outros e de si mesmo. Implica espantar-se com a realidade cotidiana, amar e sofrer com a existência. A admiração diante da manifestação das coisas nos situa no mundo, onde fomos jogados e não pedimos para estar, angustiados diante da existência, existindo sem ter pedido para existir, finitos, inacabados, incompletos, "condenados à liberdade" (Sartre, 1987a, p. 6), ao desespero e à esperança.

"O espanto impele ao conhecimento. Pelo espanto me torno consciente da minha ignorância. Procuro conhecer por amor ao próprio conhecimento e não para satisfazer qualquer necessidade trivial" (Jaspers, 1987, p. 18).

A admiração, como característica da atividade filosófica, é uma espécie de "susto", uma parada, um silêncio que deixa falar a realidade por aquilo que ela é e significa naquele momento específico. Esse "susto" é uma tomada de consciência do real que nos toca como parte de sua complexidade e horizonte. A admiração é um olhar que se detém atenta e criteriosamente nas coisas, nos fenômenos e nos modos de interpretar e expressar a realidade. Essa qualidade está ligada à dimensão estética do humano – estética entendida como criação e recriação do mundo, da vida, da existência e das coisas por meio da arte; mais do que manifestação, recriação que busca um sentido diante do não sentido; forma de expressar o ser em seu permanente fazer-se. Quando o indivíduo é capaz de admirar-se, torna-se consciente de que pode criar.

Esse olhar detido sobre as coisas é extremamente "iluminador" e criativo, uma vez que é inspirativo para a leitura do mundo em suas formas de expressão. A criatividade, despertada pela admiração, constitui a intuição originária de um pensar que procura ler a escrita do mundo impressa em suas formas. Tal abertura ao mundo absorve-o para o universo do sujeito, pois é nela que o sujeito desperta para a objetividade de seu ser no contexto da história existencial que está vivendo. É nessa mesma intuição admirativa que ele se abre para o filosofar, como atividade que resgata sua identidade humana em face da humanidade.

A admiração, como propulsora do pensar construído com base em uma intuição, desvela o mundo e seus significados, constituindo um universo de descobertas que inspiram a interpretação dos modos de ser e de manifestar-se dos fenômenos do mundo. Toda admiração é uma forma de olhar em ação, um olhar detido que age movido pela inquietação do sujeito em face das coisas, da sociedade, da economia, da cultura, do conhecimento e de todas as formas de expressão. A qualidade da admiração mede-se pela atenção e concentração não só na intuição inicial, mas em seu desenvolvimento e detalhamento, à medida que se expressa. Admirar implica uma espécie de análise, de observação, de crítica e de criatividade para que a atividade de pensamento se desenvolva.

1.5. A paixão

O pensar desenvolvido na admiração é um modo de olhar a ação do saber e implica, portanto, a paixão pelo saber, o qual é construtor da sabedoria compreendida sob o aspecto de sabor e busca da verdade como caminho revelador da concretude existencial que, a um só tempo, nos põe diante do outro, dos entes, nos abre os olhos, a visão, o horizonte, e nos exige, por tratar-se de realidade contingente, uma resposta à interpretação da realidade. É essa dimensão interpretativa do mundo que origina em nós a paixão por ser, despertos em admiração e espanto diante de nossa situação existencial. O sofrimento resultante da angústia existencial suscita em nós a necessidade da busca do sentido e do significado de nosso ser no mundo. Isso implica busca do conhecimento como elemento constituinte de uma liberdade jamais conquistada em outras dimensões. Mas essa paixão precisa ser alimentada, nutrida e direcionada a determinado fim que ilumine a reflexão sobre o saber e seus sentidos, que amplie nosso modo de compreender e produzir o saber, tornado referencial para o exercício da emancipação.

A paixão pelo saber implica admiração diante do ser para perceber a realidade como ela é e como pode ser interpretada no horizonte de nossa compreensão, impelindo-nos para a "revelação" e para o desvelamento da realidade. Tal desvelamento, apaixonado e apaixonante, enche-se de possibilidades que se abrem e fecham nas escolhas que fazemos, e a concretude do real atinge-nos no mais íntimo do que somos, cobra-nos outro olhar e outra percepção das coisas à medida que penetramos no universo do filosofar.

1.6. O diálogo

A admiração apaixonada pelo saber, a qual se efetiva como escolha entre alternativas de explicação e de atribuição de sentido às coisas, à vida, ao mundo e às formas de sua expressão e comunicação, envolve também um *diálogo* com a realidade e com o que, ao longo da tradição filosófica, se refletiu e se pensou sobre as coisas. Tal diálogo, iniciado pela admiração perante o real, verifica-se em dois níveis: com os autores que refletiram e pensaram sobre a realidade situada em seu contexto histórico; com a existência, levando

Diálogo significa o esforço mútuo para chegar, mediante a palavra, a um encontro na verdade. Nesse sentido, é equivalente a uma discussão construtiva na qual ninguém tem a palavra final nem tampouco é proprietário exclusivo de princípios intangíveis e acabados. Para Platão (*Teeteto*, §189, e), o pensamento é o diálogo da alma consigo mesma. Nunes (2000, p. 22), comentando o pensamento de Platão, afirma que *"a ideia de diálogo implica em interlocução, em troca de palavras entre um e outro; dialogando consigo mesma, a alma já se confrontaria com o outro dentro de si, antes de relacionar-se a terceiros fora dela mesma. Platão reproduziria esse confronto numa forma escrita, que manteria a oralidade própria da interlocução, e denominou-o de 'diálogo'"*

> Com base em Bakhtin (2000), é possível afirmar que a obra, em sua forma de discurso, constitui um todo, um conjunto que, em sua particularidade, se conjuga numa totalidade, à medida que vai evidenciando aspectos específicos de um todo. É nesse sentido que o autor de uma obra está presente somente no todo da obra. O sentido não será encontrado em nenhum elemento separado do todo, e menos ainda no conteúdo da obra. O autor é encontrado no momento inseparável em que o conteúdo e a forma se fundem, e percebemos sua presença acima de tudo na forma.
> É nessa fusão entre forma e conteúdo que está explícito o método que inspira e, ao mesmo tempo, põe a nu os sentidos e os significados da obra expressos no discurso do autor. É por isso que o texto só vive em contato com outro texto (contexto). Somente nesse ponto de contato é que surge a luz que aclara, fazendo que o texto participe de um diálogo. Salientamos que se trata do contato dialógico entre os textos, e não do contato mecânico "opositivo", que é possível apenas dentro das fronteiras textuais, entre seus elementos abstratos, e mostra-se indispensável somente em uma primeira etapa da compreensão. Por trás desse contato há o contato de pessoas, e não de coisas (Ghedin, 2001b).

> Segundo Jaspers (1987, p. 131-156), o filosofar implica: a) o estudo da filosofia, que se processa por meio de três vias: a participação na investigação científica; o estudo dos grandes filósofos; o conscencioso comportamento na vida cotidiana; b) a leitura dos filósofos, para saber o que eles quiseram comunicar, aprofundando e retomando seu pensamento; c) a leitura das obras sobre a História da Filosofia.

em conta a realidade presente e o que foi dito a seu respeito. Essa abertura dialógica constrói o desvelamento da realidade, oculta por trás das coisas e das ideologias como engano de consciência. A realidade questiona-nos, exigindo um diálogo com os autores e com o real como caminho que se faz busca de compreensão do que somos. O diálogo exige, ao mesmo tempo, abertura ao ser e aos entes. Dialogar com os autores exige uma postura crítica no confronto entre o contexto deles e o nosso.

Dialogar com os filósofos é desvendar seu mundo e penetrar em seu universo; isso é fundamental como pressuposto epistemológico e metodológico do ensino de Filosofia. O filosofar constrói-se em diálogo com os filósofos, com seus textos, com sua interpretação, com seus preconceitos, conceitos e modos de expressão. Não é possível pensar o ensino de Filosofia desvinculado da tradição filosófica, de seus autores e de suas construções históricas. Isso não quer dizer que temos de ensinar História da Filosofia, mas situar historicamente nossa reflexão acerca da realidade contemporânea em diálogo com a Filosofia configurada em sua tradição.

A exigência do diálogo com a tradição é fundamental para o ensino de Filosofia não só para recuperar os problemas postos em discussão, analisar e compreender as respostas que lhes foram dadas, mas para fazer avançar o conhecimento filosófico. É na ponte entre o contexto do autor, a resposta que ele deu e nosso contexto que surgem novas problemáticas ausentes e não consideradas no passado, por não serem questões de seu tempo. Isso significa que há sempre novos problemas de acordo com o contexto histórico, e o professor de Filosofia deve conhecer e dominar essas problemáticas para poder ensinar o diálogo entre distintas posições sobre as questões e as respostas pensadas em cada tempo.

Diante do exposto, verifica-se outro pressuposto para o ensino de Filosofia: o domínio de determinadas temáticas presentes em algumas respostas que podem ser trazidas para o universo do ensino da disciplina. Ou seja, o professor de Filosofia, além de dominar o saber filosófico em sua trajetória histórica, há que ter domínio dos temas e problemas que motivaram o conjunto dos conteúdos que compõem a Filosofia. Então o diálogo vai muito além de um sentido único e exige uma análise detida, sistemática, metódica e crítica. Isso pode não ser uma exigência para o aluno do ensino médio, que está iniciando seus passos na Filosofia, mas o é para o licenciado em Filosofia, justamente para que ele possa fazer a ponte entre os problemas discutidos pela História da Filosofia por meio de seus filósofos, o saber do aluno e os temas problemáticos de nossa contemporaneidade. Desse modo, o diálogo expõe o conteúdo e anuncia o método de desenvolvimento da Filosofia no espaço do ensino.

Não se trata de propor o diálogo como método para o ensino de Filosofia, mas de estabelecer os pressupostos que caracterizam, dimensionam e qualificam o processo de ensino da disciplina como condição e ponto de partida de uma forma de ensinar centrada na atividade filosófica ou como estratégia inicial para ensinar e aprender seu conteúdo – ainda que a preocupação central desta obra repouse na metodologia do processo de aprendizagem como melhor caminho de acesso ao conteúdo filosófico, em conformidade com a discussão desenvolvida nos Capítulos III e IV.

Há, a propósito, um problema evidente no processo de ensino de Filosofia: cogita-se ensiná-la de modo diferente de como ela é produzida pelos filósofos. A meu ver, o modo de ensiná-la não pode ser diverso das mediações usadas para produzi-la. A resistência à Filosofia no espaço da escola deve-se a essa postura didática que, partindo do conteúdo, negligencia seu processo metodológico, exclui o método que tornou possível a reflexão filosófica. Parece-me que se quer ensinar o conteúdo filosófico excluindo seu método de produção. Tal procedimento dificulta a compreensão do conteúdo e faz da aula uma exigência nem sempre exequível.

Cf. Souza (1992; 1995). Sobre a questão do diálogo filosófico com crianças como método educativo, há uma reflexão interessante sendo pesquisada, elaborada e desenvolvida por Casagranda (2002, p. 130). Uma discussão significativa sobre o diálogo como proposta metodológica pode ser vista em Gadamer (2000, p. 129-140). Nesse texto, o filósofo analisa e propõe o diálogo como comunicação que procura uma linguagem comum para o entendimento humano. Para ele, *"um diálogo aconteceu quando deixou algo dentro de nós [...]. O diálogo possui uma força transformadora. Onde um diálogo é bem-sucedido, algo nos ficou e algo fica em nós que nos transformou"* (p. 134).

Para um aprofundamento da problemática entre Filosofia e método na História da Filosofia, cf. Folscheid e Wunenburger (1997), Cossutta (1994), Ghedin (2003b).

A dicotomia entre conteúdo e método surgida e evidenciada no espaço do ensino de Filosofia dificulta sua apreensão, aprofundamento, análise e crítica. Se o aluno não compreende o método que o filósofo usa para elaborar seu raciocínio e conhecimento, terá muito mais dificuldade em aprender o conteúdo filosófico. Superar essa dicotomia é uma exigência para a Filosofia no espaço do ensino e uma tentativa deste livro, a despeito da consciência de que não se trata de uma tarefa fácil nem docilmente resolúvel. É nesse sentido que o diálogo é uma mediação imprescindível no processo filosófico.

1.7. A suspeita e a dúvida

Admirar-se diante da realidade, dialogar com ela e com os autores, exige a permanente *suspeita* como atitude constitutiva do filosofar. É preciso suspeitar da realidade, de como a vemos, de como é vista, de como foi vista. Suspeitar das próprias posições, das leituras que se fazem e se fizeram da realidade. Suspeitar para chegar à verdade das coisas, para desvelar a realidade. Questionar as coisas, procurando atingir a raiz de tudo – razão pela qual *o questionamento e a crítica* não podem estacionar no tempo, pois, se paramos, nós nos alienamos. A suspeita lança-nos em direção ao ser. Possibilita o filosofar crítico. Cria espaço para que o pensamento se dilacere e se reconstitua em nova roupagem, e não só mais em outra compreensão de nosso "ser-estar" no mundo.

Suspeitar é duvidar, é pôr os juízos sob suspeita, sob a égide da dúvida, evitando ser vítima das crenças absorvidas como verdades *a priori*; duvidar das respostas prontas – mais do que isso, suspeitar da mesma resposta para todas as perguntas. Significa manter uma posição crítica em alerta contra as respostas já oferecidas; manter o olhar da águia, a atenção da coruja e a esperteza da serpente; suspeitar das ideias que não questionam e dos questionamentos que respondem com a visão da ideologia dominante; manter-se vigilante sobre formas de conhecimento que se manifestam como verdade absoluta, plena e acabada. Toda ideia pronta,

"Satisfeito o espanto e a admiração pelo conhecimento do ser, logo surge a dúvida. É certo que os conhecimentos se acumulam, mas nada é seguro se não comprovado criticamente. Filosofando, apodero-me da dúvida, procuro conduzi-la às últimas consequências e, então, entrego-me ao prazer da negação pela dúvida que tudo invalida e não deixa avançar, ou procuro encontrar uma certeza ao abrigo de qualquer dúvida que resista honestamente a todas as críticas. A dúvida torna-se, enquanto dúvida metódica, a comprovação crítica de todo conhecimento" (Jaspers, 1987, p. 18).

dita acabada, deve carregar-se da suspeição e da suspensão. A suspensão do juízo amplia o horizonte do filosofar e aprofunda o pensar que o exerce. No passo da suspeita se constroem os caminhos da Filosofia e de seu ensino. Essa criticidade em aberto carrega consigo a ampliação do diálogo e mantém a existência em suspensão.

1.8. A imaginação e a criação

O filosofar implica também o processo de criação, imaginação e sonho na construção do mundo concreto efetuado pela práxis, a qual exige, por sua vez, um exercício constante de ação-reflexão-ação-reflexão, tendo em vista um agir sempre renovado. Possibilita, com isso, outro mundo, outra compreensão de nosso estar no mundo diante da existência, imagem-em-ação que constrói o mundo real-concreto. Ou seja, a atividade filosófica (como reflexão crítica) é uma atividade libertadora dos condicionamentos da liberdade, da opressão do ser humano pelo seu igual.

Filosofar, na conjuntura atual, é desmistificar as amarras do mundo que nos impedem de ser autenticamente humanos. Significa recriar a realidade, o mundo, a compreensão da existência a fim de libertar-nos de todas as condições que nos privam de manifestar a verdade do ser. Nesse sentido, a imaginação, no filosofar, é impulsionadora da justificação de nosso existir no mundo, é propulsão da história e da concretude de nossa existência.

O filosofar tem uma dimensão extremamente criativa, pois não se configura apenas como pensamento do já pensado, mas apresenta-se como espaço de criação e ampliação da interpretação do mundo, das ideias, das práticas, das teorias, dos fenômenos, da existência e de sua extensão. A criatividade do filosofar é impulsionadora da Filosofia, da elaboração de seus métodos e da reflexão sobre as formas de conhecê-los. Essa perspectiva da criação no filosofar expressa-se tanto como forma de arte quanto como recriação do mundo. Assim, a Filosofia assume-se como práxis transformadora do real e, também, como interpretação dessa práxis.

> Em conformidade com Severino (2001b, p. 83-99), refiro-me, especialmente, às dimensões técnica, política, ética e estética como elementos componentes das exigências de educação e formação do ser humano contemporâneo.

Nessa perspectiva está igualmente a imaginação como possibilidade de construir a utopia de um mundo justo diante das injustiças que diminuem o ser humano em todas as suas dimensões. Trata-se da imaginação concebida como a imagem construída de uma ação que, embora ainda não realizada, se pretende realizar. Não é a imaginação no sentido da fantasia, mas a habilidade e a inteligência para considerar problemas, criando soluções ainda não imaginadas em outros momentos da história humana.

Imaginação e criação são duas dimensões da mesma realidade. A primeira intui a solução de um problema e a outra a torna realizável na concretude do real. Tanto a criatividade quanto a imaginação são aspectos fundamentais da possibilidade de reflexão sobre novos problemas, gerados pelas necessidades da sociedade contemporânea. Um filosofar que valoriza a imaginação e a criação no espaço do ensino nunca oferece interpretações prontas, acabadas, mas apresenta um conjunto de problemas cujas soluções precisam ser imaginadas e criadas, mais que respondidas de forma mecânica. Considero que a grandeza do filosofar, sob o aspecto da imaginação e da criação, repousa na abertura interpretativa que parte de uma metodologia própria, mas vai muito além de seu horizonte de interpretação. Assim, criar conceitos é imaginar outras possibilidades interpretativas.

1.9. A demanda por sentido e a responsabilidade

Por outro lado, a imaginação completa-se na demanda pelo sentido de nossa existência. É a demanda pelo sentido do ser que se manifesta nos entes, caminho que nos situa na contingência, no limite, na fragilidade de todo o existir humano. Se a imaginação nos lança à recriação do mundo estando nele, a demanda pelo sentido põe-nos de pronto *diante da* existência e *na* existência. Exige a procura do ser, a admiração e a perplexidade diante dele. O ente apresenta-se, mostra-se e revela o ser-presente na realidade, impondo-nos a correspondência ao apelo do ser dos entes. Ou seja, o humano interpela-nos sobre a humanidade e a construção desta, como oposição e negação a um processo de animalização do humano, operada pelo sistema econômico contemporâneo.

Esse apelo dos entes existentes no mundo exige uma resposta à solicitação do outro. Implica responsabilidade para com o outro. Exige um compromisso para com a humanidade, morada do ser. Assim, todo ser humano é filósofo no momento em que adentra a morada do ser, penetra no domínio da hominização, respondendo ao chamamento do outro que é presença, morada e compreensão do ser. Desse modo, filosofar é um compromisso de responsabilidade ética para com as outras existências no mundo.

Em obediência a uma característica antropológica, o ser humano só se humaniza diante do outro, como horizonte de sua própria identidade. É nesse sentido que o exercício do filosofar é um compromisso ético. Além disso, uma forma de pensar que não se compromete com a humanidade pode ser mais ideologia que Filosofia. Portanto, filosofa melhor, com maior qualidade, aquele que põe seu pensar a serviço dos interesses da coletividade, da cidadania e da democracia participativa. Comprometer-se eticamente significa assumir a complexidade das relações humanas, considerando a preservação da vida e do cuidado como o valor máximo a orientar as ações e decisões.

Para aprofundamento da questão de uma ética do cuidado, cf., especialmente, Lévinas (1993).

A dimensão ética é a mais digna característica fundadora do filosofar. Voltar-se com os olhos, ouvidos e mãos para a realidade gritante emanada da exclusão e da injustiça é propor-se a outro caminho, a outra humanidade, e esse deve ser o fim último do filosofar como atividade de pensamento e de práxis que procura partir de questões problemáticas na contemporaneidade e apontar saídas para elas. Assim, pode-se dizer que

> *a origem da Filosofia é o espanto, a dúvida e a experiência das situações-limites; mas, em último lugar e incluindo todas estas motivações,*

De acordo com pesquisas recentes, o pensamento não é uma característica única e exclusiva do ser humano. Segundo Hauser (apud Santoro e Angelo, 2000), nós compartilhamos o planeta com animais pensantes, e o cérebro de todos eles está equipado com um conjunto básico de funções intelectuais, as quais permitem a resolução dos problemas impostos pelo ambiente. Isso não quer dizer que o pensamento humano esteja no mesmo grau; apenas quer ressaltar que a atividade mental, como pensamento, não é uma exclusividade humana. Diante disso, poderíamos dizer que o que nos diferencia é justamente a capacidade de reflexão, como habilidade de pensar o próprio pensamento.

Segundo Popper (1979), o conhecimento resultante de um processo de pesquisa não parte de observações, mas sempre de problemas que despertaram expectativas e depois as desiludiram. Um problema é uma expectativa desiludida, uma contradição lógica entre afirmações estabelecidas. A pesquisa, portanto, inicia-se com os problemas: o que pesquisamos é precisamente a solução deles.

A metodologia da problematização inicia-se pela observação da realidade e pela identificação de um problema para estudo/investigação; segue-se pela definição dos pontos-chave, aqueles que serão estudados sobre o problema na terceira fase, a da teorização; após a realização do estudo/investigação, e considerando os conhecimentos adquiridos, associados e discutidos, passa-se para a elaboração de hipóteses de solução, chegando, por fim, à etapa de aplicação à realidade, quando se realiza uma ação concreta transformadora na parcela da realidade estudada, com os subsídios e convicções gerados por dado estudo (Berbel e Giannasi, 1999, p. ix-x).

é a vontade de autêntica comunicação. Isto revela-se logo de princípio pelo fato de toda filosofia ansiar pela participação, exprimir-se, pretender ser ouvida; essencialmente é a própria comunicabilidade que está indissoluvelmente ligada à verdade. Na comunicação a Filosofia alcança a sua finalidade, o fundamento e o sentido último de todos os fins: a apreensão do ser, a claridade do amor, a plenitude da paz (Jaspers, 1987, p. 25).

1.10. A dimensão problematizadora

Assumo com Cordi (1995, p. 12) que o filosofar é uma necessidade, pois *"mexe com as estruturas sociais e políticas vigentes e convida o cidadão a construir uma nova sociedade"*. Desse modo, o processo sistemático da reflexão não é e não pode ser apenas um exercício intelectual ou mera atividade cognitiva de caráter psicológico, mas uma estrutura que só tem sentido como prática social, como ação política que intervém na interpretação e na situação do mundo em que vivemos. Isso quer dizer que a reflexão crítica há que ser uma forma de práxis.

Esse modo de ser da práxis é próprio do humano, pois só o ser humano aprende a pensar. Por perceber-se na proeza do pensamento, ele mesmo se define animal que pensa o próprio pensamento. Essa ação de pensar o próprio pensamento institui a problematização como metodologia que possibilita o exercício da reflexão crítica sobre o ser do real. Tal exercício reflexivo efetiva-se como ponte entre dois aspectos da realidade: o pensamento produzido ao longo da trajetória histórica da Filosofia e os problemas que ela suscitou, examinou, respondeu e problematizou; o ser da realidade como objetivação que nos possibilita apreender um dado objeto e pensá-lo sistematicamente.

Por isso, *"se o teu destino é pensar, então venera este destino como se venera um deus e sacrifica-lhe o que de melhor tiveres, o que mais amares"* (Nietzsche, 1996, p. 174).

Pensar, nesse caso, é destinar-se ao pensamento construtor dos sentidos que possibilitam o significado para o existir humano. O pensar é um modo de ser, de agir e de situar-nos no mundo como sujeitos históricos. Por conseguinte, "para merecer a arte de pensar, precisamos frequentar a realidade. Aqui o pensamento aprende a pensar. Fora dessa escola não há aprendizagem" (Buzzi, 1991, p. 9). O horizonte de partida e de chegada do exercício do pensar constitui uma forma de artesanato em que a obra construída por ele é a própria humanidade. Destarte, o que amplia o exercício do pensamento é a possibilidade de perguntar e de questionar o real.

O ser humano é capaz de pensar porque, antes do próprio pensamento, ele pode perguntar-se. A reflexão está entre a pergunta e o pensamento. É na possibilidade da pergunta que se pode instaurar um processo reflexivo. O ser humano pode pensar não só porque se define como pensante ou porque está "no pensamento", mas porque pôde, em dado momento, pôr-se diante da pergunta. O perguntar é que lhe permite dizer que pensa, ou seja, ele só pode declarar-se animal pensante pelo fato de, diante da pergunta fundamental, ter rompido com a própria animalidade. O questionamento, na qualidade de processo reflexivo, rompe os limites da animalidade e instaura o horizonte da humanidade.

O animal humano é um humano animal; traz em si o acesso à hominização na mesma medida em que pode estar na "retrocidade" de sua originalidade – ou seja, o movimento reflexivo, processado a partir da pergunta, instaura o salto para a hominização, do mesmo modo que a negação da pergunta nos lança num movimento de retorno ao ser animal. Por outro lado, a falta das condições objetivas de vida, a miséria, a pobreza, a fome e a insalubridade reduzem o ser humano à condição de animal. A alienação e a "loucura" atuam nesse espaço.

A experiência é uma possibilidade da Filosofia, do pensar, do ensinar e do aprender. Com isso, queremos dizer que a Filosofia pode ser uma experiência do pensar e que é possível, com base nessa experiência, traçar sentidos para ensiná-la e aprendê-la (Kohan, 2002, p. 25).

"O que é o filosofar hoje em dia – quero dizer a atividade filosófica – senão o trabalho crítico do pensamento sobre o próprio pensamento? Se não consistir em tentar saber de que maneira e até onde seria possível pensar diferentemente em vez de tentar legitimar o que já se sabe?" (Foucault apud Kohan, 2002, p. 25).

"O ser humano se dá conta de si, dos outros, do mundo e das coisas quando consegue instaurar um processo de reflexão. O processo de reflexão é instaurador de uma ontologia, isto é, é na capacidade de construção da consciência crítica que instauramos a autonomia do ser. O ser humano é um contínuo fazer-se e um constante fazer-ser realizado na consciência de si. Esta ontológica do si nos lança diante da presença do outro, do processo político e da responsabilidade ética" (Ghedin, 2000a, p. 27).

No sentido de retornar, recuar a uma condição animal e não humana. Significa dizer que o ser humano, destituído ou alienado das condições e das possibilidades da reflexão e submetido a condições sociais e materiais degradadas, pode retroceder a estágios mais próximos da animalidade, distanciando-se da humanidade. Por outro lado, essa inconstante possibilidade de perceber e de retroceder constitui a presença de nossa própria história, que tem revelado avanços e retrocessos. A humanidade está sempre nesse permanente limite entre o "progresso" (medido pelo avanço no campo da ética, e não da economia) e a condenação de milhões de seres humanos à morte anunciada pela miséria resultante da exploração econômica e da alienação religiosa e cultural.

> Para Heidegger (2002), *"o que quer dizer pensar é algo que se nos revela se nós mesmos pensamos [...] Para que cheguemos a este pensamento, é preciso que, de nossa parte, aprendamos a pensar. [...] Aprendemos a pensar à medida que voltamos nossa atenção para o que cabe pensar cuidadosamente. [...] O que mais cabe pensar cuidadosamente mostra-se no fato de ainda não pensarmos [...] Talvez, já desde séculos, o homem vem agindo demais e pensando de menos"* (p. 112). *"Mesmo que durante anos e anos nos ocupemos aplicadamente com os volumes e os escritos dos grandes filósofos, isso ainda não nos garante que realmente pensamos ou mesmo que estejamos dispostos a aprender a pensar"* (p. 113). *"Assim, à medida que percebemos o que é o real em seu ser, à medida que, dito à maneira moderna, representamos o objeto em sua objetividade, nós já pensamos. Deste modo, de há muito, já pensamos. Não obstante, ainda não pensamos realmente enquanto permanecer desconsiderado em que se funda o ser do real quando ele aparece como vigência, como presença"* (p. 123-124). Kohan (2002, p. 27-30) faz uma análise dessas posições assumidas por Heidegger em relação ao pensar e ao não pensar.

A tendência de naturalizar tudo impede a percepção da complexidade como uma propriedade humana. Somente o ser humano pode possuir consciência da situação complexa em que se encontra; como tal, essa percepção é um modo de ser, ou melhor, é o que nos possibilita ser com consciência de estar sendo. A realidade é uma construção humana. A realidade humana instaura uma compreensão quando se pergunta, e é nela que o humano compreende e se compreende como realidade. A complexidade do real deriva do impulso da percepção originária para tornar-se cada vez mais complexa, permitindo-nos construir a consciência do que somos. O ser humano é uma anormalidade enquanto se revela capaz de romper com a normalidade escondida em seus instintos. O salto humano é um mergulho na interioridade de si mesmo, no primitivismo originário, e, nessa introspecção, o ser humano rompe consigo mesmo no momento em que pergunta, responde, pergunta sobre seu modo de agir e questiona a resposta que deu.

O pensamento buscado pela Filosofia, na aprendizagem do pensar, é o filosofar, que faz do pensamento um caminho que vai à raiz do mundo e sente nessa proximidade o enigmático que ainda não se aprendeu a pensar. Não se deve querer arrebatar ao mundo seu caráter inquietante e enigmático (Nietzsche, 1996), pois é nele que se abrem caminhos para a autoconstrução.

Para Teles (1996), a investigação filosófica e reflexiva consiste em tomar como objeto da consciência o próprio ato de consciência das coisas; é uma busca do significado imutável das coisas em si, e o ato de filosofar é um ato de reflexão sobre a constituição da própria Filosofia. Assim, o filosofar é uma apreensão da vida, a fim de exprimi-la em seu ser-no-mundo. Mais do que isso, é uma forma de vida, à medida que torna possível uma práxis de nosso modo de ser imbuída de sentido. Dizendo de outro modo, *a Filosofia volta-se para a atividade simbólica anônima de que emergimos e para o discurso pessoal que em nós próprios se constrói, que somos nós próprios, perscruta aquele poder de expressão que os outros simbolismos se limitam a exercer. Em contato com todos os fatos e experiências, procura captar rigorosamente os momentos fecundados em que um sentido toma posse de si próprio, recupera e impede para além de qualquer limite o devir da verdade que pressupõe e faz que haja uma única história e um único mundo* (Merleau-Ponty, 1998, p. 73).

De modo semelhante, Severino (1994b) entende a Filosofia como uma forma de pensar e refletir que nos faculta compreender melhor quem somos e em que mundo vivemos, ajudando-nos a entender melhor o sentido de nossa existência. Por conta disso, faz-se necessário compreender a realidade atual, o mundo da contemporaneidade, pois é nele que se desdobra a existência. Com efeito, "a filosofia é geralmente definida como o esforço que o homem faz para perceber a realidade" (Severino, 1994b, p. 19). Por isso mesmo ela é tida como uma forma de conhecimento fundadora e fundamentadora das outras formas de conhecimento. A Filosofia é muito mais que sua história e precisa ser atualizada em cada tempo, pois só tem algo a dizer à medida que ela se diz, dizendo-se o que é na dinâmica de cada tempo e de cada sociedade. Sem essa reatualização, perde seu sentido na distância do tempo e perde a dinâmica da problematicidade.

Para Merleau-Ponty (1998, p. 59), *"a filosofia desperta-nos para o que há de problemático em si na existência do mundo e na nossa, de tal modo que nunca deixamos de procurar uma solução 'no caderno do mestre'"*, a realidade.

A Filosofia é a atividade teórica de reflexão e de crítica de problemas apresentados pela realidade, e esses problemas refletem necessidades e exigências de uma época e de uma realidade. Para Cartolano (1985, p. 19), *"a Filosofia só poderá encontrar a sua 'verdade' na sua 'adequação' a essa realidade concreta que não é permanente, mas fundamentalmente histórica"*. E é justamente a historicidade do filosofar que define a problemática central enfrentada em cada tempo.

À luz de semelhante aspecto é que a verdade pode ser igualmente definida como uma compreensão das coisas que são como e enquanto estão sendo. É um modo de compreender o "estar sendo" da realidade, não como algo permanente, mas

Essa ideia está ligada ao pensamento de Heráclito (apud Ghedin, 2003b, p. 81) segundo o qual *"o logos leva aquilo que aparece, aquilo que se produz e que se estende diante de nós, a mostrar-se diante de si mesmo. [...] Tira o véu do que está encoberto. A verdade se oculta no logos para ser revelada no pensar que transforma o mundo. Transformando-o num enigma cada vez mais profundo e obscuro, enigma que, quanto mais obscuro é, tanto mais é a promessa de uma claridade mais alta. O logos é o desvelamento da verdade do ser enquanto presença".*

Há uma ponte significativa e expressiva entre Heráclito e Heidegger na análise de Stein (1985) sobre a questão da verdade em Heidegger.

enquanto está sendo de determinada maneira, como devir. A verdade, antes de ser algo, é um horizonte, uma perspectiva, um infinito, uma direção por onde caminhamos. Ela é a chegada momentânea que se realiza num instante e logo em seguida nos escapa, foge de nosso controle. É uma abertura repentina, é como um raio de luz a nós revelado, embora nessa própria revelação esteja sua ocultação. O verdadeiro realiza-se como movimento permanente na direção da verdade, que, incapturável, apenas perceptível, não se prende, apenas se mostra. O horizonte da verdade é uma manifestação, uma "revelação" distante, uma distância que nos atinge imediatamente. O ser humano já está nela e, mesmo assim, necessita buscá-la. É nessa busca que a encontramos no meio do movimento do encontro com nosso próprio ser. Isso nos insere, já, na problemática do processo de conhecimento como busca da manifestação da verdade.

De acordo com Saviani (1985), a essência do problema é a necessidade da verdade, é sua busca e o desejo de encontrá-la. Assim, uma questão, em si, não estabelece o problema, nem mesmo aquela cuja resposta é desconhecida; todavia, uma questão cuja resposta se desconhece e se necessita conhecer configura-o. Algo que não se sabe não é problema. Quando, porém, se ignora alguma coisa que se precisa saber, eis, então, um problema. Este tem um sentido profundamente vital e altamente dramático para a existência humana, pois indica uma situação de impasse. Trata-se de uma necessidade imposta objetivamente e assumida subjetivamente. A Filosofia não se caracteriza por um conteúdo específico, mas é uma atitude que o ser humano toma perante a realidade. Ao desafio da realidade, representado pelo problema, o ser humano responde com a reflexão. Na percepção/construção desse desafio já está presente a capacidade crítica. Quanto mais esta é exercida diante da problemática, mais se instiga e se executa a criatividade.

O filosofar processa-se, nesse caso, pela problematização do problema; ou seja, é diante do questionamento, da pergunta, da proposição das coisas como problema que se instaura um processo de compreensão capaz de superar o senso comum. A problematização é um modo crítico de perceber o mundo e, com base nessa percepção, interpretar os significados e os sentidos das coisas. A problematização do problema instaura a análise, impositora de uma leitura crítica que procura saber a causa das coisas, ou seja, o porquê dos modos de ser da realidade.

Filosofar é o ato de retomar, reconsiderar os dados disponíveis, revisar, vasculhar, numa busca constante de significado. É examinar detidamente, prestar atenção, analisar com cuidado. É uma espécie de entrega interpretativa que teoriza a prática e pratica a teorização como possibilidade de compreensão e superação dos limites de nosso ser, lançado no horizonte de sentido.

Para Saviani (1985), a reflexão filosófica fundamentalmente problematizadora deve ser radical, rigorosa e de conjunto. Radical porque é preciso que vá até as raízes da questão, até seus fundamentos; rigorosa por exigir um proceder com rigor, sistemático, segundo métodos determinados, pondo em discussão as conclusões da sabedoria popular e as generalizações que a ciência pode ensejar; de conjunto, pois o problema não pode ser examinado de modo parcial, mas numa perspectiva global, relacionando-se aspectos em questão com os demais aspectos do contexto em que ele está inserido. Nesse sentido, o campo de ação da Filosofia é o problema enquanto não se sabe ainda onde ele está, pois está na própria natureza humana. A Filosofia, por meio da reflexão, localiza-o, tornando possível sua delimitação.

A delimitação do problema é o recorte, o movimento de retorno ao real, o concreto da busca e a busca da concretização do abstraído. Delimita-se para poder alcançar os limites e as possibilidades do ser da realidade vivida, construída, pensada, desejada e hierarquizada para ser compreendida.

Para Merleau-Ponty (1998, p. 55), *"filosofar é procurar, é afirmar que há algo a ver e a dizer"*. Já para Severino (2001b, p. 19), o filosofar está numa ligação direta com o conhecer: *"conhecer é uma atividade original que se confunde com o impulso da vida. A atividade subjetiva se desenvolve integrando-se à existência como um todo; o pensamento se constitui como processo imanente ao agir do homem com vistas a sua sobrevivência biomaterial. Na sua gênese, o pensamento se imbrica integralmente na ação e se instaura como estratégia da vida".* Segundo ele, *"não é buscando um fundamento absoluto que se explicita o sentido do filosofar. A questão deve ser tratada dentro das possibilidades do exercício do conhecimento. Esse 'potencial subjetivo' típico da espécie continua a se expandir, transformando-se numa 'fonte explicativa', como se ganhasse autonomia em relação ao processo vital e à prática concreta que forma a existência humana"* (p. 22). Para Fougeyrolas (1972, p. 133), *"o filosofar não se desdobra nem em vista do verdadeiro, nem em vista do bem, nem em vista do útil, nem em vista apenas do belo, nem em vista de nenhum outro fim além de si mesmo".*

Para Severino (2001b, p. 20), o conhecimento é o esforço humano para compreender a realidade. Essa compreensão se dá mediante uma atribuição de sentido, de significação, que ocorre por meio da explicação de nexos entre os objetos e as situações. Segundo o autor, "significado", "significação" e "sentido" são fundamentais, *"pois meu modo de conceber o conhecimento, em geral, e a filosofia, em particular, está intimamente relacionado ao núcleo desses conceitos, à instância básica".*

Em relação ao "horizonte de sentido", cf. Ricoeur (1978 e 2000).

> *"Só se dedica a filosofar quem sente necessidade de o fazer. Mas, ao fazê-lo, aceita implicitamente as condições necessárias à própria actividade filosófica. De igual modo, aceitando estas, reconhece a existência de determinadas intenções. Condições e intenções tanto gerais como específicas. As gerais correspondem à aceitação da razão como único meio legítimo para o domínio racional de um problema; as específicas, à necessidade de compreender racionalmente esse problema e, obviamente, de executar as tarefas para isso necessárias. O que, impondo uma atitude e um tipo de actuação, condiciona um perfil. Qualquer pessoa, desde que informada, pode transmitir a filosofia de outrem, sem que para isso seja necessário ter espírito filosófico. Mas o mesmo não acontece com a actividade de filosofar, a qual é inerente a uma vocação problematizadora e a uma capacidade racional de superar aporias, ou seja, uma atitude particular"* (Boavida, 1991, p. 414).
>
> Segundo Giles (1984, p. 2), os problemas a respeito da realidade não devem tornar sem sentido a atitude de questionamento, isto é, a atitude filosófica deve servir para incentivá-la. O que a Filosofia procura é justamente entender a evidência e o sentido mais profundo dessas realidades. Nesse sentido, *"filosofar é uma busca criativa de soluções a questões que, por sua natureza, não encontram soluções definitivas"*.

O filosofar é provocado pelo problema e, ao mesmo tempo, dialeticamente, constitui uma resposta a ele. A reflexão caracteriza-se por um aprofundamento da consciência da situação problemática, ocasionando um salto qualitativo que produz a superação do problema em seu nível originário e o remete a outros patamares de complexidade e de totalização. É necessário compreender a dialética reflexão-problema para evitar privilegiar, indevidamente, seja um, seja outro.

1.11. O compromisso com a crítica

A Filosofia, conjunto sistematizado de conteúdo, consiste no resultado de um processo de filosofar, que é, ao mesmo tempo, anterior e simultâneo ao conteúdo que o estimula. Quanto mais nos aprofundamos no processo analítico-crítico, mais percebemos a problemática e mais problematizamos como consequência de tal aprofundamento. A crítica não se efetiva num "estalar de dedos", mas é o efeito de longo e contínuo processo de reflexão. *"Da ironia socrática à dúvida cartesiana e ao niilismo nietzschiano poderíamos observar a filosofia como crítica radical"* (Corbisier, 1972, p. xx). A radicalidade da crítica revela uma potencialidade para superar um processo de alienação; ou seja, a crítica radical consiste na operação da consciência que, percebendo-se alienada, busca na reflexão radical uma forma que tem como fim sua superação. A crítica radical não é um fim em si mesma, mas constitui um processo de compreensão da realidade e de nossa inserção na sociedade capitalista.

A crítica é um meio que faculta ler a realidade com o crivo de julgamentos e juízos valorativos. Fundamenta-se no processo e efetiva-se constantemente em graus cada vez mais elevados, quando o sujeito consegue perceber-se como leitor crítico da realidade. Esse processo, como "resultado-meio", realiza-se pelo pensamento – não por qualquer pensamento, mas por aquele que percebe as coisas em sua problematicidade, possibilitando-nos seguir na direção da consciência plena e da superação do senso comum na compreensão dos problemas.

Nas palavras de Corbisier (1972, p. xxii):

> *o filosofar envolve uma problematização total e radical, isto é, põe tudo em questão, nos próprios fundamentos. [...] O importante, do ponto de vista do filosofar, é manter intacto o espírito crítico e a consciência de que as contradições filosóficas, desveladas pelo pensamento dialético, são insolúveis enquanto contradições fundamentais.*

O que impulsiona o filosofar, o que alimenta a inquietação filosófica, o que constitui a "paixão do pensamento" é precisamente o paradoxo, a irredutibilidade dessas contradições.

Segundo Reale e Antiseri (1991), o ponto de partida do ensino de Filosofia está nos problemas que ela propôs e propõe. O ponto de chegada desse ensino está na formação de mentes ricas em teoria, destras no método e capazes de propor e desenvolver de modo metódico os problemas e de ler de modo crítico a realidade complexa do mundo. Isso para criar uma razão aberta, capaz de defender-se contra as múltiplas solicitações contemporâneas de fuga para o irracional ou de fechamento em estreitas posições pragmatistas e cientificistas. A razão aberta é a que sabe ter em si mesma o corretivo para os erros que comete ao avançar e a força para recomeçar itinerários sempre novos.

O ensino-aprendizagem derivado desses conceitos sobre ou da Filosofia há que ser uma busca em aberto, uma construção de possibilidades. Não pode cair no pragmatismo ou na redução da reflexão à prática, prescindindo do processo reflexivo; do mesmo modo, não se pode deixar levar por determinadas concepções cientificistas imperantes na contemporaneidade, que acabam negando a grandeza e a necessidade do processo reflexivo como instrumento de conhecimento, como instaurador da hominização, como possibilidade de o ser humano identificar-se consigo mesmo. Por outro lado, não se pode deixar prender por posições dogmáticas no âmbito da própria discussão filosófica, pois, se assim for, já não é Filosofia, mas sua negação.

> Refiro-me aqui especialmente à discussão da introdução da Filosofia como disciplina obrigatória no ensino médio brasileiro. Em 2000 foi apresentado à Câmara dos Deputados um projeto de lei que tornava obrigatório o ensino de Filosofia e de Sociologia no ensino médio. A lei foi imediatamente aprovada na Câmara e seguiu para o Senado. Neste houve uma série de discussões e o governo FHC, por meio de seus líderes, começou a pedir o veto à lei. O Senado, sob pressão de diversos movimentos, pôs o projeto em votação, o qual foi aprovado com apoio da maioria, apesar da objeção dos governistas. Então o presidente da República, sob recomendação do Ministério da Educação, vetou a lei.
>
> Não estou querendo dizer que a Filosofia esteja acima e além de todos os processos sócio-históricos condicionantes do humano, mas que ela, mais do que todas as outras ciências, há que manter-se guardiã do humano e modelo de práxis que supere a tecnicização da vida na sociedade contemporânea, especialmente porque deve ser vigia da ética, como horizonte de humanização.
>
> *"Excuso-me (e me acuso) por sonhar às vezes que a inteligência do homem, e tudo aquilo através do que o homem se afasta da linha animal, poderia um dia enfraquecer-se e a humanidade, insensivelmente, voltar a um estado instintivo [...] Sentimos que uma civilização tem a mesma fragilidade de uma vida"* (Valéry apud Novaes, 1997, p. 10).

A Filosofia no ensino constitui-se de possibilidades; seus limites estão definidos pelas circunstâncias sociais e políticas que, ao longo dos anos, têm afastado de nossas escolas a possibilidade de fazer do processo educativo um caminho para o pensar. Atualmente, apesar de alguns espaços terem sido abertos por força de lei, o ensino-aprendizagem da disciplina passa por enormes dificuldades.

Como reflexão sistemática, como crítica da cultura, das formas de conhecimento, da política, da economia, a Filosofia não pode deixar-se enganar pelos malabarismos do poder que domina e explora o humano em vista do lucro. Precisa manter a independência justamente para salvaguardar a lucidez da reflexão. O horizonte filosófico é e deve ser um caminho construído à luz da consciência, da liberdade e da responsabilidade com toda a humanidade, pois o que está em jogo é a possibilidade de humanização do ser humano.

A razão não pode deixar-se cooptar pelo poder ou pelos órgãos de poder. Não pode ser cativa da falsa consciência nem da ilusão política. *"A consciência é falsa quando sucumbe a seus ídolos, e quando deixa de evitar os desvios evitáveis"* (Rouanet, 1990, p. 60). As ilusões da consciência e a ordem social e política estão relacionadas. A ilusão deixa de ser uma deficiência subjetiva e passa a enraizar-se em contextos de dominação, de onde deriva e os quais ela se incumbe de estabilizar. É no interesse do poder que a razão é capturada, abstendo-se do esforço para romper o véu das aparências, as quais impedem uma reflexão emancipatória. É no interesse do poder que ela ignora a verdade antropológica do ser humano, modelado pela experiência, sujeito a paixões, verdade *"solidária de necessidades objetivas"*, que podem e devem ser atendidas (Rouanet, 1998).

A Filosofia não pode pensar o sistema social quando se torna prisioneira do sistema político-econômico-cultural--religioso. Prisioneira do dogmatismo, está entregue ao poder e, nessa situação, silencia diante de todos os dogmas legitimadores da exploração e da alienação do ser humano. A atitude filosófica, como processo reflexivo, há que manter-se a distância suficiente para poder olhar o fato com nitidez.

Essa distância necessária para olhar a realidade é que liga a reflexão à crítica, como atitude que procura compreender a realidade particular em sua relação com o universal, ou seja, que busca uma interpretação à luz da compreensão de que a parte está sempre intimamente ligada ao todo e ambos são expressões da mesma composição do real, são faces dele que não podem ser vistas isoladamente. O caminho para o enfrentamento dos problemas da sociedade contemporânea passa pela leitura e interpretação do ser do mundo nas visões que o sedimentam na forma de mentalidade. Explorar a mentalidade de um tempo é um exercício exigente e necessário, quando se pretende pensar os moldes e os modelos de educação escolar predominantes numa sociedade.

Pensar as mentalidades dominantes é uma exigência, pois nem sempre essas visões de mundo estão cientes da ideologia e do dogmatismo de que são portadoras. Historicamente, as mentalidades têm sido condicionantes do processo de ensino escolar, e isso, muitas vezes, tem contribuído para a reprodução das condições de exploração econômica, política e cultural. Por conta desse contexto, faz-se necessária uma visão crítica que procure ler e interpretar o sentido e o significado da concepção de mundo predominante em nossa sociedade para encontrar e erigir caminhos de possibilidades na construção de um sujeito cidadão e autônomo.

Considero que o espaço da escola, por meio do ensino, pode contribuir para a posição aqui defendida, mas não um ensino nos moldes conservadores ou com base numa pedagogia bancária (Freire, 1980; 1986; 1997b), e sim fundado num processo reflexivo-crítico-criativo que possa instaurar a liberdade e nela a autonomia de sujeitos que assumem a própria história. Se há um caminho, este vai na direção da

Nessa direção vai a interessante análise apresentada por Zuin (1999), que, seguindo a trajetória da teoria crítica, procura expor como o conceito de indústria cultural é sepultado pelo sistema econômico, que mantém a exploração em novas formas de manipulação.

"De certo modo, a emancipação significa o mesmo que conscientização, nacionalidade [...] A educação seria impotente e ideológica se ignorasse o objetivo de adaptação e não preparasse os homens para se orientarem no mundo. Porém, ela seria igualmente questionável se ficasse nisto, produzindo nada além de "well adjusted people", pessoas bem ajustadas, em consequência do que a situação existente se impõe precisamente no que tem de pior" (Adorno, 1995, p. 143).

Segundo Gadotti (1992), a autonomia significa autogoverno, governar-se a si próprio. No âmbito da educação, o debate moderno em torno do tema remonta ao processo dialógico de ensinar contido na filosofia grega, que preconizava a capacidade do educando de buscar respostas às próprias perguntas, exercitando, portanto, sua formação autônoma. Ao longo dos séculos, a ideia de uma educação antiautoritária vai, gradativamente, construindo a noção de autonomia dos alunos e da escola, muitas vezes compreendida como autogoverno, autodeterminação, autoformação, autogestão, e constituindo forte tendência na área. Há longa e significativa reflexão sobre essa questão da autonomia do educando proposta pelas pedagogias libertárias, indo desde Alexandre S. Neill (1883-1973), passando por John Dewey (1859-1952), Maria Montessori (1870-1952), Celestin Freinet (1896-1966) e chegando a Carl Rogers (1902-1987). Breve exposição dessas pedagogias pode ser vista em Martins (2002, p. 37-41) e, mais detidamente, em Cunha (1994), Elias (1997) e Gadotti (1987), entre outros.

> Horkheimer (2000, p. 163) afirma que *"a fé na filosofia significa a recusa ao temor de que a capacidade de pensar possa ser tolhida de alguma maneira"*. Nesse sentido, *"a crítica necessariamente deve colocar a ênfase mais sobre a razão objetiva do que sobre os remanescentes da filosofia subjetivista"* (Horkheimer, 2000, p. 174).

> A crítica e sua teoria que fundamenta a reflexão pode ser vista e aprofundada em Pucci (1995), Ramos-de-Oliveira, Zuin e Pucci (2001), Adorno (1995), Benjamin (1999), Horkheimer (2000) e Severino (1999).

construção de uma consciência crítica. Mas será que a Filosofia pode proporcionar, no espaço das salas de aula, a oportunidade de um pensar crítico?

A tentativa de resposta a essa questão inicia-se por uma conceituação de crítica. Segundo Carraher (1993), um indivíduo que possui a capacidade de analisar e discutir problemas de forma inteligente e racional, sem aceitar, automaticamente, as opiniões próprias ou alheias, é alguém dotado de senso crítico. Assim, de acordo com Piaget (1999), cabe à educação e à escola formar mentes críticas, que verifiquem, em vez de aceitar tudo que lhes é oferecido. Temos de ser capazes de resistir individualmente, de criticar, de distinguir entre o que foi provado e o que não foi. Portanto, é preciso haver alunos ativos, que aprendam cedo a trilhar o caminho da descoberta por si próprios, em parte mediante sua atividade espontânea e em parte mediante o material a eles apresentado, a distinguir o que é verificável da primeira ideia que lhes vem à cabeça.

A crítica constitui um processo atingido pela reflexão e cujo ponto de partida é a pergunta. A possibilidade de perguntar-se sobre algo pode instaurar um exercício reflexivo-crítico. Nesse sentido, a formação da consciência crítica é um processo vital, ou seja, o ser humano humaniza-se quando se interroga. É na reflexão a respeito de sua ação que ele se lança sobre si mesmo, sobre o mundo e sobre as coisas, inserindo-se e compreendendo-se como parte de uma totalidade. A consciência crítica é uma reflexão acerca das relações estabelecidas na realidade. Tudo está em relação. Por outro lado, alienação é uma forma sistemática de tolher essa visão-compreensão de que se está inserido numa totalidade e de que tudo se relaciona dialeticamente.

O senso crítico é resultado de trabalhoso amadurecimento efetivado pela leitura dos diversos discursos, pela reflexão e pela prática. Desse modo, a curiosidade intelectual torna-se um instrumento formador das condições para o senso crítico. *"O pensador crítico questiona e analisa as coisas não porque alguém exige que ele o faça, mas porque, no fundo, ele tem um desejo de compreender"* (Carraher, 1993, p. xx). É possuidor também de um espírito investigativo, pois tem

> um interesse em descobrir, por si mesmo, as respostas às interrogações nascidas do contato com pessoas e coisas [...] A curiosidade assume caráter definidamente intelectual quando, e somente quando, um alvo distante controla uma sequência de investigações e observações, ligando-
> -as uma à outra como meios para um fim *(*Dewey, 1979, p. 46-47).

Destarte, a curiosidade intelectual depende de um investimento do indivíduo durante muito tempo, a fim de compreender fenômenos profundamente.

O pensador crítico precisa ter tolerância e até predileção por estados cognitivos de conflito, em que o problema ainda não é totalmente compreendido. Ter curiosidade intelectual implica honestidade intelectual, a qual não é simplesmente uma a mais das qualidades de caráter do indivíduo: significa estar disposto a reformular posições diante de novas informações, duvidar das próprias opiniões e questionar ideias que constituem "modas intelectuais" – forma mais poderosa de dogmatismo (Carraher, 1993).

Pensar e refletir são atividades exclusivamente humanas de modo algum inatas, mas resultado de laborioso e conflituoso processo de construção social. O exercício reflexivo-crítico executa um movimento do pensamento sobre si mesmo. Implica disposição diante do pensamento, a qual não está explícita na vontade de todos os sujeitos sociais, uma vez que as sociedades de classe, por meio de suas instituições, mais favorecem o aniquilamento da reflexão que sua efetivação. Isso não é gratuito, mas é parte de uma intencionalidade ou, então, resultado da ignorância dos grupos dominantes, ao decidirem manter a sociedade sob sua tutela.

Pensar é uma atividade social à medida que, na sociedade, são proporcionados momentos privilegiados para sua realização, mas o que vemos não é isso, e sim seu impedimento. As instituições ensinam a pensar de acordo com o próprio esquema reprodutor de sua forma de organizar o poder, e não como potencialidade de emancipação. O pensar do sistema é uma reprodução de sua própria tradição.

Essa dimensão da curiosidade como elemento fundamental no processo de produção do conhecimento pode ser vista em Freire (1997b, p. 94-101; 1986; 1997a).

Para uma análise aprofundada com foco na escola, nas políticas em educação e numa pedagogia crítica da aprendizagem, cf. Giroux (1992; 1997; 1999).

"Emancipação significa o mesmo que conscientização, nacionalidade" (Adorno, 1995, p. 143). Uma análise aprofundada sobre a questão da emancipação ou da razão emancipatória nas proposições da Escola de Frankfurt está presente em Pucci (1995, p. 19-45). Essa questão da emancipação está relacionada com o conceito de Iluminismo. Nesse sentido é significativo o trabalho de Rouanet (1998).

Creio que seja interessante lembrar aqui a reflexão de Hegel (2000, p. 126-134), na análise que faz da relação entre senhor e escravo, como ilustrativo do que quero dizer.

Aqui se pode fazer uma ponte com Habermas (1982), quando afirma existir um vínculo entre o conhecimento (a ciência) e o interesse (no sentido de interesse universal). Ele propõe um caminho alternativo, o das ciências críticas (críticas das ideologias), que procedem de um interesse emancipatório em que coincidem conhecimento e interesse na intenção de realizar a racionalidade comunicativa da interação (noção oposta à de trabalho). Habermas põe à prova o que visualiza como a "falsa compreensão cientificista das ciências". Toma como ponto de partida a "cientificização", o processo global que, por meio da aplicação tecnológica do conhecimento científico ao cotidiano da vida, fez da ciência condição *sine qua non* para a espécie. Sua tese central é que todo conhecimento é posto em movimento por interesses que o orientam, dirigem, comandam. Vale lembrar a teoria crítica do currículo, a qual tem demonstrado como o currículo tem sido um instrumento de dominação ideológica da escola.

Há significativa reflexão desenvolvida nessa área por vários autores, tais como Apple (2003; 2002; 1982), Giroux (1997), Kemmis (1988), Moreira (2001; 1995; 2002; 1993), Severino (2002c) e Silva (1995).

No dizer de Gramsci (1968), a classe dominada aceita, sem crítica, a cultura que lhe é dada pelos intelectuais e pela classe dominante - ou seja, concepções e uma representação do mundo que não correspondem a seus interesses reais. Para conquistar o poder e exercer sua dominação, a classe dominada deve realizar uma reforma intelectual e moral, conquistar o poder cultural. No regime capitalista, a conquista do poder exige capacidade de direção política e cultural; a classe operária deve organizar-se, produzir seus próprios intelectuais orgânicos e tentar arregimentar intelectuais tradicionais.

O que a sociedade de classes (elitista) pretende é conservar um modelo oficial, mas, por conta das relações sociais implícitas no interior do processo, ela ao mesmo tempo gera oposições que se propõem à mudança. Essa dialética da dominação e do dominado transforma a escola num campo de luta ideológica. Por isso, todo grupo ou facção social espera controlar a escola tendo em vista os próprios objetivos. O educando é concebido, nesse esquema de construção da sociedade, como "objeto" de ensino, não como sujeito histórico-existencial. Segundo essa mesma lógica, a educação aparece como uma tradição socialmente instaurada que dispensa o pensar e se perpetua pelos seus rituais, passando a ser mero instrumento reprodutor das ideologias do Estado.

O Estado moderno e contemporâneo, com a conivência das classes dominantes, sempre se apoderou da educação, de modo geral, e da escola, em particular, como instrumento de dominação ideológica. É no espaço escolar que a ciência é ultrapassada pela ideologia. Determinados conteúdos puramente ideológicos são ensinados com ar de cientificidade e credenciados como conhecimento legítimo.

A escola tem sido usada, pelo poder político-econômico, como instrumento de dominação ideológica das classes sociais subalternas. Formas diferenciadas, tais como a escolarização informal, a escolaridade popular e a nova escolaridade indígena, além de respostas legítimas como alternativas ao Estado coercitivo, são exemplificações de sua ausência como gestor de uma educação de direito universal para todos. A geração de uma situação esquizofrênica no sistema e fora dele reproduz ideologicamente o conhecimento e mantém o monopólio de sua produção (Apple, 1997).

As tipologias de educação diferenciada existentes na sociedade resultam de uma política de exclusão, pois, se a sociedade fosse outra, elas não existiriam. Existem porque a educação é uma realidade situada no tempo e no espaço, resultante de intensa luta política. Quanto maior for a luta e o poder político das classes subalternas, tanto mais será possível eliminar as distorções do processo educativo. Lutamos por determinado tipo de educação porque, sem essa luta político-pedagógica, ela não é possível para as classes trabalhadoras no interior de uma sociedade de classes.

O domínio exclusivista do poder do Estado, quando não se utiliza ideologicamente da escola, exclui precipitadamente enorme contingente de pessoas dos espaços escolares. No primeiro caso, a educação é uma tradição instituída pela interferência direta do Estado. No segundo, é uma tradição não por acumular saberes, mas porque esses saberes são utilizados ideologicamente pelo grupo dominante.

Circunscrito à superfície das coisas e imerso na banalização do cotidiano, o ensino cristaliza-se numa rotina mecânica, alienada e alienante, em que importam mais o controle quantitativo do tempo e a administração técnica da relação ensino-aprendizagem que o efetivo exercício de um processo educativo autônomo, crítico e humanizador.

> *Nesse sistema em que o homem é expropriado de seu poder reflexivo, a consciência é condicionada a operar no nível das relações e dos estímulos e a pensar nos estreitos limites da imediaticidade empírica do sensível. Destituída do raciocínio e da capacidade abstrativa, através dos quais a consciência significa, ressignifica e questiona o mundo, a existência se dissolve nas circunstâncias do imediato e o homem não mais se diferencia do mundo dos objetos* (Oliveira, 1998, p. 29-30).

A educação e a escola necessitam transgredir essa lógica que condena todos ao não ser, ao não pensar, à não liberdade. A escola, em particular, precisa aprender a lição da transgressão ao Estado autocrático e, pela liberdade, instaurar a transgressão como pedagogia do pensamento. Com base em uma pedagogia da transgressão é que a escola pode retornar a seu espaço originário: ensinar a pensar para que se possa refletir, a fim de romper com a lógica da tradição imposta ideologicamente pelo Estado.

A educação tem, pois, de dar o salto da tradição para a transgressão. Ela se constitui como transgressão; ou seja,

> Governo centrado exclusivamente na figura do governante, que centraliza o poder decisório sobre si mesmo tratando a sociedade como súdita e não como cidadã. A consequência dessa postura política é geradora das mais diversas formas de autoritarismo e imperialismo.

> Para a análise da pedagogia como instrumento de transgressão das relações pedagógicas tradicionais, cf. Torres (1997).

para que assuma sua mais verdadeira finalidade, há que ser propiciadora da transgressão como espaço pedagógico para a liberdade e para a expressão das mais variadas formas de criatividade, e não se pautar apenas pelo modelo racional cartesiano, próprio das concepções de conhecimento da modernidade, as quais não correspondem às exigências humanas de nosso tempo.

A sociedade, centrada num modelo de exploração que usa a escola como instrumento de manutenção do sistema vigente, aniquila as potencialidades humanas e reduz sua inteligência à visão imposta pela escola como única forma de entender o mundo e perceber a existência. Esse processo de socialização reduz o humano a uma condição natural, deformando seu ser e "desumanizando" suas potencialidades. Desse modo, forma-se uma sociabilidade distorcida e fica inviabilizada a crítica como condição de possibilidade de ampliar o horizonte de visão e de compreensão do mundo na história.

O ser humano é um ser eminentemente social, e se essa característica, por um lado, é elemento essencial de desenvolvimento, expansão e formação, por outro, pode tornar-se fator decisivo de deformação, constrição e achatamento. Em vez de contribuir para a formação da própria personalidade, mediante o desenvolvimento das qualidades, dotes e possibilidades individuais, o exercício da sociabilidade pode robotizar o ser humano, limitando-o ao mero cumprimento do que a sociedade prescreve, ou mesmo levá-lo a simplesmente macaquear o modo de pensar e de agir dos outros. Em tal caso, a sociabilidade não é mais um instrumento de personalização, mas de massificação, e o indivíduo já não é "em si mesmo", pois outros o esvaziaram de si, fechando-lhe as possibilidades de ser (Mondin, 1980).

O ser humano é um ser de autotranscendência. É sempre mais do que é, e é sempre menos do que deve ser. *"Esta necessidade do homem de tender ao super-homem não deriva somente do limite histórico que induz a novos aspectos e realizações. Existe no homem limite mais grave e quantitativo, um limite ontológico, que nenhum desenvolvimento histórico poderá alcançar"* (Morra, 1971, p. 253).

A transgressão é uma necessidade ontológica dialética e diametralmente oposta à preservação conservadora da sociedade. A cultura humana evolui e modifica-se por meio dessa dinâmica criadora capaz de romper com a tradição, com a dominação e com todas as formas de totalitarismo. A possibilidade da "transgressão criadora" encontra-se na consciência do sujeito que se percebe objeto, ou seja, a consciência está situada numa dimensão individual e, simultaneamente, social.

> Os boxes presentes neste livro servem como informações complementares sobre certos temas nele tratados e a leitura deles pode ser realizada em outro momento, a fim de não haver interrupção na leitura do texto principal.

A dimensão individual e social da consciência

Segundo Severino *(1994b, p. 33)*, *"a consciência emerge na história da espécie humana como uma função plenamente integrada aos processos das atividades que os homens passam para cuidar da própria sobrevivência material".* Para ele, a consciência expande-se da vida orgânica e instintiva para a consciência vivencial, para a consciência representativa, para a autoconsciência, para a consciência crítico-dialética (p. 34). Diante disso, afirma que *"finalmente, parece que estamos entrando num outro círculo de expansão da subjetividade dessa consciência filosófica [...] A razão, a consciência racional dá-se conta de sua finitude: ela se torna dialética e crítica. Crítica ao reconhecer os seus limites e dialética ao reconhecer a necessária contribuição, para seu exercício válido, desses próprios limites. Sabe-se necessariamente condicionada em sua atividade pelos variados determinismos que dão suporte a sua existência. Resgata sua fecundidade epistemológica mesmo sabendo que o conhecimento que elabora é necessariamente limitado por coeficiente de dependência de variada natureza"* (p. 37).

Na leitura de Gramsci *(1995, p. 39)*, *"deve-se conceber o homem como uma série de relações ativas (um processo), no qual, se a individualidade tem a máxima importância, não é todavia único elemento a ser considerado. A humanidade que se reflete em cada individualidade é composta de diversos elementos: 1) o indivíduo; 2) os outros homens; 3) a natureza. Daí ser possível dizer que cada um transforma a si mesmo, se modifica, na medida em que transforma e modifica todo o conjunto de relações do qual ele é o ponto central. Neste sentido, o verdadeiro filósofo é [...] nada mais do que o político, isto é, o homem ativo que modifica o ambiente, entendido por ambiente o conjunto das relações de que o indivíduo faz parte. Se a própria individualidade é o conjunto destas relações, conquistar uma personalidade significa adquirir consciência destas relações, modificar a própria personalidade significa modificar o conjunto destas relações (p. 40). Assim, "o homem não pode ser concebido senão como vivendo em sociedade".* Por isso, *"é necessário elaborar uma doutrina na qual todas estas relações sejam ativas e dinâmicas, fixando bem claramente que a sede desta atividade é a consciência do homem individual que conhece, quer, admira, cria, na medida em que já conhece, quer, admira, cria, etc.; e do homem concebido não isoladamente, mas repleto de possibilidades oferecidas pelos outros homens e pela sociedade das coisas"* (p. 41).

O que foi dito anteriormente significa que a transgressão supõe uma conscientização do indivíduo sobre os mecanismos de dominação que a sociedade exerce sobre ele. Com efeito,

> a expressão francesa "prise de conscience", tomar consciência de, é a forma normal de ser um ser humano. Conscientização é algo que vai além da "prise de conscience". É algo que começa a partir da capacidade de ter, de tomar a "prise de conscience". Algo que implica analisar. É uma maneira criteriosa de ler o mundo. É uma maneira de ler como a sociedade funciona. É uma maneira de entender melhor a questão dos interesses, a questão do poder. Como conseguir poder, o que significa não ter poder. Em suma, conscientizar implica uma leitura mais profunda da realidade (Freire apud Torres, 1997, p. 13).

A educação, de modo geral, como resultado de um processo histórico, tem constituído, por meio da escola, um instrumento inibidor do pensar e do pensamento. Por décadas se tem educado não para o pensar, mas para a domesticação.

> É um fato frequentemente observado e comentado em relação a crianças pequenas, quando estas iniciam sua educação formal no jardim de infância, que elas são ativas, curiosas, imaginativas e inquisitivas. Durante um certo tempo elas preservam estas características maravilhosas. Mas gradualmente, então, ocorre um declínio destes fatores e tornam-se passivas. Para muitas crianças, o aspecto social da educação é seu único atrativo. O aspecto educacional é uma provação pavorosa (Lipman, 1995, p. 22).

Levando em conta essa inferência, parece que a educação escolar propicia poucos incentivos ao pensamento. Mas será que essa tese de Lipman pode ser generalizada à educação brasileira?

Uma educação que não se lança na direção da problematização, da dúvida, do questionamento, só tem um caminho alternativo: reproduzir, no interior do processo de ensino-aprendizagem, a pedagogia tradicional. A educação torna-se radicalmente revolucionária quando consegue romper com a tradição de um ensino fundado meramente na reprodução. Se, de fato, os seres humanos são criativos antes da escola e, ao chegarem a ela, tornam-se agentes passivos do sistema, estamos mergulhados num fosso de deseducação.

Por isso, a educação, por meio do espaço escolar, há que ser potencializadora das qualidades humanas. Se a escola não colabora para a instauração de um pensamento reflexivo--crítico, deve-se romper com essa tradição. Instaurar uma pedagogia da transgressão é uma necessidade que pode abrir horizontes por meio da problematicidade e da problematização do processo de conhecimento.

Na realidade, muitos professores percebem atualmente que a contínua insistência na ordem e na disciplina pode anular e destruir a espontaneidade que eles tanto apreciam e gostariam de cultivar. Para Dewey (1979, p. 56), o problema é metodológico e político:

> [a] formação de hábitos de pensamento reflexivo é o problema de estabelecer condições que irão despertar e orientar a curiosidade; de determinar associações entre as coisas experienciadas que posteriormente promoverão um fluxo de sugestões e criar problemas e objetivos que favorecerão o encadeamento lógico na sucessão de ideias.

2. A especificidade do filosofar no ensino de Filosofia

A busca da Filosofia, como atividade, é uma tentativa de desmistificação dos falsos sentidos e dos falsos significados do mundo impostos pela ideologia. A significação é um processo humano que procura explicar a realidade de determinada maneira. Esse processo expressa-se nas dimensões sociopolítico-econômico-culturais; como tal, estrutura-se no seio de determinada hegemonia e impõe-se, por meio dos instrumentos das classes hegemônicas (ideológica, política, econômica), à totalidade da sociedade.

Para Cunha (1992, p.165), isso quer dizer que

> na condição de hegemônicas, as ideologias cumprem com eficácia a sua tarefa de vincular os indivíduos à ordem social geral pressuposta pelo Estado, representada pela soberania deste. Assim, enquanto o Estado exerce o poder-dominação, ou seja, a capacidade garantida pela força, de mandar e fazer-se obedecer, o discurso ideológico exerce não o poder,

> *mas uma hegemonia que é a qualidade de liderança intelectual e moral, capaz de gerar bens de consentimento para legitimar a dominação imposta pelo Estado.*

Sendo assim, o que a Filosofia pretende é destrinchar e desmascarar os falsos símbolos que lançam a sociedade humana num estado de alienação.

Ideologia e alienação

Em sua alteridade-externalização, a existência material da ideologia evidencia-se nas práticas, rituais e instituições ideológicas (Althusser, 1996). A fé religiosa, por exemplo, não é apenas nem primordialmente uma convicção interna, mas é a Igreja como instituição e seus rituais, os quais, longe de ser simples exteriorização secundária da crença íntima, *representam os próprios mecanismos que geram*. Quando Althusser repete, seguindo Pascal, *"aja como se acreditasse, reze, ajoelhe-se, e você acreditará, a fé chegará por si"*, delineia um complexo mecanismo, reflexo de fundação "antropo-ética" retroativa que excede em muito a afirmação reducionista da dependência da crença interna em relação ao comportamento externo (Zizek, 1996). Nesse sentido, Severino (1986, p. 95), analisando a história da educação brasileira com ênfase em seu aspecto reprodutivo, afirma que *"a educação brasileira apareceu como instrumento, desejado consciente ou inconscientemente pelas classes dominantes, de reprodução das relações sociais através da reprodução ideológica de uma concepção do mundo e da defesa dos seus interesses. Sendo a formação capitalista predominante na história da sociedade brasileira, a educação se adequou às suas exigências, respondendo pela sua reprodução".*

Ainda de acordo com Severino (1986, p. 29-35), pode-se afirmar que o discurso ideológico (e todo discurso possui esse aspecto, até porque o combate a uma ideologia só é possível com outro discurso também ideológico), político e econômico envolve: a) *os elementos significativos fundamentais do processo ideológico:* um processo de relação da consciência à realidade social; um processo epistemológico e axiológico; um processo de dissimulação do conhecimento; um processo que envolve o jogo das relações de poder; um processo inconsciente e coletivo; b) as várias acepções da categoria da ideologia, como uma atividade da consciência humana; *"sem desconhecer o enraizamento originário da consciência, sua condição de emergência no físico, no orgânico e no social, é de se reconhecer a capacidade da consciência humana de apreender reflexiva e criticamente sua atividade específica, podendo dar-lhe um sentido intencional e não apenas ter um sentido transitivo e mecânico"* (p. 32); o uso ideológico dos conteúdos em sua função dissimuladora do poder de dominação existente nas relações sociais, entre os vários grupos no interior da sociedade; um conjunto de ideias, conceitos e valores assumidos, organizados sistematicamente e apresentados com o objetivo de justificar e defender determinada prática política podendo integrar uma concepção de mundo; como abstração conceitual, tratando-se de um subconjunto doutrinário constituído de uma série de ideias explicativas que definem um ideal a ser imposto e defendido como absolutamente verdadeiro e inquestionável. Para Habermas (1975; 1994, p. 45-92), a ideologia é uma comunicação sistematicamente distorcida: um texto em que, sob interesses inconfessos de dominação, uma lacuna separou seu sentido público "oficial" e sua verdadeira intenção; ou seja, lidamos com uma tensão não refletida entre o conteúdo enunciado explicitamente no texto e seus pressupostos paradigmáticos.

Já a alienação é aqui entendida como aquela "compreensão" que vê as partes isoladas de sua totalidade. Sua superação, também no plano ideológico, só se dá por um processo de análise reflexivo-crítica capaz de olhar as partes de dada realidade em sua relação com o todo. A tarefa de esclarecimento do ser humano diante das situações de opressão, injustiça e alienação não é exclusividade da Filosofia, mas de toda a sociedade por meio da educação, de modo geral, e da escola, de modo particular. A Filosofia, o filosofar e toda a reflexão filosófica possuem um espaço de mudança muito restrito. Mas, apesar desse limite histórico imposto pela sociedade, há muitas possibilidades de ações transformadoras. Nesse sentido, são significativas as reflexões de Freire (1980; 1987; 1982) e Fiori (1987; 1991). Essa não é tarefa de uma disciplina, mas de uma sociedade. Para Fiori (1987, p. 15), *"ninguém se conscientiza separadamente dos demais. A consciência se constitui como consciência do mundo. Se cada consciência tivesse seu mundo, as consciências se desencontrariam em mundos diferentes e separados [...]. As consciências não se encontram no vazio de si mesmas, pois a consciência é sempre, radicalmente, consciência do mundo".* E Freire (1986, p. 52) afirma que *"ninguém liberta ninguém, ninguém se liberta sozinho: os homens se libertam em comunhão".* Damke (1995) faz excelente reflexão crítica, procurando trabalhar a ideia de uma pedagogia da libertação pelo processo do conhecimento com base nas ideias de Freire, Fiori e Dussel. O processo de construção do conhecimento por via da educação escolar pode e deve cumprir uma função de "desalienação" e de "desideologização" da sociedade.

Nossa saída, para impedir que a ideologia nos seduza, é desenvolver o espírito crítico, ou seja,

> *deixar clara nossa posição diante dos fatos, analisá-los em suas causas e princípios, desconfiar de explicações parciais, bem ao gosto da ideologia. Possuir espírito crítico significa reconhecer as contradições, denunciar a desigualdade e a aparência de unidade das relações sociais que nos envolvem e, ao mesmo tempo, desenvolver o sentido verdadeiro do conhecimento* (Onfray, 1999, p. 32).

Os símbolos, seu processo de significação e seus significados são produtos construídos socialmente cujos sentidos

> Em nossas sociedades há uma espécie de conspiração capaz de abafar, neutralizar ou simplesmente desqualificar a eficácia de toda crítica. É com o desmoronamento das ideologias da esquerda e a ascensão do "monoteísmo do mercado", com o triunfo da sociedade de consumo e a crise das significações imaginárias que se manifesta a atual crise do sentido. Não tendo mais necessidade de indivíduos autônomos, a sociedade atual atomiza-os para melhor conformá-los e esquece-se de pôr no centro da vida humana outras significações, distintas da expansão da produção e do consumo. Num momento em que as ideologias cientificistas e os movimentos irracionalistas parecem constituir as duas faces de uma mesma medalha, não é de estranhar que o pensamento se torne desfigurado e perca bastante de sua audácia. Por isso, torna-se urgente redescobrir um pensamento de liberdade, capaz de zombar, não somente dos dogmatismos, integrismos e moralismos, mas de todos os ceticismos relativistas, a fim de fazer do esforço de conhecimento uma aventura infinita de busca da verdade. Trata-se de um pensamento sem dogmas, voltado para o futuro, que só progride destruindo suas próprias certezas, mas que não abre mão de buscar a verdade (Japiassu, 2001, p. 7).

> Tenho clareza de que a visão de Filosofia que aqui procuro explorar, compreender e interpretar encontra seu sentido nas necessidades de um ensino que procure preencher lacunas históricas na escola brasileira, marcada pela ausência metódica e intencional da Filosofia. Com isso quero dizer que a Filosofia vai além da interpretação do mundo e até mesmo supera as formas tradicionais de sua ação.

> A ponte aqui estabelecida entre Filosofia e liberdade expressa que tanto uma quanto a outra, em sua definição, especificação e construção de sentido, dependem da situação histórica e cultural de cada sociedade. Sobre a questão, cf. a significativa reflexão de Sartre (1997, p. 593-677).

são impostos para toda a sociedade. Tal dinamismo ideológico tem por trás de si interesses de classe e constrói-se com o objetivo, consciente ou não, de manter dado estado de alienação na sociedade. Diante disso, é preciso que a Filosofia, por meio de seu exercício reflexivo-crítico, desvende e desvele esses significados, que não são mais que produtos da alienação ideológica aspirante ao domínio do ser humano e à manutenção, no limite, de sua condição de alienado. Sedimentada pela suspeita, a ela cabe destruir as falsificações da compreensão do mundo, a fim de poder quebrar as amarras da dominação do ser humano.

É por isso que a Filosofia se lança na direção da verdade. Ela é um espaço que procura abrir caminho no horizonte da descoberta e da permanente interpretação do ser e estar no mundo. É uma espécie de conhecimento do ser que nunca se esgota, mas se realiza como desvelamento e ocultação do próprio ser. É um barco que busca o horizonte no infinito da verdade. O conhecimento das coisas não é fim em si mesmo, mas meio que tem como fim último a revelação, o desvelamento da verdade do ser. A verdade é um horizonte do humano que se manifesta pela busca incansável de seu encontro. É um ensaio do ente diante do ser na manifestação da liberdade, rompendo com o dogmatismo, com a falsificação ideológica, com a simbolização-significação enganosa da compreensão do mundo.

Essa concepção de Filosofia liga-se a uma noção de liberdade que a concebe sempre situada historicamente, ou seja, como um processo ontológico efetivado quando executamos um movimento de reflexão sobre nosso ser-no-mundo, jogado diante da própria existência, da existência do mundo e de seus limites. Simultaneamente, a liberdade é nossa construção, à medida que nos vamos fazendo em nossa historicidade. Filosofar e expressar o próprio pensar é uma exigência da liberdade, como reveladora da expressão individual da humanidade em dado momento histórico.

A ideia de liberdade conjugada à de Filosofia indica que o ser humano contemporâneo ultrapassa o sentido racionalista e busca uma significação diferente para seu ser-no-mundo. Quer compreender-se como sujeito que se percebe no mundo e com o mundo, consciente da realidade em que se encontra imerso. Será a experiência desse sujeito, assumidamente histórico, que definirá a percepção que possui ou "vem a possuir" de si e do mundo em que se encontra mergulhado, envolvido e penetrado pela trama de significações que atribui a si mesmo. Desse modo, já não há o controle do intelecto que medeia o conhecimento da realidade, mas a possibilidade de organizar e construir um conhecimento fundamentado nas próprias experiências vitais; ou seja, a própria vivência do sujeito é que lhe possibilita a significação e o processo pelo qual compreende a si mesmo e a realidade (Ghedin, 2003b).

A consciência de ser no mundo possibilita ao sujeito experimentar a própria consciência como dimensão de seu modo de existir e de sua atuação; ou seja, a experiência do existir exige uma presença, uma materialidade, processada por meio da corporeidade. *"A noção de corpo é que sugere o modo de presença ou a maneira que a subjetividade humana tem de se fazer presença"* (Ghedin, 2003b, p. 315).

Para Chauí (1996), a Filosofia interessa-se por aquele instante em que a realidade natural e a história se tornam estranhas, espantosas, incompreensíveis e enigmáticas, quando o senso comum já não sabe o que pensar e dizer e as ciências e as artes ainda não sabem o que pensar e dizer. Ela caracteriza-se pela análise, pela reflexão e pela crítica e por isso não é ciência, mas uma reflexão crítica sobre os procedimentos e conceitos científicos. Não é religião, mas uma reflexão crítica sobre as origens e formas de crenças religiosas. Não é arte, mas uma interpretação crítica dos conteúdos, das formas, das significações das obras de arte e do trabalho artístico. Não é sociologia nem psicologia, mas interpretação e avaliação crítica dos conceitos e métodos da sociologia e

Entendo que não há realização do saber, da inteligência, da emoção e da subjetividade se não há um sujeito que, em ação, se constrói a si na relação com o mundo, com a história de sua sociedade e com as reflexões sobre essa história. Assim, *"a imanência denuncia, como petulância arbitrária, qualquer pretensão ao conhecimento trans-histórico, bem como às verdades definitivas e referências absolutas"* (Severino, 2001b, p. 12). Nesse sentido, a historicidade do sujeito constrói-se pela educação como expressão de um modo de acesso ao conhecimento que é definidor e condicionador da identidade do humano, como possibilidade de avançar na compreensão de si e do mundo. É por isso que se faz necessária uma filosofia assumida não como ação prática, mas como uma práxis formativa do humano. Para um aprofundamento dessa ideia dos limites e possibilidades da ação do sujeito na história, numa perspectiva hermenêutica, cf. Sumares (1989, p. 27-78; p. 161-208), Ricoeur (1968; 1977, p. 343-372) e Franco (1995, p. 191-199).

> Entendido mais no sentido grego de crítica e crise do que em sua expressão kantiana. Está sendo visto, portanto, como escolha e avaliação. É esse o sentido atribuído por Heidegger (2002, p. 122), ao afirmar que *"o caráter fundamental do pensamento até hoje vigente é o de representar. Segundo a antiga doutrina do pensamento, este representar realiza-se no λόγοζ, que aqui significa enunciado, juízo. Por isso, a doutrina do pensamento, do λόγοζ denomina-se lógica. Ao determinar o ato fundamental do pensamento, a saber, o juízo, como a representação de uma representação do objeto, Kant simplesmente retoma a caracterização tradicional do pensamento como representação (cf. Crítica da razão pura A68, B93). Quando, por exemplo, ajuizamos que 'este caminho é pedregoso', então, no juízo, representa-se a representação do objeto, isto é, do caminho, a saber, como pedregoso"*. Para um aprofundamento da ideia de juízo na Filosofia kantiana, cf. Deleuze (1994, p. 53-72).

da psicologia. Não é política, mas interpretação, compreensão e reflexão sobre a origem, a natureza e as formas do poder. Não é história, mas interpretação do sentido dos acontecimentos uma vez inseridos no tempo (Chauí, 1996).

Para Cunha (1992), as atitudes de reflexão e de crítica são formadas por meio de usos apropriados da linguagem conceitual e de sua forma argumentativa, a qual se desenvolve problematizando o que pode ser dito. Reflexão e crítica não são processos isolados e estanques em si mesmos. A reflexão é um movimento de pensamento que se volta, sistematicamente, sobre o próprio pensamento. Busca a compreensão de si, do ser e do mundo como consciência que age responsavelmente na transformação da realidade. A crítica é um processo reflexivo que quer compreender as causas geradoras de dada realidade. O processo reflexivo, necessariamente, tem de ser crítico. Do contrário, ainda não é nem reflexão nem crítica, mas se trata de mera descrição.

Para Bacelar e Oliveira (1974?), a crítica, em seu significado, designa a investigação filosófica que tem por objeto a *natureza*, possibilidade e âmbito do conhecimento humano, quando este se encerra sob a razão formal de verdade e de certeza; como seu objeto de reflexão mais recente está a organização metódica dos processos de conhecimento; no tocante à sua natureza, designa uma investigação pura sobre o conhecimento humano considerado em sua razão de verdade. Por sua radicalidade, por seu cunho reflexo, situa-se no núcleo da investigação. Investigar o conhecimento humano é o mesmo que perscrutar sua operação mais essencial e profunda: o juízo.

A crítica, com relação a suas *condições*, não deve aplicar-se ao juízo, mas exercer-se nele próprio e aí apurar a teoria da própria realização; reveste-se em caráter de ciência primeira, ou seja, de um saber que por nenhum pode ser preterido. Insere-se no âmbito da Filosofia primeira, antecipando a ontologia. Assim, a crítica e a ontologia integrar-se-ão, podendo interpretar-se como a razão constituinte e constituída do juízo essencial de todo o conhecimento humano, de toda a Filosofia e, portanto, de toda a "ciência": a afirmação do ser.

À questão de saber a verdade do ser pode antepor-se outra: a de como se comporta o ser humano em face do conhecimento. A crítica encontra assim uma interação com a antropologia como expressão fundamental do humano e deveria poder apresentar-se como investigação, independentemente de toda problemática de seu desenvolvimento histórico.

A Filosofia *"é o modo de pensamento que termina por constituir a essência mesma de um ser humano"* (Jaspers, ca. 1970, p. 13). O pensamento, sendo um movimento de reflexão crítica, é instrumento poderosíssimo de emancipação humana. É nele que o ser humano encontra sua mais autêntica identidade e promove sua identificação com a humanidade eticamente constituída. A ciência organiza-se como uma tentativa de explicar as particularidades da realidade. O pensamento, partindo dessa explicação, busca a totalidade e está, permanentemente, diante da verdade, embora saiba não ser possível atingi-la diretamente ou em sua totalidade.

O pensamento garante ao ser humano a recriação do mundo; mais que o domínio, ele busca a compreensão do mundo. É essa busca da existência que permite compreender que o ser humano determina sua essência. Porém, o pensamento não constitui um processo "mágico", mas um esforço reflexivo sobre o ser-no-mundo, do mundo e com o mundo.

Filosofar é atividade vital, origem e medida de tudo que é feito e pensado com pretensão de legitimidade. Iniciar-se na investigação filosófica significa ingressar no processo de busca das bases e dos pilares estruturantes de nossa inteligência. A atividade filosófica, como processo reflexivo-crítico, é a condição necessária para que o ser humano se perceba na humanidade, se humanize e seja autonomamente ele mesmo; constitui a liberdade que se abre e a responsabilidade geradora de uma práxis consciente e comprometida com a transformação da realidade. É caminho que nos insere no ser, ou seja, é espaço próprio do evento, consciente, da presença do ser nos entes, como manifestação e concretização de si mesmo. Nessa realidade, chamada de reflexão, desde sempre, imprimimos o selo de nossa identidade.

Com base nisso, podemos afirmar com Boavida (1991, p. 409) que, *"se há qualquer coisa de indubitável e universalmente aceite em relação à Filosofia, é o filosofar como actitude racional de análise e fundamentação"*. A Filosofia oferece condições teóricas para a superação da consciência ingênua e o desenvolvimento da consciência crítica, pela qual a experiência vivida é transformada em experiência compreendida, ou seja, em um saber sobre essa experiência. Por isso cabe dizer que *"o aluno precisa da reflexão filosófica para o alargamento da consciência crítica, para o exercício da capacidade humana de se interrogar e para a participação mais ativa na comunidade em que vive"* (Aranha e Martins, 1996, p. 3).

A possibilidade da crítica e do pensamento reflexivo estabelece-se quando o espanto e a admiração desestabilizam o ser humano e quando o espírito humano se maravilha com as coisas. Se isso se verifica, é porque a realidade não atende às suas demandas e, em vez de ele ser envolvido pelo que está presente, pelo que existe, pela experiência realizada, é atraído pelo que falta, por aquilo que está na realidade ausente. É atraído pelo possível. Tal como se, longe de ser saciado pelas coisas presentes, o ser humano fosse arrastado àquilo que não experimenta, àquilo que a realidade não estabelece.

Embora pareça algo absurdo, é justamente a "falha da realidade", ou seja, *"o problema, [que] cria o conhecimento do qual o homem extraiu e extrai o poder de fazer o que comumente definimos como cultura, história, isto é, transformação e mudança"* (Rossi, 1996, p. 11). Se houvesse equilíbrio, conformidade entre ser humano e realidade natural, não haveria razão para alterar a realidade. E essa "carência" não preenchida pela natureza fez que a realidade se tornasse uma construção humana e, por conta disso, uma realidade genuinamente problemática.

3. O filosofar como práxis no ensino de Filosofia

As mediações do filosofar, como instauração de novo processo metodológico do ensino-aprendizagem, conduzem-nos à questão da relação entre teoria e prática do pensar crítico. Para Lipman (1995), são quatro os passos a ser seguidos para transformar a prática normal professoral em práxis crítica, como estágio de reflexão sobre a ação: 1) a crítica da prática dos colegas, 2) a autocrítica, 3) a correção da prática dos outros, 4) a autocorreção. O grau em que a prática acadêmica normal se torna crítica depende de até que ponto qualquer um desses fatores – ou todos eles – esteja envolvido na questão.

A reflexão sobre a prática constitui o questionamento da prática, e um questionamento efetivo inclui intervenções e mudanças. Para isso, deve-se ter, antes de tudo, de algum modo, algo que desperte a problematicidade da situação. A capacidade de questionamento e de autoquestionamento é pressuposto para a reflexão. Esta não existe isolada, mas é resultado de amplo processo de procura efetivado no constante questionamento que confronta o que se pensa (como teoria orientadora de determinada prática) e o que se faz.

A pergunta possibilita-nos instaurar nosso ser-no-mundo. A possibilidade de o ser humano efetuar um salto radical de sua natureza biológica para a instauração de um processo de humanização é diretamente proporcional à sua capacidade de questionar e questionar-se. É na proposição da pergunta, enquanto se põe diante de uma realidade problemática, que o ser humano, na busca de resposta, percebe a dinâmica e o movimento dialético da realidade. Se não for possível perguntar, não será possível a reflexão e não há como constituir o conhecimento.

Esse talvez seja o mais grave problema da educação escolarizada. Ela se instalou como contínuos estágios de reprodução de conteúdos de conhecimentos produzidos fora da

Não se trata, é claro, de uma generalização a todas as escolas, pois existem experiências significativas que vão muito além desse mecanicismo formativo. Há de fato um movimento de contestação a esse modelo e que resiste a ele com novas propostas, especialmente aquelas fundadas na construção do significado do conhecimento pelo aluno. O problema é que tais experiências não encontram eco e são abafadas pelo volume de outras contrárias que as impede, por vezes, de ser conhecidas.

"A reflexão e seu aprendizado devem ocorrer exercendo-se sobre a prática, retornando-se os resultados do conhecimento para ela, com vistas a sua transformação. Assim, o filosofar deve voltar-se sobre o concreto, sobre o real, não se fazendo pensamento sobre pensamento" (Severino, 2000a, p. 303). Cf. também a análise de Kosik (1976).

escola, do mesmo modo que deixou fora dos muros escolares o mundo da vida. Não se deu conta do fosso que estava cavando para si. Agora, já dentro dele, não concebe outra ação pedagógica que não seja essa mecânica repetitiva e reprodutivista. Não se trata de dizer que não se aprende com isso. O caso é que, nesse modelo, o educando tem enormes dificuldades para agir autonomamente e instaurar, por si mesmo, um processo de reflexão sobre a própria prática. Sendo assim, tem dificuldades para dar o salto qualitativo da prática para a práxis. Portanto, tal situação interfere diretamente na possibilidade de escolha e de atuação política de cada sujeito.

Num processo mecânico de ensino-aprendizagem, a teoria encontra-se dissociada da prática. Quando isso se verifica, o conhecimento e seu processo são enormemente tolhidos e dificultados. Perceber a teoria e a prática como dois lados de um mesmo objeto revela-se imprescindível para compreender o processo de construção do conhecimento. Quando dissociamos essas duas realidades simultâneas, estamos querendo separar o que é inseparável, pois não existe teoria sem prática nem prática alguma sem teoria. O que sucede é que uma percepção alienada não se dá conta dessa dialética. Teoria e prática só se realizam como práxis, quando o indivíduo age consciente de sua simultaneidade e separação dialética.

Para Vázquez (1977), a atividade filosófica como mera interpretação ou como instrumento teórico de sua transformação é sempre uma atividade intelectual teórica e, enquanto permanece nesse estado, não possibilita a passagem para a práxis, antes a nega. Para produzir mudança, não basta desenvolver uma atividade teórica; é preciso atuar praticamente. Não se trata de pensar um fato, e sim de revolucioná-lo; os produtos da consciência têm de materializar-se para que a transformação ideal penetre no próprio fato. Assim, enquanto a atividade prática pressupõe uma ação efetiva sobre o mundo, a qual tem por resultado uma transformação real dele, a atividade teórica apenas transforma a consciência dos fatos, as ideias sobre as coisas, mas não as próprias coisas. Porém, essa transformação da consciência das coisas é pressuposto necessário para operar teoricamente um processo prático.

A práxis é um movimento operacionalizado simultaneamente pela ação e pela reflexão, ou seja, constitui uma ação final que traz, em seu interior, a inseparabilidade entre teoria e prática. O processo humano de compreensão-ação consiste, intrinsecamente, numa dinâmica que se lança continuamente diante da própria consciência de sua ação. Mas a ação consciente puramente da ação não realiza em si uma práxis. A consciência-práxis é aquela que age orientada por determinada teoria e tem consciência de tal orientação.

Teoria e prática são processos indissociáveis. Separá-los é arriscar a perda da própria possibilidade de reflexão e compreensão, constitui a negação da identidade humana. Com efeito, quando se executa tal movimento, permite-se o retorno à negação do ser; ou seja, ao se negar a indissociabilidade entre prática e teoria, nega-se aquilo que tornou o ser humano possível: a reflexão instaurada pela pergunta. A alienação encontra-se justamente na separação e dissociação entre os dois processos.

Nesse movimento repousa a pior das violências, pois se rompe a possibilidade de manutenção da identidade humana consigo mesma. A identidade é cultural, social, política, econômica, religiosa, mas há algo anterior a essas manifestações identitárias: a identidade ontológica do ser humano, negada quando submetida à separação entre teoria e prática, uma vez que se separa a reflexão da ação. Quando se opera essa "mecânica", instaura-se uma negação, suprime-se ou reduz-se o ser humano a apenas um organismo agente. A negação da pergunta não é uma negação do perguntar, mas uma negação ontológica, e essa é a maior violência; talvez a violência primeira, origem de todas as outras.

O ser humano age sempre orientado para determinados fins, sejam eles conscientes ou não. A atividade prática implica

Konder (1992, p. 128), estabelecendo uma ponte entre a ideia de práxis em Marx e na Filosofia grega, afirma que *"o que realmente importa [...] é assinalar o fato de que a práxis [...] não se limitou a unir* **teoria** *e poiésis, pois envolvia também - necessariamente - a atividade política do cidadão, sua participação nos debates e nas deliberações da comunidade, suas atitudes na relação com outros cidadãos [...]. Envolvia aquilo que os antigos gregos chamavam de práxis"* (grifo do autor).

Essa relação é investigada em Vázquez (2002), Konder (1992), Severino (1994b), Kosik (1976) e Dussel (1986). Para um aprofundamento dessa questão no espaço do ensino de Filosofia, cf. Lima (2002, p. 19). Para esse autor, o *"trabalho* [com o ensino de Filosofia] *é fruto de uma ação prática sobre a realidade, dela decorrendo a teoria, em uma busca de unidade pesquisa-ensino, teoria-prática".*

modificação do ideal em face das exigências do real. A prática requer constante vaivém de um plano a outro, o que só pode ser assegurado se a consciência se mostrar ativa ao longo de todo o processo prático. Resulta disso que a atividade prática é inseparável dos fins que a consciência traça.

As modificações impostas às finalidades inicialmente definidas, de modo que fosse encontrada uma passagem mais justa do subjetivo ao objetivo, do ideal ao real, só fazem demonstrar, ainda mais vigorosamente, a unidade entre o teórico e o prático na atividade prática. Esta, como atividade ao mesmo tempo subjetiva e objetiva, como unidade do teórico com o prático na própria ação, é transformação objetiva, real, da matéria por meio da qual se objetiva ou se realiza uma finalidade; é, portanto, realização guiada por uma consciência que, ao mesmo tempo, só guia e orienta à medida que ela mesma se guia ou se orienta pela própria realização de seus objetivos (Vázquez, 1977).

Nessa relação entre a prática e a teoria se constrói também o saber docente, que é resultado de longo processo histórico de organização e elaboração, pela sociedade, de uma série de saberes e deve ser reconstruído e transmitido aos estudantes pelo educador. Neste momento de pós--Revolução Industrial (tecnológica), a produção e a transmissão do conhecimento efetuam-se de acordo com a ilogia, a irracionalidade da divisão do trabalho, que esfacela o saber, dividindo-o em saber do ensino e saber da pesquisa. A pesquisa passa a ser tarefa do pesquisador especializado, e ao professor cabe ser transmissor do conhecimento. Nessa mesma ilogicidade, a escola, por ser resultado da sociedade em que está culturalmente inserida, oferece os saberes do sistema social, que não tem preocupação com a formação do cidadão, mas apenas em "formar" o empregado a ser selecionado (pela escola) para o mercado de trabalho – que, diga-se de passagem, não mais absorve essa mão de obra (Pimenta, 2002; Ghedin, 2002b).

Pelo fato de o conhecimento produzido (pelo especialista) nem sempre passar pelo crivo da prática, é um conhecimento legitimado por outro o que chega ao educador, que, por sua vez, procura articular o saber pesquisado com sua prática, interiorizando e avaliando as teorias com base em sua ação, na experiência cotidiana. Desse modo, a prática torna-se o núcleo vital da produção de um novo conhecimento, no âmbito da práxis.

Os saberes da experiência e da cultura surgem como centro nerval do saber docente. Com base neles os professores procuram transformar sua relação de exterioridade com os saberes em relação de interioridade, mediante a prática. Os saberes da experiência, longe de serem como os demais, são seus formadores. É na prática sobre a qual se refletiu (ação e reflexão) que esse conhecimento se produz, na inseparabilidade entre teoria e prática (Pimenta, 2000, p. 20-28).

A experiência docente é espaço gerador e produtor de conhecimento, mas isso não é possível sem uma sistematização que passe por uma atitude crítica do educador em face das próprias experiências. Refletir sobre os conteúdos trabalhados, sobre as maneiras como se trabalha, sobre a postura diante dos educandos e do sistema social, político, econômico, cultural é fundamental para chegar à produção de um saber fundado na experiência (Pimenta, 2000). Assim, o conhecimento "transmitido" aos educandos não é somente aquele produzido por especialistas deste ou daquele campo específico, mas o educador próprio torna-se um especialista do fazer (teórico-prático-teórico) e, portanto, assume atitude epistemológica diferente daquela fundada unicamente na prática por si mesma.

Fundar e fundamentar o saber docente na práxis (ação--reflexão-ação – ou um movimento do concreto ao abstrato e deste ao concreto) é romper com o modelo "tecnicista mecânico" da tradicional divisão do trabalho e propor novo paradigma epistemológico, capaz de facultar ao educador não só emancipar-se e autonomizar-se, mas também, olhando-se a

> Para um aprofundamento desta dialética, cf. a proposta de Kosik (1976, p. 13-64).

si e à própria autonomia, promover a autêntica emancipação dos educandos, deixando de ser um agente formador de mão de obra para o mercado para tornar-se arquiteto de nova sociedade, livre e consciente de seu projeto político. Assim, a práxis é sempre uma forma de ação política que alia pensamento e ação numa perspectiva transformadora.

4. O filosofar, suas implicações e limites para o ensino de Filosofia

Pode-se dizer que a destruição do sujeito pelo pensamento pós-moderno engendrou a impossibilidade de pensar uma saída política para a crise contemporânea. Reduzindo o sujeito à sua condição de linguagem, o pensamento pós-moderno condicionou-o ontologicamente ao significado, comprimindo-o no não sentido. Em decorrência dessa não condição, ficou destruída a possibilidade de uma reconstrução do espaço político e da democracia coletiva.

Esse reducionismo não começou na Filosofia contemporânea. Há longo processo histórico reprodutor da redução, fazendo-a migrar ora para a realidade, ora para o sujeito, ora para sua linguagem. Ao se restringir o sujeito à sua linguagem, arrancou-se-lhe a possibilidade de emancipação. Aquilo que parecia novo caminho para compreender a história e seu processo revelou-se justamente o contrário. O projeto de libertação política limitou-se à condição das formas de expressão por meio das variadas formas de linguagem.

Em Platão, Aristóteles e Tomás de Aquino há a construção de um saber centrado na suposta essência do objeto, que deveria ser "descoberta". A modernidade desloca esse enfoque para o sujeito e deixa de buscar a causa primeira das coisas para centrar o processo naquele que conhece os fatos, e não mais a causa última deles. A ciência moderna, com pretensão à exatidão das coisas, centra seu processo na matemática, ao mesmo tempo em que a reflexão filosófica, centrada na linguagem, desloca o processo de conhecimento para seu resultado, ou seja, o conceito.

A partir daí, a teoria do conhecimento, tão celebrada na modernidade, perde seu espaço porque, ao deslocar o centro da reflexão do sujeito para o conceito, retira daquele o primado da verdade. Com isso, o que importa saber já não é nem o objeto nem o sujeito como essência, mas o método que torna o conhecimento possível pela evidência da linguagem do sujeito expressa no conceito.

Esse deslocamento funda o movimento reflexivo que vai ser chamado de "pós-modernidade", por romper com a centralidade do conhecimento fundado numa essencialidade.

Para superar o negativismo pós-moderno, é preciso desenvolver uma visão do conhecimento que se processe com base nas múltiplas e complexas relações entre os elementos que o possibilitam. Do ponto de vista cognitivo, deve-se ampliar a compreensão das relações existentes entre objeto, sujeito, conceito e método em suas formas de acesso ao mundo das coisas. Isso ocorre à medida que se amplia o modo de relacionar esses elementos integrantes da produção do conhecimento. A meu ver, somente procedendo assim é que se podem superar os exageros da Filosofia contemporânea.

A redução do sujeito à linguagem restringiu a possibilidade do conhecimento a um de seus polos, o conceito. Nesse caso, apesar da oposição às leituras metafísicas, procede-se a uma inversão metafísica centrada na linguagem, com o deslocamento da "essência" do sujeito para o conceito sem mudar a interpretação dela, mas apenas desviando seu fundamento. Com o foco não nas relações em processo, mas na expressão delas em forma de conceito, repete-se a mesma lógica.

Mais do que esse deslocamento para o conceito, as filosofias pós-modernas, com o deslocamento do sujeito para sua expressão na linguagem, eliminam a historicidade e nela o papel político desempenhado por esse sujeito como agente portador da emancipação coletiva pretendida pelo Iluminismo. Parece-me ser esse o grande problema em aberto na contemporaneidade, o qual tais filosofias não nos permitem superar de imediato. Essa lacuna, aberta na filosofia linguístico-pragmática, afastou o humano de sua história e retirou-lhe o chão político como espaço de emancipação e das lutas coletivas.

A dimensão política foi reduzida ao discurso sobre o real e já não há possibilidade de pensar o sentido de sua reconstrução. Ao reduzir o sujeito a seu discurso, restringiu-se o campo político ao do signo, facilmente apropriado pelos meios de comunicação de massa. Esse movimento erigiu as bases de uma contestação individualizada e desmobilizadora do coletivo.

Ideias gestadas e reprimidas pela força do Iluminismo, movimento intelectual cujos primórdios remontam ainda ao Renascimento, encontraram nessa redução do sujeito a signo linguístico o apoio teórico de que precisavam para aprofundar o espaço de exploração econômica, apoiadas pelas técnicas de comunicação como expressões máximas do ser reduzido à sua expressão linguística. Aquilo que seria o símbolo da expressão do ser contemporâneo passa a ser o fundamento racional de sua exploração, aniquilamento e animalização. A sociedade contemporânea tornou-se refém dessa interpretação, apropriada facilmente pelos meios de produção.

Pode-se dizer que, na Filosofia tradicional, o processo de construção do conhecimento estava condicionado ao objeto e concentrava-se nele, de acordo com o entendimento de que o objeto possuía uma essência e dela o conhecimento resultava. Na modernidade, essa ideia foi revertida e centralizada no sujeito. Até muito recentemente, o processo de conhecimento vinha sendo compreendido como resultado quase exclusivo da relação estabelecida entre sujeito e objeto, entre a realidade e o sujeito investigante. Penso que semelhante processo não se compõe somente dessa relação entre sujeito e objeto, mas, no mínimo, é possível estabelecer múltiplas relações entre os elementos componentes da construção do conhecimento em geral e de sua produção mais particular (figura 1).

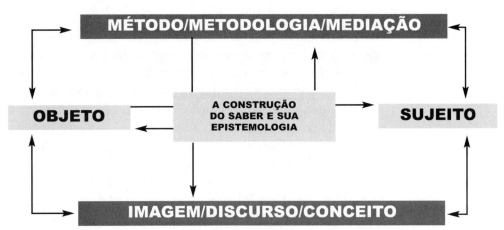

Figura 1: Relações presentes no processo de construção do conhecimento

O processo cognitivo, de pesquisa e de construção do conhecimento estabelece-se por meio de um complexo conjunto de relações. Com base nisso, procurarei evidenciar a complexidade das relações presentes no processo de filosofar.

Pode-se dizer que o conhecimento é resultado de um processo conscientemente elaborado à medida que se instauram relações entre sujeito, conceito, método e objeto. Portanto, quanto maior a afinidade entre esses elementos, mais significativa é a aprendizagem. Do mesmo modo, quanto maior a compreensão dessas complexas relações por parte do pesquisador, do professor e do aluno, e quanto maior a afinidade com elas, maior a qualidade do processo de produção do conhecimento em todos os seus níveis. E quanto mais adequada a metodologia (da pesquisa, da produção, transmissão e construção do conhecimento e do ensino), melhor será, por parte do sujeito, a aprendizagem da realidade do objeto mediante determinado conceito.

É com base na compreensão dessas relações do processo de construção do conhecimento que pretendo propor mediações para o ensino de Filosofia, procurando fundar um processo de ensino nessa compreensão. Diante disso, talvez se possa dizer que o fundamento de tal proposta metodológica se centra numa compreensão epistemológica e em certa perspectiva ontológica.

A construção do conhecimento não deriva unicamente da relação entre sujeito e objeto. O conhecimento não está nem só no sujeito, nem só no objeto, nem só no método, nem só no conceito, mas no conjunto complexo de relações entre esses elementos fundamentais que compõem o processo humano de apropriação e de produção do saber. É resultado de um conjunto de relações que instauramos como forma de significar a realidade e a nós mesmos nela inseridos, fazendo que o mundo adquira sentido.

Depois dessa breve exposição sobre a compreensão aqui assumida da metodologia do processo de conhecimento, faz-se necessário avaliar a teoria/proposta que possibilita a sugestão de mediações didáticas no ensino de Filosofia.

Procurarei expor uma compreensão do filosofar em suas múltiplas e complexas relações, que possibilitam a fundamentação ontológico-epistemológica de uma perspectiva metodológica da Filosofia, preocupada, especialmente, com seu ensino, ou seja, com a passagem do filosofar à didática do ensino da disciplina, sobretudo para o ensino médio.

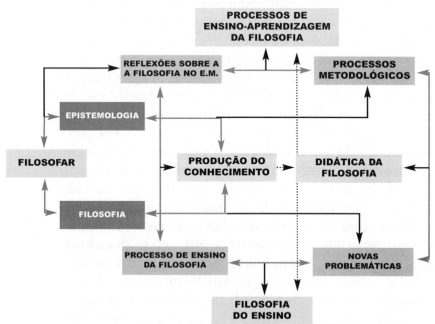

Figura 2: O processo de filosofar e suas múltiplas relações presentes no processo de ensino da Filosofia tendo em vista uma didática da disciplina

No esquema ao lado (figura 2), o conjunto de elementos em relação permite-nos compreender o processo de filosofar no espaço do ensino. De certo modo, esse esquema é uma tentativa de teorizar sobre a Filosofia exercida e praticada nesse espaço. Ele apresenta o filosofar numa teia de significações e sentidos produtores de outros significados, possibilitando a passagem do filosofar à Filosofia e dela ao ensino.

Parto da ideia de que a Filosofia está estabelecida por sua história, por sua trajetória. Ela tem mais do que seus 26 séculos de existência no Ocidente; tem seu conteúdo, que, de acordo com o contexto próprio de cada tempo e espaço, criou um conjunto de conceitos e reflexões que permitem ao indivíduo ampliar seu horizonte de compreensão. Isso é assumido como algo já definido historicamente. Compreendo e aceito que a Filosofia é uma atitude e tem um conteúdo significativo para o ser humano e seu desenvolvimento cultural.

Através de sua história, ela constitui um esforço para demonstrar a cultura humana materializada pela reflexão. A questão que se apresenta é: como fazer para que o aluno lide com os elementos da cultura filosófica e se aproprie minimamente dela? Como "facilitar" ao aluno o acesso aos conceitos da Filosofia, de modo que ele possa apropriar-se dessa atitude perante o mundo?

Sustento que o processo que torna possível o conteúdo da Filosofia é o filosofar. Este é entendido como exercício de pensamento cujas características, anteriormente discutidas, são o pensar meditante, reflexivo, a busca, a admiração, o espanto, o diálogo, a escolha, o amor, a paixão, o diálogo consigo mesmo e com os autores ao longo da história da Filosofia, a abertura, a suspeita, a crítica, a criação, o questionamento, a imaginação, o sonho, a desmistificação da realidade, o desvelamento da ideologia e do processo ideológico e de alienação, a responsabilidade ética, o compromisso, a criatividade.

> Estas características são discutidas na seção 1 deste capítulo: "As dimensões do filosofar como mediações no processo de ensino de Filosofia".

O filosofar, instituindo-se como conhecimento, ação, criação e pensamento, possibilita-nos a Filosofia. Este processo reflexivo, crítico e criativo que, por assim dizer, se debruça sobre a realidade e sobre a explicação do mundo estabelece uma relação com o ensino.

A base dessas reflexões encontra-se na história da Filosofia, no modo pelo qual produzimos conhecimento e no filosofar como horizonte e limite em que se encontram os elementos anteriores. Esse tripé (Filosofia – filosofar – epistemologia), segundo a leitura aqui efetuada, desencadeia todo o processo que possibilita pensar o ensino de Filosofia e suas mediações didáticas. Pode-se dizer que a relação do filosofar com a Filosofia cria condições de possibilidade para pensar o ensino da disciplina.

A Filosofia é constante processo de criação. É fundamentalmente a criação de novas interpretações e de novos significados. Esse processo constitui-se em sua dimensão epistemológica. A relação entre filosofar e epistemologia, como ideia de conhecimento e sobre o conhecimento, constitui um esforço de reflexão sobre a dinâmica do processo filosófico. À medida que se vai refletindo, torna-se possível o acúmulo de conteúdos que possibilitam a ampliação das informações filosóficas. Essa reflexão que amplia as informações disponíveis ao processo de ensino permite-nos pensar numa "filosofia do ensino de Filosofia" (Gallo, Cornelli e Danelon, 2003; Langón, 2003; Cerletti, 2003).

Destarte, como a relação entre Filosofia e filosofar implica um processo de ensino, a relação entre esse processo e sua epistemologia possibilita a reflexão sobre a Filosofia; esta, por sua vez, estabelece as condições para a produção de um conhecimento sobre esse conteúdo, o qual engendra novas problemáticas de investigação filosófica. Estas fazem-nos pensar sobre as metodologias de ensino do conteúdo filosófico e sobre as formas de seu aprendizado, o que abre espaço para processos metodológicos de intervenção, por meio de mediações didáticas.

O que torna o processo de ensino de Filosofia cada vez mais problemático é a preocupação exagerada com o conteúdo. Este adquire sentido ao longo do processo, assim

---

Para Deleuze (1992, p. 58), a Filosofia é ao mesmo tempo criação de conceito e do plano de imanência: *"O conceito é o começo da filosofia, mas o plano é sua instauração. O plano não consiste evidentemente num programa, num projeto, num fim ou num meio; é um plano de imanência que constitui o solo absoluto da filosofia, sua Terra ou sua desterritorialização, sua fundação, sobre os quais ela cria seus conceitos. Ambos são necessários, criar conceitos e instaurar o plano, como duas asas ou duas nadadeiras."* Mais à frente, *diz: "Traçar, inventar, criar, esta é a trindade filosófica"* (p. 101).

como o processo tem sentido diante do conteúdo por ele expresso. Se é preciso ensinar a filosofar, é importante dizer que isso ocorre com o conteúdo da disciplina. É na interseção entre conteúdo e método que o ensino adquire significado e institui um espaço próprio para a Filosofia. Isso consiste em ensinar o processo do filosofar ao mesmo tempo em que se ensina Filosofia. De igual modo, é preciso ensiná-la no instante em que se ensina a filosofar. Portanto, no processo de ensino da disciplina, deve-se ensinar a processar o pensamento por meio do próprio pensar.

Por outro lado, a relação entre a Filosofia e a produção do conhecimento, com base nas novas problemáticas, também nos remete ao ensino. Nesse caso, no espaço do ensino é preciso não só problematizar, mas ensinar os alunos a fazê-lo.

A relação entre as reflexões sobre a Filosofia e sobre os processos de aprendizagem possibilita a instauração de mediações da aprendizagem do aluno, movimento que, como resposta às novas problemáticas surgidas, torna possível uma didática da Filosofia. Essa didática, por sua vez, permite-nos pensar processos de ensino-aprendizagem e a filosofia do ensino.

Do ponto de vista cognitivo e das mediações de ensino, a Filosofia deveria situar-se em sua relação com o processo didático. Nesse contexto, a Didática é entendida como mediação e desenvolvimento do ensino-aprendizagem, bem como processo pedagógico de produção, apropriação e transmissão do conhecimento.

A aprendizagem (e também o ensino) é meio de diálogo com a sociedade. Assim, a Filosofia constitui práxis conforme estrutura mediações que potencializam, por meio do ensino da disciplina, uma compreensão e explicação mais abrangente do mundo, ao mesmo tempo em que exige uma preocupação com a construção de uma sociedade democrática.

Capítulo II

Epistemologia do processo de ensino-aprendizagem e suas implicações no ensino de Filosofia

Epistemologia do processo de ensino-aprendizagem e suas implicações no ensino de Filosofia

No que se segue, apresento reflexões que procuram centrar-se numa epistemologia do processo de ensino-aprendizagem como fundamentação de mediações possíveis para o ensino de Filosofia. Situo a compreensão da relação estabelecida entre a Didática, o ensino e a aprendizagem. Discuto as relações entre Didática e o ensino de Filosofia. Defendo a tese de que não é possível pensar a transposição didática do conteúdo de uma disciplina sem antes levar em consideração os modos pelos quais a aprendizagem se processa cognitivamente. Sustento que, quanto mais dominarmos os processos cognitivos de aprendizagem, como professores, mais bem preparados estaremos para ensinar no espaço da escola.

> Na seção 3 deste capítulo procuro pensar, definir e conceituar a Didática como ciência preocupada com o ensino e seu estudo, estabelecendo uma ponte com o ensino de Filosofia. Por essa razão não me deterei numa definição mais precisa dela neste momento.

1. A Didática e a aprendizagem

Segundo Altet (1999), a aprendizagem é sempre o objetivo do ensino, embora nem sempre seja obtida por ele. Isso significa que a educação escolar e o ensino, embora tenham como objetivo possibilitar a aprendizagem, nem sempre são bem-sucedidos nessa tarefa. Este livro não busca as causas que dificultam ou impedem o aprender na escola, mas quer propor um conjunto de mediações que podem abrir horizontes para a aprendizagem do aluno. Por isso é possível afirmar com Reboul (1974) que a intenção de fazer aprender é própria da

> *"Nenhum problema do ensino pode ser globalmente entendido se não forem consideradas as dimensões e características do sistema no qual se ensina. O notável aumento do número de mediações pessoais entre o que normalmente aceitamos como 'produtos teóricos' e a realização de atividades educativas nas escolas, que costumamos identificar como 'práticas', poderia modificar a relação entre a didática e o campo sobre o que pretende atuar"* (Feldman, 2001, p. 20).

atividade de ensinar. A escola, instituição historicamente situada, põe os sujeitos em relação: aquele que chega querendo aprender e todos os que compõem o corpo escolar e se propõem ensinar. Nessa relação nem sempre se aprende e nem sempre se ensina. Em vez de entrar no mérito da questão, cabe afirmar que, apesar disso, toda a instituição escolar e suas conexões travam relação com o saber. Portanto, apesar da gama de problemas enfrentados pela escola e pelo ensino, todas as pessoas da instituição só "existem" por conta dessa relação primeira que deve ser estabelecida com o saber. Dela derivam todas as outras relações presentes na escola.

> Creio que o trabalho de Charlot (2000) seja interessante para ajudar-nos a compreender essa questão. Ele propõe o conceito de "relação com o saber" como um objeto de pesquisa que permite estudar o "fracasso escolar", inserindo o conceito no quadro de uma abordagem antropológica. Em outro trabalho (2001), o autor apresenta a noção "da relação com o saber", suas bases de apoio teórico e seus fundamentos antropológicos. Nesse contexto é interessante a abordagem de Jonnaert e Borght (2002, p. 113), que apresentam uma infinidade de relações com os saberes e com os conhecimentos que se devem levar em conta e destacam quatro aspectos: *"1. Os saberes fazem referência aos conteúdos oficiais descritos nos programas, são instituídos e se inserem em lógicas e progressões estruturadas. 2. Os conhecimentos provêm do sujeito que aprende, são individuais. 3. A relação didática é constituída de uma infinidade de relações com o saber e com os conhecimentos. 4. A transposição didática permite compreender a passagem dos saberes teóricos e das práticas sociais de referência aos saberes a ensinar e aos saberes ensinados."*

Na reflexão desenvolvida sobre o processo de ensino-aprendizagem neste trabalho, optei por uma abordagem didática centrada na aprendizagem do aluno, embora sem negligenciar a perspectiva do ensino. Examino as questões da aprendizagem para compreendê-las e propor formas mais bem-sucedidas de ensinar. Assim, o professor centra o processo no aluno e põe à disposição dele meios para aprender, ajudando-o a ultrapassar os obstáculos. O importante nesta proposta é estabelecer condições e situações de aprendizagem de maneira que os alunos aprendam e sejam mediadores da permanente relação com o saber. Há um conjunto de autores que procuram erigir as bases para essa tendência didática sobre o ensino. Em alguma medida, abordo as teorias que servem de fundamento para uma epistemologia da aprendizagem. O caráter sintético das apreciações justifica-se pelo intuito de mostrar tão somente o universo de reflexão que se apresenta na relação entre a Didática e o ensino de Filosofia como fundamentação para a proposição de mediações para tal ensino.

De acordo com Altet (1999, p. 13), o ensino é

> *um processo interpessoal, intencional, que utiliza essencialmente a comunicação, a situação pedagógica levada a cabo pelo professor como meio de provocar, favorecer, fazer alcançar a aprendizagem de um saber ou de um saber-fazer. A aprendizagem é, ela própria, definida como um processo de aquisição, um processo de mudança.*

Para Pimenta e Anastasiou (2002, p. 204), o ensino não se resolve com um só olhar: exige constantes balanços críticos dos conhecimentos produzidos no seu campo (as técnicas, os métodos, as teorias), para deles aproximar-se. *"Nesse processo, criam-se respostas novas sobre a natureza do fenômeno, suas causas, consequências e remédios, assumindo um caráter ao mesmo tempo explicativo e projetivo"* (grifo das autoras).

Ensinar é, portanto, uma atividade correlata ao aprender.

Como precursores dessa tendência, destacam-se principalmente Dewey (1982) e Freinet (1976). Mais recentemente, apresentam-se, entre outros, Mialaret (1991), Meirieu (1998), Develay (1992), Astolfi (1992), Bloom (1979), Berbaum (1992).

Para Feldman (2001, p. 19), *"segundo a definição genérica não se define o ensino pelo êxito, mas pelo **tipo de atividade** em que os dois sujeitos* [professor e aluno] *estão envolvidos* [...]. *O ensino expressa um propósito – promover a aprendizagem – e não um ganho"* (grifo do autor). Já para Freire (1997b, p. 25-26), *"ensinar não é **transferir conhecimento**, mas criar as possibilidades para a sua produção ou a sua construção"* (grifo do autor); [...] *"é ação pela qual um sujeito criador dá forma, estilo ou alma a um corpo indeciso e acomodado"*. Porém, *"ensinar inexiste sem aprender e vice-versa"*.

> *"A ação de ensinar é definida na relação com a ação de aprender, pois, para além da meta que revela a intencionalidade, o ensino desencadeia necessariamente a ação de aprender. Essa perspectiva possibilita o desenvolvimento do método dialético de ensinar"* (Pimenta e Anastasiou, 2002, p. 205). Essa perspectiva dialética do processo de ensino-aprendizagem pode ser vista em Candau (1986), que analisa os elementos estruturantes do método didático; Libâneo (1990), que vê na relação ensino-aprendizagem o elemento que possibilita a constituição da teoria didática e da orientação de aprendizagem para a prática docente; Danilov e Skatkin (1985), que destacam a concepção de aprendizagem assumida como desenvolvimento mental e intelectual contínuo dos alunos, durante um processo de apropriação ativa e consciente dos conhecimentos sobre os fundamentos das ciências e sua aplicação prática; Wachowicz (1991), que defende a tese de que a questão do método impõe-se como anterior à própria questão educacional.

> Nesse sentido, Freire (1997b, p. 31) assume que *"ensinar, aprender e pesquisar lidam com esses dois momentos do ciclo gnosiológico: o em que se ensina e se aprende o conhecimento já existente e o em que se trabalha a produção do conhecimento ainda não existente".* Com base nisso, afirma que *"se estivesse claro para nós que foi aprendendo que percebemos ser possível ensinar, teríamos entendido com facilidade a importância das experiências informais nas ruas, nas praças, no trabalho, nas salas de aula das escolas, nos pátios de recreios"* (p. 49).

> É a ação da aula que possibilita a intermediação do processo didático de ensino-aprendizagem: *"Nas aulas, para além do 'o quê' e do 'como', deve-se ensinar também 'a pensar', aspectos que se determinam e se condicionam mutuamente, configurando o ensino como atividade do professor e do aluno"* (Pimenta e Anastasiou, 2002, p. 208, grifos das autoras).

É instaurar um processo de mudança que se elabora e se reelabora no interior de uma relação com o saber. O ensino nem sempre consegue ser bem-sucedido, mas não existe sem sua finalidade de aprendizagem. O ensino-aprendizagem forma uma dupla indissociável que são as duas faces de uma mesma realidade. De qualquer modo, a relação ensino-aprendizagem pode variar, e a primazia de um ou de outro modifica totalmente o processo pedagógico.

Durante o processo de ensino, nem sempre o aluno é conduzido ao desenvolvimento da aprendizagem. É somente quando esse processo provoca uma modificação na estrutura das funções psíquicas que se produz o desenvolvimento, o qual favorecerá novas formas de interação do sujeito com a realidade social (Sánchez e Rodríguez, 1999).

Considerar o ensino como um espaço interativo traz, em primeiro plano, a necessidade da comunicação na construção do conhecimento (Penteado, 2002). O ambiente adequado ao bem-estar emocional dos alunos participantes do processo de ensino há que ser estabelecido por meio da interação, da cooperação, de intercâmbios em um espaço institucional que não se limita à relação entre professor e aluno durante o processo de construção do conhecimento em aula. Essa relação é apenas um dos momentos diversos da aprendizagem.

Assim, a aprendizagem (e o ensino) é um processo social de enriquecimento individual e grupal constituído pelos sujeitos nos espaços de interação e relação e construído na realidade social por meio do modo como esses sujeitos reproduzem uma informação.

Nesse sentido, pode-se dizer que

> ensino e aprendizagem constituem unidade dialética no processo, caracterizada pelo papel condutor do professor e pela autoatividade do aluno, em que o ensino existe para provocar a aprendizagem mediante tarefas contínuas dos sujeitos do processo. Este une, assim, o aluno à matéria, e ambos, alunos e conteúdos, ficam frente a frente

mediados pela ação do professor, que produz e dirige as atividades e as ações necessárias para que os alunos desenvolvam processos de mobilização, construção e elaboração da síntese do conhecimento (Pimenta e Anastasiou, 2002, p. 208-209).

Para que o processo de ensino-aprendizagem seja bem-sucedido, o professor precisa assumir o papel de mediador, fazendo que a relação professor-aluno se construa como verdadeira colaboração entre os alunos e o grupo de sala de aula, caracterizada pela autenticidade, pela segurança e pelo respeito no desenvolvimento das atividades.

Por conseguinte, o grupo de aprendizagem em sala de aula constitui espaço interativo de transformação para os sujeitos participantes do processo. A qualidade dessa aprendizagem é medida pelo modo como cada sujeito desenvolve a atividade, pelo sentido de pertença ao grupo, pelo trabalho coletivo que realizam e pelo nível de cooperação e de ajuda que os sujeitos participantes da aula manifestam. Isso significa que, no espaço do ensino, o trabalho coletivo e o diálogo instaurados no processo de aprendizagem requerem progressivas negociações entre professores e alunos para compartilharem a situação de interação. Nela vão surgindo as possibilidades de construir um mundo de sentidos compartilhados em relação com o trabalho coletivo.

Essa postura caracteriza a situação de aprendizagem, que pode ser entendida como o espaço-tempo de interação do sistema de relações estabelecidas entre os sujeitos no curso de suas atividades.

Para desenvolver esses sistemas de relações de modo que o ensino seja facilitado, o professor precisa elaborar uma compreensão mínima da "capacidade" de aprendizagem dos alunos. De acordo com Sánchez e Rodríguez (1999, p. 5), *"a capacidade de aprendizagem é uma configuração subjetiva da personalidade".* Nesse caso, há integração entre capacidade e personalidade, propiciada pela construção subjetiva do sentido. O equipamento subjetivo do sujeito cognoscitivo possibilita a aprendizagem por meio de operações cognitivas e de formações afetivas e motivacionais que se manifestam em situação de aprendizagem. Essa capacidade está estruturada pela interação entre qualidades intelectuais e de formação afetiva, de caráter motivacional e valorativo da personalidade, as quais funcionam de forma potencial ou manifesta.

Para Rubinstein (1985, p. 19),

> *as análises dos componentes e a estrutura das capacidades nos têm levado a distinguir a capacidade em dois componentes: o conjunto mais ou menos harmonioso e acabado das operações (procedimentos mediante os quais se realiza a atividade correspondente), e a qualidade dos processos mediante os quais se regula o funcionamento destas operações.*

Por esse prisma, a capacidade de aprendizagem está conformada por duas dimensões: a operacional e a processual. Os processos e ações que conformam essas dimensões vinculam-se a determinados conteúdos integrantes de um conhecimento baseado nas experiências e vivências do sujeito. Isso implica um processo geral, a regulação e a autorregulação da personalidade, atribuindo à aprendizagem um caráter holístico, em que se inter-relacionam os componentes cognitivos e afetivos.

Para Machado (1995, p. 21), *"compreender é aprender o significado de um objeto ou de um acontecimento; é tê-lo em suas relações com outros objetos ou acontecimentos; os significados constituem, pois, feixes de relações que, por sua vez, se entretecem, se articulam em teias, em redes, construídos socialmente e individualmente, e em permanente estado de atualização".*

A capacidade de aprendizagem, de certo modo, está ligada aos objetivos de aprendizagem que o aluno se propõe no processo e que expressam suas metas, aspirações e ideais. Eles aproximam-se dos objetivos de ensino propostos pelo professor à medida que a aprendizagem adquire sentido e significado para os alunos. O sucesso do processo de ensino depende, em grande parte, dessa dinâmica.

A significação verifica-se tanto na relevância do conteúdo, que requer ser compreendido em suas relações lógicas, como na possibilidade de o sujeito relacioná-lo com seus conhecimentos prévios, com base nos recursos pessoais que possui.

A capacidade de aprendizagem possibilita o acesso consciente às mediações de aprendizagem, que constituem objeto específico de conhecimento e de regulação do sujeito, de maneira que a estimulação da aprendizagem se converte em fator decisivo de influência sobre o nível de processamento das informações e sobre a construção do conhecimento por parte do aluno.

Segundo Nisbet e Shucksmith (1993, p. 18), as mediações de aprendizagem *"constituem configurações de funções e recursos cognitivos, afetivos e psicomotores que o sujeito leva a cabo nos processos de cumprimento de objetivos de aprendizagem"*. Elas possibilitam o planejamento de base para o enfrentamento eficaz e eficiente da aprendizagem, para a integração de novos elementos e sua organização e para a solução de problemas de diversas naturezas e qualidades.

As mediações são processos executivos da capacidade de aprender do sujeito. Por intermédio delas o sujeito elege, coordena e aplica suas habilidades, o que implica a consciência dele sobre seus processos de aprendizagem e lhe permite assumir a responsabilidade pela própria aprendizagem.

A configuração da capacidade de aprendizagem está expressa na figura 3. O modelo tem como centro o aluno e sua interação com o professor e seu grupo em situação de aprendizagem. Nele, *os modos de ação* constituem as vias, os métodos utilizados pelo sujeito para alcançar os objetivos traçados, ao mesmo tempo em que representam uma generalização das relações entre o sujeito e o objeto de conhecimento.

O processo de aprendizagem é controlado pelo sujeito à medida que este tem acesso às informações relacionadas com os saberes que já possui. A dimensão operacional caracteriza-se por um sistema de recursos cognitivos, afetivo-motivacionais e psicomotores que possibilitam ao sujeito operar na realidade. Já a *dimensão processual* dá conta da qualidade com que o processo transcorre, e não somente dos resultados da aprendizagem. Os processos configurados integram-se em torno da capacidade de autodeterminação do sujeito, da autorregulação produzida num nível consciente por ele.

Nesse contexto, as ferramentas simbólicas são fundamentais na aprendizagem, revelam-se instrumentos que regulam as relações. Ao mesmo tempo em que instauram um processo de comunicação gratificante para o aluno, provocam alto grau de identificação dele com o professor e seu grupo na realização das atividades. O esquema da figura 3 procura expressar essas relações fundamentais do processo de ensino-aprendizagem, que constituem os fundamentos de uma mediação pedagógica.

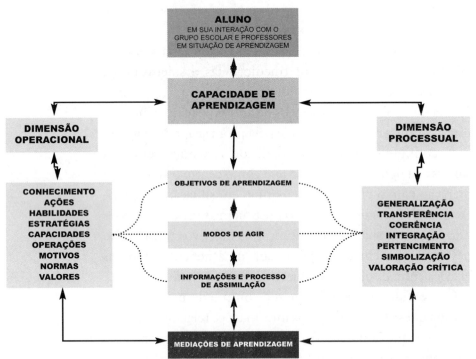

Figura 3: A dinâmica da capacidade de aprendizagem do aluno
Fonte: Rodríguez e Toro (1998), Sánchez (1997; 1998a; 1998b), Sánchez e Rodríguez (1999), Rubinstein (1985).

Diante dessas reflexões, pode-se dizer que, na concepção geral de um processo de ensino-aprendizagem centrado no aluno, se verifica a insistência no aspecto construtivo da aquisição de conhecimentos e o deslocamento do professor da concentração em seu ato de ensino para a apreensão da atividade do aluno em seu processo de aprendizagem em aula.

Com base em Piaget (1999) e Vygotsky (2000; 2001), a aprendizagem é, dessa forma, compreendida como um processo de apropriação pessoal do sujeito, um processo significativo construtor de sentido e um processo de mudança. O professor torna-se o mediador dos processos de aprendizagem e o organizador da gestão das aprendizagens.

Tais propostas *"procuram desenvolver as estratégias cognitivas e metacognitivas do aluno, tentando ajudar o aluno a desenvolver a sua capacidade de aprender, de refletir e a exercê-las sozinho"* (Altet, 1999, p. 32). Após ter preparado o aluno, o professor esforça-se em levá-lo a refletir por si mesmo, a construir sua autonomia.

Essas tendências, pela utilização dos estudos das teorias cognitivas, procedem à inversão do processo pedagógico, movendo-se do processo de ensino para o processo de aprendizagem. Com base nelas, o professor toma consciência da importância da relação dos alunos com o saber, de seus sistemas de representações espontâneas iniciais, de suas estratégias cognitivas e afetivas de aprendizagem. Torna-se um profissional da aprendizagem. A função dele já não é apenas transmitir conhecimentos, mas agir de modo que os alunos aprendam. Revela-se um intermediário entre o saber e o aluno, levando em consideração os processos de aprendizagem, facilitando a elaboração do sentido das aprendizagens e envolvendo o aluno num processo de construção do sentido.

Ao assumir que essas propostas permitem compreender melhor os processos e as situações de aprendizagem, não se pode confundir aprendizagem e educação e restringir esta àquela. A escola e, como uma de suas disciplinas, a Filosofia têm valores educativos a defender, assim como finalidades mais amplas do que a aprendizagem escolar. Exemplo disso é a reflexão ética sobre a educação, que dá sentido à ação pedagógica, indispensável à escola e à educação.

2. A função social do ensino e a organização dos conteúdos de aprendizagem

Qualquer proposta direcionada a conseguir que alguém aprenda está condicionada ou determinada por uma ideia, consciente ou inconsciente, de pessoa e de sociedade. Não existe nenhuma ação dirigida ao desenvolvimento formativo de qualquer das capacidades e habilidades humanas que não corresponda a um modelo de cidadão e ao papel que essa pessoa deva ter na sociedade. Toda atividade educativa, por mais específica que seja, veicula uma visão mais ou menos concreta de um modelo de ser humano, o que presume uma antropologia filosófica, uma visão determinada da vida, uma ideologia, um modelo de pessoa, proprietária de um ideal e de algumas pautas de comportamento em relação a determinada escala de valores (Sacristán e Gómez, 1998; Zabala, 2002; 1998).

O prestígio encoberto ou manifesto de alguns saberes, de algumas correntes ou escolas ou de determinados grupos profissionais influi, ao sabor das conveniências do poder estabelecido, na primazia de algumas ciências sociais sobre outras e, em cada uma delas, de um conteúdo sobre outros.

Ao longo da história, a capacidade de decisão sobre os currículos ficou fora do alcance não só dos professores, mas também do próprio sistema educativo, à mercê das demandas externas, e foram os interesses e os valores daquelas pessoas que mais meios têm para decidir – as classes e os grupos hegemônicos – que historicamente determinaram a seleção e a organização dos conteúdos escolares. Essa situação de verdadeira amputação da capacidade de argumentação e fundamentação com respeito à função social da escola impediu que os professores fossem conscientes da importância que a seleção e a organização dos conteúdos têm em sua aplicação.

Essa problemática do currículo, seus condicionamentos históricos, o modo pelo qual alguns conteúdos de ensino são privilegiados em detrimento de outros e como isso condiciona a formação humana efetuada pela escola podem ser aprofundados em Zabala (2002), Ghedin et al. (2004), Costa (2001), Moreira (2001), Silva e Moreira (1995), Moreira (2002), Berticelli (2001), Goodson (1995).

O papel tradicionalmente atribuído ao ensino ensejou uma organização multidisciplinar dos conteúdos. Essa forma de estruturá-los é consequência de algumas finalidades educativas centradas basicamente na preparação para estudos superiores: trata-se da função propedêutica e seletiva do ensino. Ao lado desta, encontra-se outra, resultado histórico do cumprimento de um papel de reprodução e legitimação social.

Qualquer sistema social tende a conservar-se e reproduzir-se. A reprodução de uma ordem social estabelecida é a finalidade natural dos sistemas educativos, e o modo pelo qual eles se concretizam constitui um reflexo das necessidades da sociedade para manter-se. Quando uma sociedade se denomina democrática, pode propor-se – e deve fazê-lo – melhorar e transformar-se para alcançar maior justiça, mas a lógica do sistema é manter os privilégios dos grupos sociais que ostentam o poder. Nessa lógica reprodutora situa-se a maioria dos sistemas educativos direcionados a uma formação fundamentalmente profissional, sob manifesta hierarquização universitária, instrumento para aprofundar uma sociedade estratificada segundo parâmetros da divisão social do trabalho.

Segundo Zabala (2002), um currículo que, em essência, está pensado para formar trabalhadores e trabalhadoras, e não cidadãos e cidadãs, e, em sua forma atual – em vez de preparar os indivíduos para compreender, julgar e intervir em sua comunidade de maneira responsável, justa, solidária e democrática – prepara-os tendo em vista uma profissão caracterizada pela dependência em relação ao especialista e pelo comportamento rotineiro e obediente no trabalho, contribui para um processo de dependência científica, tecnológica e epistemológica. Essa subordinação cada vez mais evidente da escolaridade ao mercado de trabalho valida a referência à funcionalidade propedêutica do sistema educativo, amparada em uma ideologia compartilhada por setores bastante amplos da população.

Exemplo dessa dinâmica pode ser visto no ensino de Filosofia, em relação à sua inclusão e exclusão do currículo escolar brasileiro, com a escola, de modo geral, e seus conteúdos de ensino - incluindo a Filosofia -, de modo particular, respondendo sempre aos interesses dos grupos hegemônicos. A análise dessa problemática pode ser vista, compreendida e aprofundada em Ghedin (2002a), Cartolano (1985), Souza (1992), Oliveira (1993), Severino (1975), Garrido (1988), Rezende (1997) e Rodrigues (1993).

O problema é que a dependência para com os poderes hegemônicos ocasionou uma seleção dos conteúdos curriculares submetida, por um lado, aos valores mais tradicionais dos modelos conservadores em torno de algumas disciplinas valorizadas socialmente como eternas e, por outro, às demandas do mundo produtivo. Desse modo, a maioria dos currículos escolares move-se em uma tensão entre ambos os interesses: os currículos dependentes da concepção ideológica mais ou menos conservadora que enfatiza os conteúdos "históricos" e os currículos provenientes de ideologias liberais e neoliberais que consideram como os saberes e os conteúdos de aprendizagem mais apropriados aqueles dependentes das exigências do mundo profissional.

A falsa tensão entre humanismo e tecnologia, entre teoria e prática, entre Filosofia e ciência nada mais é do que a consequência de uma disputa ideológica sobre a função social que o ensino deve cumprir. As correspondentes atitudes de valorização e de diferenciação dos diversos saberes ou disciplinas são, por sua vez, agravadas pelos interesses dos diferentes grupos profissionais que, sob a justificativa da função propedêutica de caráter profissionalizante, incidem de maneira decisiva na preponderância de algumas matérias sobre as outras.

Dificilmente se revela viável encarar com rigor um debate sobre a forma de apresentar os conteúdos na escola se ainda não há clareza a respeito do que se deve ensinar. Por isso, quando se propõe a reflexão sobre a melhor forma de organizar os conteúdos de aprendizagem, os únicos critérios que aparecem de maneira lógica são os mesmos utilizados para a seleção dos conteúdos. Todos os nossos referenciais culturais e epistemológicos estão mediados por uma estruturação do saber fragmentada em múltiplas disciplinas. Essa maneira de ver e interpretar o mundo é consequência de uma formação que aceitou a compartimentalização do saber em cadeiras ou matérias como a única forma de apresentar e organizar o currículo escolar.

Desligar-se dessa visão parcelada do saber é possível, quando se assume com profundidade o papel do ensino. A resposta sobre a função social que o sistema educativo deve exercer é o único caminho para poder entender a pertinência e a relevância dos conteúdos disciplinares que devem ser objeto de aprendizagem e para definir a melhor maneira de apresentar os conteúdos, a fim de favorecer a construção das finalidades educativas propostas.

Assim sendo, o currículo escolar precisa oferecer os meios para possibilitar a análise crítica e construtiva da realidade que facilite o conhecimento real da situação mundial, criando uma consciência de compromisso ativo perante as desigualdades e fornecendo os instrumentos para a intervenção na transformação social.

Diante disso, é importante perguntar: que modelo de cidadão queremos formar na escola? Para responder, ainda que parcialmente, à pergunta, revela-se fundamental focalizar algumas dimensões do desenvolvimento humano:

- Em sua *dimensão social*, formar a pessoa para participar ativamente da transformação da sociedade, o que significa compreendê-la, avaliá-la e nela intervir, de maneira crítica e responsável, com o objetivo de que seja cada vez mais justa, solidária e democrática. A finalidade principal da educação consiste no pleno desenvolvimento do ser humano em sua dimensão social. Sua função deve dirigir-se ao aperfeiçoamento contínuo da pessoa e da sociedade como uma via a serviço de uma existência mais harmoniosa, mais autêntica, para fazer retroceder a pobreza, a exclusão, as incompreensões, as opressões, as guerras.
- Em sua dimensão interpessoal, formar a pessoa para saber relacionar-se e viver positivamente com as outras, assumindo uma atitude de cooperação e participando de todas as atividades humanas com compreensão, tolerância e solidariedade.

A tradição da Filosofia da Educação brasileira desenvolveu, predominantemente durante o século XX, quatro grandes perspectivas de formação na educação formal. Severino (2000a, p. 248) designa-as *"círculos hermenêuticos da Filosofia da Educação no Brasil"*. Estas são: a) a tecnicidade funcional da educação: ciência e técnica, bases da pedagogia; b) a eticidade formativa: educação como construção do sujeito; c) a educação como lugar de produção e cultivo da sensibilidade desejante: priorizando a esteticidade no pedagógico; d) a educação como práxis construtora da história: a dimensão da politicidade da prática pedagógica. Na perspectiva dos valores na educação, Severino (2001b) apresenta como exigência formativa para a escola quatro dimensões da formação humana: a formação técnica, a formação política, a formação ética, a formação da sensibilidade estética. Cada uma dessas dimensões em particular e todas elas no seu conjunto são fundamentais e essenciais para a formação humana efetuada na e pela escola. A Filosofia tem um papel articulador dessas dimensões e essa deve ser uma de suas preocupações como componente curricular do ensino médio.

- Em sua dimensão pessoal, formá-la para conhecer-se e compreender a si mesma, as demais pessoas, a sociedade e o mundo em que vive, capacitando-a para exercer, responsável e criticamente, a autonomia, a cooperação, a criatividade e a liberdade. As mudanças do mundo contemporâneo, especialmente no que tange à quantidade de informações produzidas, que modificam o sentido do saber, obrigam a escola a repensar com atenção os tipos de capacidades que deve cultivar. Para o indivíduo fazer frente à complexidade dos fenômenos mundiais e poder dominar o sentimento de incerteza, é preciso que ela promova um processo que consista tanto na aquisição do conhecimento quanto em sua relativização e análise crítica. O sistema educativo tem de formar cidadãos autônomos, capazes de compreender o mundo social e natural em que vivem e participar de sua gestão e melhoria com base em posições esclarecidas, críticas, criativas e solidárias. Nesse sentido, a escola deve ser um lugar para a reflexão crítica da realidade e tem como tarefa facilitar as estratégias necessárias para coletar, selecionar, hierarquizar, interpretar, integrar e transformar a informação com espírito crítico, com um conhecimento que possibilite a intervenção na realidade. Trata-se de a pessoa aprender a pensar por si mesma, para deliberar, julgar e escolher a base das próprias reflexões, sabendo que só quem pensa por si pode chegar a ser ele mesmo.
- Em sua dimensão profissional, formar a pessoa para dispor dos conhecimentos e habilidades que lhe permitam exercer uma tarefa profissional adequada às suas necessidades e capacidades. Já não é possível solicitar ao sistema educativo que forme mão de obra para um trabalho estável, pois trata-se de formar, para a inovação, pessoas capazes de evoluir, de adaptar-se a um mundo em rápida mutação e de dominar a mudança. Por isso, faz-se necessário um trabalhador que, no nível do saber fazer, saiba pensar e, portanto, tenha uma escolaridade elevada e uma atitude de formação permanente, em que suas habilidades de aprender a aprender

e de trabalho em equipe atuem como fio condutor. Uma educação também para o trabalho, mas sem perder a visão global da pessoa como ser crítico em relação às desigualdades e comprometido com a transformação social e econômica, para a construção de uma sociedade que não só garanta o direito ao trabalho, mas também esteja em função do desenvolvimento das pessoas, e não dos interesses do capital.

Além disso e por essa razão, é preciso formar mulheres e homens em uma série de conhecimentos, habilidades e valores, cuja finalidade fundamental consiste em que saibam resolver os problemas com que vão deparar na vida em sociedade. Compreender, analisar, interpretar para atuar implica sempre resolver situações em que os problemas enfrentados nunca são simples, as respostas nunca se reduzem a uma só área de conhecimento. Quando a opção educativa é a do conhecimento para a ação crítica, o ensino deve orientar-se para lidar com um saber complexo. Um conhecimento que seja global, integrador, contextualizado, sistêmico, capaz de enfrentar as questões e os problemas abertos e difusos que a realidade apresenta.

Segundo Zabala (2002), para dar respostas aos problemas existentes na realidade, cada um de nós dispõe de uma variedade de instrumentos conceituais, procedimentais e atitudinais que configuram o que, em uma visão psicológica, pode ser denominado *estruturas cognitivas ou esquemas de conhecimento* e, em uma tradição pedagógica, simplesmente conhecimento. Este pode ser subdividido em *conhecimento cotidiano e conhecimento científico*.

Desse ponto de vista, o objetivo da escola será conseguir que o conhecimento cotidiano seja o mais eficaz possível, para dar respostas aos problemas que a vida em sociedade apresenta às pessoas. A função dela será melhorar, aprofundar e ampliar esse conhecimento, mediante um processo cada vez mais elaborado, em que o conhecimento científico será mais ou menos relevante em função de sua capacidade de melhora do conhecimento cotidiano. Desse modo, o conhecimento escolar será constituído pela seleção dos conteúdos de aprendizagem que devem intervir no processo de melhora do conhecimento cotidiano, e tal escolha há que ser feita sempre com base em critérios que promovam a autonomia do sujeito, tendo em vista a construção de uma sociedade democrática.

Nessa mesma linha, os estudos de Rolando Garcia (2002), Salvador (1994) Solé (2003), Miras (2003), Onrubia (2003), Moretto (2000), Fernández (2001) e Hernández (1998a), realizados na última década, confirmam que a aprendizagem não é simplesmente um acúmulo de saberes, mas depende das capacidades de quem aprende e de suas experiências prévias. As pessoas trazem um conhecimento sobre o qual se constrói a nova aprendizagem. Esse conhecimento (formado por um conjunto mais ou menos estruturado de conteúdos conceituais, procedimentais e atitudinais) pode ser denominado *conhecimento cotidiano, ordinário, comum ou vulgar*.

Em sua evolução histórica, a humanidade foi construindo um conjunto de saberes que, com modelos mais ou menos empíricos, configuram o que se pode denominar *conhecimento científico ou acadêmico*. Tal conhecimento é constituído pela soma dos saberes que diferentes disciplinas tradicionais proporcionam e que formam um conjunto organizado por matérias de fatos, conceitos, sistemas conceituais, métodos, técnicas, etc.

Segundo Zabala (2002, p. 80-87), o ensino tradicional permitiu a ruptura entre um conhecimento e outro. Na escola, quis-se transmitir o conhecimento científico com base em hipótese hoje reconhecida como totalmente errônea: considerou-se que se podia aprender por acumulação; que saber consistia na verbalização mais ou menos literal de enunciados e definições. Essa forma de entender a aprendizagem

Essa dinâmica da fragmentação e separação dos campos e conteúdos do saber humano pode ser vista e aprofundada especialmente nas obras de Morin (1999; 2001), Maturana (2001), Santos (1997), Bourdieu (1996) e Japiassu (1997).

certamente é válida quando se aceita que o sistema educativo, coerente com uma função propedêutica e seletiva, reduza o trabalho escolar a um percurso interminável de superação de provas escritas em que, finalmente, o saber não seja o objetivo real, mas a capacitação para realizar provas padronizadas. Tal situação fez que, em uma mesma pessoa, coexistissem paralelamente dois tipos de conhecimento.

A dificuldade para estabelecer vínculos entre os conhecimentos não científicos e os conhecimentos científicos resulta antes da falta de recursos de ensino para partir do conhecimento de que os alunos já dispõem do que da impossibilidade real de produzir uma melhora progressiva no processo de "ensinagem". Para encaminhar uma resposta a essa problemática, é necessário haver, em primeiro lugar, a determinação dos conteúdos conceituais e, em segundo, o processo de aprendizagem dos conteúdos e a capacidade de *transferir os conteúdos científicos para situações reais*.

Para poder garantir que a seleção do conjunto de conteúdos que possibilitam a realização das intenções educativas seja o mais rigorosa possível, deve-se recorrer ao conhecimento mais elaborado à disposição. Em princípio, os meios disponíveis para obter um conhecimento rigoroso são os fornecidos pela ciência, e é aqui que se manifestam os problemas. O caráter complexo do objeto de estudo implica a necessidade de que a ciência que lhe pode dar resposta seja capaz de abordar o conhecimento da realidade em toda a sua complexidade.

Infelizmente, para o ensino, não existe nenhum conhecimento científico capaz de atender às exigências de uma intervenção global na realidade. Eis o porquê da dificuldade de seleção e de definição dos conteúdos de ensino que configurarão o currículo ou o conhecimento escolar. Diante de tudo que foi dito até aqui, uma das conclusões que se impõem é a necessidade de considerar a realidade como um objeto de estudo complexo. Por isso, é imprescindível abordar o conhecimento da realidade por meio do enfrentamento de sua natureza global, ou seja, em uma perspectiva meta e interdisciplinar.

Tendo em vista essas reflexões, compreendo que o ensino de Filosofia no ensino médio deve assumir um papel relevante no processo de desenvolvimento de uma aprendizagem interdisciplinar. Isso supõe uma atitude de abertura e de sensibilidade com relação aos diversos campos científicos da formação. Implica aproximação sistemática aos diversos campos de conhecimento, interlocução com os professores das diferentes disciplinas e sintonia com suas abordagens e temáticas.

> *Fique bem claro que não se trata de ser especialista em todos os campos de conhecimento, o que, além de impossível, seria desnecessário. O que é imprescindível é o acompanhamento dos conteúdos temáticos gerais que são desenvolvidos nestas disciplinas, portanto, um mínimo de formação e domínio dos diversos programas, para que possa referir-se a eles explicitando aos alunos as vinculações existentes. E também para que possa mostrar-lhes o que os diversos olhares permitam perceber sob diversas modalidades de linguagens* (Severino, 2002b, p. 191).

Desse modo, cabe ao professor de Filosofia reforçar a contribuição que cada área científica do currículo traz para a constituição do sentido elucidativo dos múltiplos aspectos da realidade humana no contexto da realidade natural, social e cultural em que se encontram os jovens em formação.

A perspectiva interdisciplinar (I)

A questão interdisciplinar é epistemológica, antropológica e metodológica e possui também implicações éticas e políticas na prática da escola e do ensino. Por isso é possível afirmar com Severino (2002b, p. 160) que *"no que concerne à tematização da questão do interdisciplinar, a preocupação não é mais, pura e simplesmente, uma preocupação epistemológica: com efeito, coloca em pauta uma espécie de pressentimento de que o saber não estabelece nexos puramente lógicos entre conceitos e relações formais; ele parece penetrar a dimensão axiológica, envolvendo questões de natureza ética e política".* No âmbito do ensino e da educação em geral torna-se patente a necessidade da postura interdisciplinar, tanto como objeto de conhecimento e pesquisa como espaço e mediação de intervenção sociocultural. Portanto, essa intervenção é de ordem prática e está intimamente relacionada às atitudes individuais e coletivas no contexto em que atuam os professores. Isso porque, no espaço da formação profissional, o que está em jogo é a formação do ser humano, e o humano só pode ser formado como tal se for formado como cidadão. Por essa razão, a perspectiva interdisciplinar, apesar de indicar uma postura e um conjunto de ações, não se restringe às escolhas do conteúdo do currículo, mas estrutura-se como uma práxis que parte dos saberes tradicionais, incorporando-os aos saberes científicos. Essa postura epistemológica e antropológica exige uma metodologia que possibilite a interseção entre os saberes constituintes da formação humana, que use a ciência e o conhecimento como "instrumentos" de humanização. Portanto, a perspectiva do interdisciplinar, no espaço do ensino, exige do professor, do aluno e da escola uma postura prática diante de uma ideia que prevê a intervenção na organização do ensino e de sua efetivação como forma e modo de humanização e hominização numa perspectiva diferente daquela hegemonicamente imposta à escola.

A perspectiva interdisciplinar é uma maneira de olhar e, portanto, não oferece tais ferramentas; em troca, é um meio imprescindível para reconhecer a relevância dos diferentes conteúdos que configurarão o currículo ou o conhecimento escolar. Ela tem sentido como uma visão ou ponto de partida que, ao estabelecer os critérios para a seleção dos conteúdos e práticas, prescindindo do enfoque analítico das disciplinas, torna possível a inclusão de qualquer tipo de conteúdo de aprendizagem. Ademais, possibilita ampliar o universo formativo da escola, sem abrir mão da especificidade do conhecimento disciplinar, seja qual for sua procedência.

Por outro lado, o conhecimento escolar deve nutrir-se basicamente do conhecimento científico, porque é o que está ao alcance e pode dar respostas sistematizadas à maioria das perguntas. Os referenciais teóricos, os modelos explicativos, as técnicas de análise e pesquisa, os métodos de trabalho que as diferentes disciplinas científicas foram construindo são meios cujo conhecimento e domínio se tornam imprescindíveis para a escola e para o ensino. Tal conhecimento deve vir acompanhado da capacidade de atuar de forma crítica e responsável diante dos problemas sociais relacionados à ciência, à sociedade e ao compromisso ético com o conhecimento que as novas gerações devem deter.

É preciso fazer que os alunos percebam as limitações e as carências de cada uma das ciências. São duas as limitações fundamentais que as disciplinas apresentam: a insuficiência de respostas a todos os conteúdos de aprendizagem necessários para a realização de algumas finalidades educativas que pretendem a formação integral das pessoas e sua extrema parcialidade.

Quando se entende que a função social da escola é desenvolver todas as capacidades da pessoa para intervir na melhoria e na transformação da sociedade, o processo de seleção dos conteúdos que devem configurar o conhecimento escolar não pode seguir um caminho simples, mas é imprescindível utilizar uma estratégia notadamente complexa (Morin, 2000).

Uma vez que sejam estabelecidas algumas finalidades educativas relacionadas com a formação integral da pessoa para intervir na sociedade, as disciplinas em que convencionalmente o saber científico está estruturado, sobretudo as matérias com maior tradição escolar, revelam-se claramente insuficientes. Nesse ponto, faz-se necessária a interdisciplinaridade como conteúdo de aprendizagem.

Estabelecer relações entre os diferentes conteúdos não é tarefa fácil, principalmente quando os que devem ser aprendidos dependem de duas ou mais matérias. O desafio imposto pelo ensino é formar os alunos sabendo que, diante das conjunturas decorrentes da atuação na realidade, nunca haverá a oportunidade de utilizar simultaneamente todas as visões necessárias para dar resposta à complexidade dos

> Para um aprofundamento da questão da interdisciplinaridade, são significativas as contribuições (entre outras) de Fazenda (1994; 1998, 2002), Severino (2002a; 2002b), Zabala (2002) e Morin (2001).

problemas surgidos. É preciso construir uma visão e alguns instrumentos interpretativos que sejam capazes de captar a realidade em todas as suas dimensões e possibilitem compreendê-la na globalidade.

Dificilmente, no mundo da ciência, se produzirão os avanços necessários para interpretar a realidade se não forem criadas as condições para que, sem renunciar ao saber existente, haja um trabalho de relativização dos diferentes pontos de vista de cada uma das disciplinas e a busca de caminhos que permitam as relações entre elas como um passo prévio à construção de modelos ou fórmulas integradoras.

Estabelecer na escola essas estratégias de relação implica adotar duas medidas: em primeiro lugar, prover o estudante da capacidade de diferenciação dos instrumentos conceituais ou procedimentais necessários para atender às necessidades de resposta aos problemas da realidade; em segundo lugar, aprender a relacionar os conteúdos proporcionados pelas diferentes disciplinas para que, de maneira conjunta ou integrada, sejam potencializadas as capacidades explicativas de cada um deles.

O meio para poder aprender as estratégias para o estabelecimento de relações interdisciplinares passa por um trabalho metódico de estudo de situações reais, no qual se oferecem modelos e exemplos de inter-relação de maneira sistemática. A interdisciplinaridade não somente consiste em um conceito que explica as relações entre diferentes disciplinas, mas também se transforma em um conteúdo de aprendizagem que facilita o estabelecimento dos nexos e das relações entre elas, propiciando melhor compreensão dos problemas do mundo, a fim de facilitar a elaboração de um conhecimento mais holístico, complexo e, portanto, mais válido para cidadãos comprometidos com a melhoria da sociedade.

3. Didática e ensino de Filosofia

O que pretendo aqui é buscar uma ponte entre o ensino como objeto de estudo da Didática e a Filosofia como conteúdo que se ensina na escola. A Filosofia, no espaço da educação escolar, não pode negligenciar ou deixar de considerar as conquistas e proposições oriundas do campo pedagógico. Há uma relação muito próxima entre a Filosofia como conteúdo de ensino e a Didática como reflexão sobre os modos pelos quais o ensino se efetiva. A ponte entre esses dois campos do saber foi sistematicamente estabelecida por Rios (2001), que afirma:

> *Minha preocupação com o ensino* [...] *volta-se para as questões que envolvem uma* **Didática de Filosofia**, *uma análise crítica da especificidade do ensino de uma área determinada de conhecimento.* [...] *debruça-se sobre a contribuição possível de uma* **Filosofia da Didática**, *no sentido de busca dos fundamentos de uma ciência que tem como objeto o gesto educativo que chamamos de ensinar* (p. 21, grifos da autora).

Não busco aqui uma "filosofia da Didática", mas uma compreensão da Didática como suporte para interpretar e compreender as questões do ensino de Filosofia. Ao fazer esse movimento de busca compreensiva das representações e das relações a respeito do ensino, quero ampliar o universo de ação e de compreensão da Filosofia e de seu ensino, que ocorre no espaço da escola. Para isso procuro definir a Didática, de acordo com as tendências investigativas contemporâneas, para, a partir daí, refletir sobre o ensino e a Filosofia.

Com esse intuito, assumo com Feldman (2001, p. 22) que

> *a didática é uma disciplina voltada, de diferentes maneiras, para o campo prático do ensino* [...], *que produz uma variada gama de conhecimentos e que abarca princípios teóricos, modelos compreensivos, regras práticas, métodos e estratégias articulados de diferente natureza.*

A relação entre Didática e ensino não se reporta, de modo central, a uma questão epistemológica, mas a um problema comum a essas duas atividades socialmente situadas. Com efeito, a preocupação mais marcante nas questões do ensino é como realizá-lo num contexto marcado por um conjunto de influências por vezes diametralmente opostas às finalidades educativas e no qual a escola e o professor constituem apenas mais um componente. Isso implica

> desenvolver enfoques menos preocupados com a busca de estratégias para a promoção da aprendizagem e mais dirigidos à criação de estratégias que resolvam o problema de ajudar a ensinar em contextos de massificação da educação (Feldman, 2001, p. 24).

Sant'Anna e Menegolla (2000, p. 25-26) afirmam que o *"objeto da didática é o ensino que se propõe estabelecer os princípios para orientar a aprendizagem com segurança e eficiência. A didática pretende orientar o agir do professor e do aluno na sua ação de ensinar, de educar e de aprender".* Em seu entendimento, *"a didática pode ser definida como a 'capacidade de tomar decisões acertadas sobre o que e como ensinar, considerando quem são os nossos alunos e por que o fazemos. Considerando ainda quando e onde e com que se ensina'"* (grifo dos autores).

Para Damis (2000, p. 23), *"a Didática pode contribuir para transformar a prática pedagógica da escola na medida em que desenvolver uma compreensão articulada entre seu conteúdo de ensino e a prática social, enquanto pressuposto e enquanto finalidade da educação".*

Isso quer dizer que nas relações de ensino-aprendizagem está presente uma ideia de conhecimento, e essa epistemologia marca, condiciona, possibilita e limita o processo efetivado na aula. Por isso, Rays (2000, p. 83) entende que

> a preocupação do conhecimento é relevante para toda e qualquer situação didática, uma vez que está diretamente ligada à sua própria possibilidade dialética de promover mudanças na realidade que gerou a situação de contradição e sua consequente superação, face ao aparecimento de novos fenômenos de natureza instrucional, educacional, política, social, cultural e econômica.

Nessa perspectiva, o conhecimento é compreendido como um processo interativo entre sujeito, objeto, método e conceito,

---

"Consideramos que a importância decisiva dos poderosos e onipotentes meios de comunicação de massa, como instrumentos de produção e difusão de valores, informações, modos de opinião, formas de pensar e modelos de conduta, proporcionam à escola o desafio de reconsiderar sua função. Facilitar, por meio da educação, o desenvolvimento de indivíduos com capacidade de pensar e atuar de maneira racional e com relativa autonomia exige da escola propostas, processos e estratégias, principalmente, diferentes dos desenvolvidos em épocas anteriores" (Sacristán e Gómez, 1998, p. 11).

que atuam juntos no processo de conhecer. Por outro lado, é resultado das práticas sociais e históricas e é conquistado e construído por sujeitos historicamente situados. Por isso Oliveira (2002, p. 145) afirma:

> o saber didático lida não com o ensino em seus elementos mas com situações de ensino enquanto uma totalidade. [...] exige que o ensino seja tratado em termos de busca e construção coletiva de respostas a questões postas pela prática dos alunos (grifo da autora).

Pimenta (2000, p. 54) define a Didática como o *"estudo dos processos de aprender e ensinar relativos a um conteúdo específico"*. Nesse sentido, *"a didática considera a natureza do saber a ensinar como determinante da aprendizagem e, por consequência, do ensino"*. Assim, essa disciplina interessa-se não apenas pela dimensão cognitiva da aprendizagem, mas também por todas as dimensões que envolvam as situações de ensino, pelas condições pedagógicas dessas situações – ou seja, pelas ações, na qualidade de práticas educativas, e pelos vínculos delas com as finalidades do ensino.

Desse modo, a Didática é concebida como a disciplina que estuda as práticas de ensino. Pimenta (2000, p. 55) divide-a em dois campos: por um lado, a Didática geral, que se atém às situações de ensino-aprendizagem e, como ciência, estuda a ação, embora vise conhecer mais do que a ação; por outro, as didáticas das disciplinas, às quais compete o estudo do que se refere às origens dos conteúdos a ensinar, sua história e sua epistemologia. Nesse segundo aspecto, é possível situar e estabelecer uma ponte entre a Didática e a Filosofia no campo do ensino.

Para Libâneo (1994, p. 54), *"o objeto de estudo da Didática é o processo de ensino"*, por ele definido como uma sequência de atividades do professor e dos alunos, tendo em vista a assimilação de conhecimentos e o desenvolvimento de habilidades, mediante os quais os alunos aprimoram capacidades cognitivas. Sustenta que *"ensinar e aprender, pois, são duas faces do mesmo processo, e que se realizam em torno das matérias de ensino, sob a direção do professor"* (p. 55).

De acordo com as definições aqui expressas, a Didática, de modo geral, relaciona-se às questões do ensino. Se a Filosofia, quando no campo da atividade de ensino, recorre à Didática e esta se vincula ao ensino, o que é, então, o ensino? Segundo Rios (2001, p. 52):

> É importante considerar o ensino como uma prática social específica, que se dá no interior de um processo de educação e que ocorre informalmente, de maneira espontânea, ou formalmente, de maneira sistemática, intencional e organizada. É a este último que nos referimos, quando o mencionamos como objeto da Didática. Ela se volta para o ensino que se desenvolve na instituição escolar, realizado a partir da definição de objetivos, da organização de conteúdos, da proposição de uma avaliação do processo.

Assim como Libâneo (1994), Rios (2001, p. 53) caracteriza o ensino como uma ação que se articula à aprendizagem: *"Na verdade, é impossível falar de ensino desvinculado de aprendizagem"*. Ele é, antes de tudo, uma reconstrução dos sentidos que o conhecimento tem como prática social e histórica. Por essa razão, cabe ao professor fazer que os alunos sejam construtores desses sentidos à medida que reconstroem seu saber. Isso requer competência didática, que, no dizer de Severino (1996, p. 69),

> não significa domínio de técnicas objetivas, autônomas na sua eficácia. Significa dominar os sentidos da prática educativa numa sociedade historicamente determinada, significa capacidade de utilização de recursos aptos a tornarem fecundos os conteúdos formadores, propiciando condições para que os elementos mediadores da aprendizagem convirjam para os objetivos essenciais da educação, aglutinando-se em torno de sua intencionalidade básica.

No ensino de Filosofia, tão importante quanto o processo de filosofar é fazer que os alunos encontrem sentido no conteúdo filosófico a eles proposto, pois dessa construção de sentido depende o sucesso da aprendizagem. Penso que semelhante argumento remete a discussão diretamente às preocupações centrais em torno do ensino de Filosofia, posto aqui na esteira da aprendizagem e dos objetivos da disciplina. Destarte, cabe agora olhar a Filosofia sob o prisma de seu ensino e sua didática como ponte para as mediações de sua ensinabilidade e de sua aprendizagem.

3.1. É possível pensar uma "didática da Filosofia"?

Diante do exposto, pode-se dizer que uma "didática da Filosofia", contextualizada no ambiente escolar, se interessa pela harmonização das condutas de ensino e dos processos de aprendizagem escolar com o objetivo de otimizar a aprendizagem do conteúdo filosófico pelos alunos. Embora uma "didática da Filosofia" se interesse unicamente pelo conteúdo filosófico, uma perspectiva interdisciplinar pode permitir o estabelecimento de um diálogo entre diferentes didáticas. Porém – é importante que se diga –, tal perspectiva só é possível quando as disciplinas escolares têm possibilidades reais de diálogo entre si. Severino (2002b) apresenta uma proposta de trabalho didático articulado entre a Filosofia e as demais disciplinas, levando em conta as dimensões específicas com as quais elas se ocupam. Afirma que, utilizando materiais comuns, desenvolvendo atividades conjuntas, debatendo temas de interesse recíproco, explorando interfaces, o trabalho didático pode ser feito de forma integrada, com base em programações elaboradas e executadas de comum acordo, ponto a ponto ou por módulos temáticos de Filosofia, tratando sintética e simultaneamente das dimensões abordadas pelas ciências.

A perspectiva interdisciplinar (I)
Para Fazenda (2002, p. 13), a interdisciplinaridade é uma atitude possível diante do conhecimento. Ou seja, exige um conjunto de atitudes que devem ser assumidas num contexto concreto: *"Atitude de busca de alternativas para conhecer mais e melhor; atitude de espera perante atos não consumados; atitude de reciprocidade que impele à troca, ao diálogo com pares idênticos, com pares anônimos ou consigo mesmo; atitude de humildade diante da limitação do próprio saber; atitude de perplexidade ante a possibilidade de desvendar novos saberes; atitude de desafio diante do novo, desafio de redimensionar o velho; atitude de envolvimento e comprometimento com os projetos e as pessoas neles implicadas; atitude, pois, de compromisso de construir sempre da melhor forma possível; atitude de responsabilidade, mas sobretudo de alegria, de revelação, de encontro, enfim, de vida".* Além disso, *"o*

> *que caracteriza a atitude interdisciplinar é a ousadia da busca, da pesquisa, é a transformação da insegurança num exercício do pensar, num construir. A solidão dessa insegurança individual que vinca o pensar interdisciplinar pode transmutar-se na troca, no diálogo, no aceitar o pensamento do outro. Exige a passagem da subjetividade para a intersubjetividade"* (p. 18). Mais à frente, adverte que *"o ensino interdisciplinar nasce da proposição de novos objetivos, de novos métodos, de uma nova pedagogia, cuja tônica primeira é a supressão do monólogo e a instauração de uma prática dialógica. Para tanto, faz-se necessária a eliminação das barreiras entre as disciplinas e entre as pessoas que pretendem desenvolvê-las"* (p. 33). Mais contundente ainda para os "ensinadores" da Filosofia é sua afirmação de que *"exercitar a reflexão, tarefa da filosofia, é algo fundamental para quem pretende incorrer no caminho da interdisciplinaridade"* (p. 41). Também estabelece uma relação de cumplicidade entre a Filosofia e a interdisciplinaridade: *"A importância do caráter crítico de que se imbui a reflexão filosófica se impõe pelo fato de não estar a filosofia comprometida com nenhuma ciência em particular, da imparcialidade de seu posicionamento, pois seu compromisso é com o todo: não há verdadeiro engajamento filosófico que seja parcial, sua marca é comprometimento com a totalidade', logo, com a interdisciplinaridade"* (grifos da autora).

Recusando que a Filosofia possa ser ensinada pela transversalidade, Severino (2002a, p. 4) certifica: *"Impõe-se reconhecer a necessidade e a relevância desse componente curricular e retomar a problemática de sua transposição didática"*.

Tradicionalmente, a Didática estabelecia a descrição de três elementos presentes no processo de ensino: o professor, o aluno e o conteúdo de aprendizagem. Sustento que a reflexão didática implica pensar também no processo, na relação afetiva, nas teorias da aprendizagem, na cognição, nas relações profissionais, entre outros fatores.

Jonnaert e Borght (2002, p. 59) destacam quatro elementos que sintetizam a ideia da didática de uma disciplina:

> *1. A didática de uma disciplina é ela própria uma disciplina teórico-prática que articula entre si três grupos de variáveis: aquelas relacionadas à disciplina escolar, aquelas relacionadas ao aprendiz e aquelas relacionadas ao professor. Cada um desses grupos de variáveis determina uma das três orientações da reflexão didática.*
> *2. Essas três dimensões do sistema didático são indissociáveis. Elas são articuladas entre si por múltiplos processos de mediação. São esses processos de mediação que põem em interação as dimensões do sistema*

Nessa obra (p. 5), Severino destaca, com exemplos, algumas temáticas que podem ser trabalhadas conjuntamente pela Filosofia e pelas ciências: a facticidade, a historicidade, a praxidade, a politicidade, a eticidade e a esteticidade. Afirma que tais aspectos podem ser especificados ainda mais, para fins de abordagem didática. Nesse sentido, diz que esses temas encontram pontos de ligação em todas as disciplinas, o que favorece várias pontes entre elas. Um trabalho conjunto dessa natureza implica materiais pedagógicos comuns, e o processo didático específico deve centrar-se nos esforços que permitam explicitar as relações significativas intercomplementares.

Na terceira parte deste livro, tendo as reflexões de Severino como base, procurarei construir sugestões para a mediação interdisciplinar.

didático. Esses processos de mediação não fazem parte da estrutura do sistema didático, mas são considerados como meios semelhantes a canais de comunicação entre as partes de tal sistema didático.
3. A didática de uma disciplina insere-se necessariamente nas relações com o saber, parcialmente definidas pela disciplina escolar relacionada aos projetos de ensino e de aprendizagem da didática em questão. Essas relações com o saber são essencialmente função de conhecimentos do próprio aprendiz. Nesse sentido, o objetivo primeiro da didática de uma disciplina situa-se fundamentalmente nas relações entre "saber a aprender" e "conhecimento do aprendiz".
4. Os resultados da pesquisa em didática, embora teóricos, são orientados para a ação do professor.

Portanto, a Didática da Filosofia, como disciplina específica, deve preocupar-se com questões que vão além do tradicional triângulo pedagógico. Em vez de um interesse centrado nos polos do triângulo, é necessária uma abordagem didática que atente muito mais para as relações que esses polos mantêm entre si do que para um ou outro considerados em separado dos demais. Nesse sentido,

abordar as questões de ensino e aprendizagem em termos de didática significaria dizer que a transmissão de conhecimentos é um fenômeno complexo, que admite inúmeras mediações, e que seria preciso manter sempre juntos os três polos – do professor, do saber, do aluno –, mas sem reduzir a análise a um ou a outro (Cornu e Vergnoux, 1992, p. 43).

Para além do triângulo, deve ser estabelecido um processo de mediação, concernente aos meios empregados para que se produzam interações, trocas e um diálogo real entre os diferentes polos. A relação entre eles, articulada pelas mediações, possibilita potencializar o processo didático. Sem as mediações, a reflexão didática rompe-se. Sou do parecer que as relações entre os três polos apenas conjugam em torno de si um conjunto inumerável de outros elementos componentes da dinâmica do processo didático de uma disciplina. No caso específico da didática da Filosofia, penso que a figura 2 expresse essa complexidade. Numa perspectiva mais geral, tais relações podem ser representadas por meio da figura 4, a seguir.

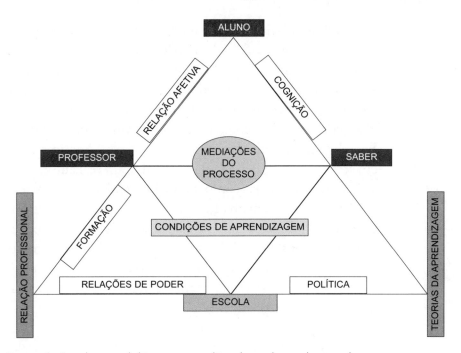

Figura 4: As relações didáticas para além do tradicional triângulo pedagógico

Essas relações, que ampliam as dimensões do universo didático, conjugam os processos internos do ensino de cada disciplina. Jonnaert e Borght (2002, p. 60-82), fazendo a análise de um conjunto de conceitos de Didática na literatura educacional francesa, propõem algumas questões que operam uma passagem da Didática geral para as didáticas das disciplinas e, finalmente, para a didática de uma disciplina. De acordo com os autores, as didáticas das disciplinas sempre aparecem em estreita relação com a disciplina escolar, para a qual desenvolvem um projeto social e institucional de ensino-aprendizagem. Toda didática é tributária de uma disciplina escolar; assim, a didática da Filosofia não pode desenvolver-se independentemente da disciplina Filosofia, cujos processos de transposição e de aquisição ela estuda. Enfim, a didática de uma disciplina não pode jamais ser definida sem levar em conta as finalidades do próprio ensino dessa disciplina nem o tipo de pessoa que a sociedade deseja seja formada pela escola.

Por outro lado, as didáticas das disciplinas elaboram suas teorias e validam sua metodologia valendo-se de inúmeros empréstimos de outras disciplinas (Psicologia Cognitiva, Psicologia Social, Psicologia do Desenvolvimento, Pedagogia, Sociologia, Filosofia, Epistemologia). Essas didáticas estão em emergência, mas ainda não asseguraram real autonomia, se bem que algumas (como a da Matemática e a das Ciências) tenham desenvolvido um corpo teórico que permite vislumbrar progressivamente um desenvolvimento próprio. No caso do ensino de Filosofia, é uma reflexão ainda muito propedêutica, pois há que se desenvolver um conjunto de ações, pesquisas, sistematizações e reflexões para que sua didática se torne possível.

A didática de uma disciplina apresenta-se cada vez mais como um componente da formação inicial e contínua dos professores e das pessoas encarregadas de sua comunicação. Por isso, as didáticas das disciplinas cada vez mais constituem objeto de ensino específico para os futuros professores. Uma formação para o ensino de determinada disciplina que dispensasse a respectiva didática seria necessariamente incompleta.

Segundo Jonnaert e Borght (2002), os didatas das disciplinas refutam praticamente qualquer ideia de uma didática geral, pois toda didática se relaciona a uma disciplina particular. Uma disciplina dificilmente pode estar ligada a várias outras. Não seria fácil para um didata sozinho dominar a fundo várias disciplinas escolares, a fim de estudar seus processos de transmissão e de aquisição.

Enfim, ainda que as didáticas estejam sistematicamente associadas a uma disciplina, hoje já não é possível manter o impasse sobre a interdisciplinaridade. Os professores são progressivamente levados a participar de projetos interdisciplinares; por isso, no mínimo, deve ser estabelecido um diálogo entre as didáticas das disciplinas, e creio que a Filosofia, no espaço da escola, deva necessariamente assumir a tarefa de suscitar essa discussão e essa prática. Isso porque, se não existe uma didática geral, cada vez mais se buscam ligações e diálogos entre as didáticas das disciplinas.

Por um lado, as didáticas das disciplinas interessam-se pelos processos de transmissão e aquisição de saberes relativos às disciplinas escolares às quais destinam um projeto de ensino-aprendizagem. Preocupam-se com as interações entre os processos de ensino-aprendizagem concernentes a uma disciplina escolar específica. Por outro, também dedicam um interesse particular às diversas transformações que o saber sofre para tornar-se objeto de ensino e, posteriormente, objeto de conhecimento. Mas o principal objeto de estudo das didáticas das disciplinas é a relação estabelecida entre o saber institucionalizado e os conhecimentos do aprendiz.

As didáticas também têm responsabilidades perante a disciplina a que destinam o projeto de ensino-aprendizagem, até mesmo de difusão e divulgação. Assim, pode-se dizer que a finalidade de toda didática é, antes de tudo, permitir aos aprendizes realizar com êxito aprendizagens escolares concernentes aos saberes próprios a uma disciplina escolar – ou seja, a didática da Filosofia pode ser um campo de pesquisas que se insere na linha de trabalhos voltados a especificar os objetivos do ensino dessa disciplina, renovar suas metodologias e melhorar suas condições de aprendizagem.

Desse modo, a didática da Filosofia deve fornecer aos professores diretrizes de ação referentes ao ensino-aprendizagem validadas pelos resultados das pesquisas em Didática. A finalidade da didática de uma disciplina é melhorar as condições de ensino-aprendizagem desta. Com base nesses julgamentos e nas produções recentes na área do ensino de Filosofia, pode-se afirmar que a pesquisa sobre uma didática dessa disciplina ainda é incipiente.

As didáticas, incluindo a da Filosofia, são disciplinas em emergência, cujos corpos teóricos e metodológicos estão em processo de construção e de validação. Por conseguinte, situam-se tradicionalmente em locais de formação inicial e contínua de professores. Interessam-se pelos processos de transmissão e de aquisição de saberes próprios a uma disciplina escolar particular. Nunca é demais reforçar que toda didática é tributária de uma disciplina escolar de referência, para a qual desenvolve projetos sociais e institucionais de ensino-aprendizagem.

4. Mediações do processo de ensino-aprendizagem de Filosofia que possibilitam a autoaprendizagem

Propor e promover atividades e situações de aprendizagem que propiciem o desenvolvimento do potencial intelectual dos alunos, de sua capacidade para enfrentar a realidade de forma reflexiva, crítica e construtiva, de modo que lhes sejam facultadas a autonomia e a autodeterminação, constitui uma das mais complexas tarefas que a escola tem de assumir para responder aos desafios socioeconômicos, políticos e científico-técnicos de nosso tempo. Com efeito:

> *Uma aprendizagem autônoma, autoregulada, não é exclusivamente uma alternativa, uma aspiração e uma responsabilidade do aprendiz. Pelo contrário, este está imerso em um complexo sistema de influência e determinações. Um elemento crucial deste processo é o professor, e as situações de aprendizagem que ele possa ser capaz de estruturar em consonância com sua visão particular dos processos mediante os quais transcorre a aprendizagem e a interação escolar (Simons e Cruz, 1999, p. 1).*

Com base em que é possível, no decorrer do ensino de Filosofia, promover a autonomia no processo de aprendizagem do aluno? Na esteira da discussão encaminhada até aqui, reflito sobre outros procedimentos que constituem mediações ampliadoras de nosso leque de opções.

Na perspectiva de Vygotsky (2000) e de Luria (1986), a formação e a emergência do humano como ser social e cultural resultam do processo de apropriação/assimilação da experiência histórico-social transmitida de uma geração à outra. Essa pode ser considerada a forma exclusivamente humana de aprendizagem e constitui sempre um processo de interação mediado pela cultura que o sujeito vai absorvendo como sua. De acordo com essa concepção, o meio social não é simples condição que favorece a aprendizagem ou cria obstáculos a ela: constitui parte intrínseca do processo e define seus fundamentos e essência.

Segundo Castellanos e Grueiro (1996), a aprendizagem pode ser compreendida à luz de cinco características:

1) Aprender é um processo permanente que se estende em múltiplos espaços, tempos e formas. O aprender está estreitamente ligado com o crescimento ao longo da vida. Não é algo abstrato: relaciona-se às necessidades e experiências vitais dos indivíduos, a seu contexto histórico-cultural concreto.

2) O processo de aprendizagem é tanto uma aventura intelectual como uma experiência emocional. Engloba a personalidade como um todo. Traduz-se nos conhecimentos, destrezas, capacidades. Desenvolve-se a inteligência, porém, de maneira integrada às outras faculdades do indivíduo. É uma fonte de enriquecimento afetivo, da qual se formam sentimentos, valores, convicções, ideais, fazendo emergir a própria pessoa.

3) Na aprendizagem, o ponto central e o principal instrumento do aprender é o próprio sujeito que aprende. Aprender é um processo de participação, colaboração e interação. No grupo e na comunicação com os outros, as pessoas desenvolvem o compromisso e a responsabilidade individual e social, elevam sua capacidade para refletir diferente e criativamente, para a avaliação crítica e autocrítica, para solucionar problemas e tomar decisões. Esse "protagonismo" do sujeito não nega nem exclui a mediação social.

A ideia do aprender a aprender centra-se em forte motivação pessoal, numa conduta capaz de desenvolver a habilidade de selecionar e estruturar ambientes para desenvolver-se e na metacognição. Para McCombs (1986), a efetiva conjunção desses três grupos de processos promove e mantém uma motivação intrínseca para a aprendizagem e o compromisso do sujeito para utilizar estratégias autorreguladas. Segundo Simons e Cruz (1999), Flavell (1976), Sternberg (1986), Borkowski, Carr e Pressley (1987), Burón (1993), Salvador et al. (1997a, 1997b) e Gómez (2000), o conceito de metacognição pode ser relacionado a um complexo sistema de processos e fenômenos: os distintos tipos de conhecimento que uma pessoa possui a respeito de seus processos cognitivos, das características das situações, das tarefas a resolver e das estratégias de que pode lançar mão para regular eficientemente sua execução constituem indubitavelmente um componente essencial em todo processo de aprendizagem, estreitamente vinculado à sua eficiência, a seu caráter consciente e autorregulado. Fonseca (1998, p. 7) estabelece uma relação entre a ideia de metacognição com base em uma compreensão da cognição, entendendo-a como "o ato de conhecer ou de captar, integrar, elaborar e exprimir informação". Esse conceito pode também ser avaliado e aprofundado à luz do trabalho apresentado por Oliveira e Oliveira (1999).

4) No processo de aprendizagem, cristaliza-se continuamente a dialética entre o histórico-social e o individual-pessoal; é sempre um processo ativo de reconstrução de conhecimentos e de descobrimento do sentido pessoal e da significação vital para os sujeitos.

5) Aprender supõe transitar do exterior para o interior, do interpsicológico para o intrapsicológico, da dependência para a interdependência, da regulação externa para a autorregulação. Supõe, em última instância, o desenvolvimento cultural do sujeito.

No marco da aprendizagem escolar, essa perspectiva permite transcender a noção de estudante como mero receptor ou consumidor de informações, substituindo-a pela ideia de alguém ativo e interativo, capaz de realizar aprendizagens permanentes em contextos socioculturais complexos, de decidir o que precisa aprender ou mesmo como aprender, que recursos usar para poder aprender e que processos implementar para obter produtos individuais e socialmente válidos (Betts, 1991).

A autoaprendizagem implica o desenvolvimento da capacidade de assumir a responsabilidade sobre o processo, partindo de forte motivação para dominar e pôr em prática processos e procedimentos autorregulados durante a aprendizagem (McCombs, 1986). Para Betts (1991), o aprendiz autônomo é aquele que possui os conceitos, habilidades e atitudes necessárias para realizar, de forma independente, aprendizagens permanentes ao longo da vida.

O processo de autoaprendizagem está centrado na ideia de metacognição ou na de *aprender a aprender*. Não vou entrar na particularidade desses conceitos, mas trazer à tona as decorrências práticas das pesquisas sobre eles, para que possam auxiliar, de alguma maneira, no processo de ensino de Filosofia centrado em procedimentos autorregulados pelos estudantes.

A maturidade metacognitiva implica a conjunção da informação sobre o próprio sistema cognitivo com a regulação ou o controle ativo da atividade intelectual, levando em consideração o *saber o que* se deseja conseguir, o *saber como* se consegue e *o saber quando* é possível. Essas três formas de conhecimento, de caráter procedimental, podem ser consideradas necessárias para outro elemento fundamental à reflexão filosófica: o *saber por quê*. Portanto, esse tipo de procedimento de ensino-aprendizagem é importante para o ensino de Filosofia por permitir situar perguntas básicas que possibilitem uma problematização de caráter reflexivo e crítico. Desse modo, o professor pode propiciar espaços e tempos para que o estudante tenha a oportunidade de desenvolver sua autoaprendizagem como instrumento fomentador da autonomia do pensamento.

Para Hegenberg (2002) esses elementos constituem os alicerces da racionalidade humana. Segundo ele, o *saber de* corresponde aos primeiros conhecimentos gerados pelos objetos que nos envolvem, provocando um "ajuste intelectual" que posteriormente precisará de um *saber como* agir com a utilização da razão. O *saber que* leva-nos a fazer interferências que nos permitem chegar à sabedoria.

Segundo Burón (1993), essa oportunidade é importante e necessária porque o estudante se torna capaz de:
• planejar sua atividade intelectual antes de enfrentar uma tarefa e eleger os procedimentos necessários para alcançar seus objetivos;
• observar a adequação e a eficácia da atividade empreendida;
• comprovar os resultados e introduzir ações corretivas, caso seja necessário.

Isso quer dizer que o planejamento e o erro constituem parte integrante do processo da autoaprendizagem. É importante frisar também, neste momento, que as raízes dos processos de desenvolvimento metacognitivo não se encontram em uma ação unicamente individual, mas em intenso e intencional movimento de interação social. Portanto, quanto mais rico for o ambiente de aprendizagem, mais se desenvolverão os processos cognitivos nos indivíduos.

Consequentemente, defendo a posição de que o desenvolvimento da metacognição resulta de um processo de aprendizagem permanente que:

- tem sua gênese nas atividades de interação entre o sujeito e as pessoas de seu meio educativo;
- depende, portanto, dos tipos de ambientes e situações de aprendizagem a que o sujeito tenha estado sistematicamente exposto;
- tem forte determinação cultural;
- envolve habilidades suscetíveis de ser "modeladas", aperfeiçoadas, formadas em um processo intencional e sistematicamente dirigido.

Segundo Labarrere (1994), na base do desenvolvimento de todo fenômeno metacognitivo encontram-se os mesmos processos de conhecimento do sujeito sobre a realidade e sobre si mesmo, sua crescente habilidade de análise e conceitualização da atividade intelectual, bem como o mecanismo de reflexão, requerendo diferentes processos, condições e procedimentos pedagógicos muito particulares.

Por outro lado, revela-se importante considerar que os fenômenos metacognitivos integram o complexo sistema que determina a regulação do comportamento humano e assim são, por sua vez, mediados por outras ordens de fenômenos, como os processos da área afetivo-motivacional da personalidade (Simons e Cruz, 1999).

Qualquer proposta ou programa educacional que pretenda levar em conta o desenvolvimento da metacognição deve partir da compreensão e da análise cuidadosa desses vínculos funcionais.

Diante do exposto, pode-se falar em alguns requisitos básicos para a estruturação de ambientes *de ensino-aprendizagem favoráveis à metacognição:*

1) Promover uma aprendizagem autônoma e autorregulada implica favorecer o desenvolvimento não só intelectual, mas também afetivo e social, assim como ter em conta as necessidades, interesses, características individuais e potenciais dos estudantes. Nesse caso, qualquer procedimento de intervenção deve partir do reconhecimento do papel de todos

esses fatores no processo de desenvolvimento do ensino-
-aprendizagem, o que implica desenvolver uma personalidade
integral.
2) A aprendizagem de processos metacognitivos (ou de
autoaprendizagem) não tem caráter estritamente instrumental. Exige a criação de espaços em que o aluno aprenda
a conhecer-se, converter-se em objeto da própria reflexão,
autointerrogar-se e questionar-se sobre os próprios objetivos, metas e aspirações e sobre suas reais possibilidades de
alcançá-los. Espaços em que aprenda também a autoavaliar-
-se, valorizar-se positivamente e aceitar-se, em que possa
aprender com seus erros e limitações, desenvolver a con-
fiança em si mesmo e em suas capacidades, assim como saber
lidar com os sentimentos e atitudes de autoeficácia, competência e controle externo e interno de sua aprendizagem.
3) O espaço coletivo é vital para a autoaprendizagem,
uma vez que nele é preciso desenvolver a cooperação com o
outro, a participação, a reciprocidade e uma permanente e
constante atitude de mediação. Cada estudante consiste
em verdadeiro aprendiz que recebe orientação, ajuda direta, estímulo do professor e de outros colegas. Na interação
entre os colegas de sala, cada um pode discutir e observar
as possibilidades e os limites dos outros, assim como partilhar os próprios conhecimentos entre si, o que constitui
uma fonte não só de conhecimento e reflexão, componente essencial do autoconhecimento e da autoavaliação, mas
também de relações motivadoras.
4) Nesse "modelo", o professor atua como organizador,
mediador e coaprendiz. Partindo de uma intenção formativa, ele estrutura situações de aprendizagem de acordo com os
objetivos educacionais e os conteúdos a ser aprendidos. Organiza o processo de modo progressivo e flexível às estratégias e aos modos de atuar, operando como especialista, como
consultor e assessor que, além de oferecer modelos, sugestões, alternativas e ajuda individualizada, estimula paulatina-
mente o trânsito do exterior para o interior do indivíduo.

Segundo Luque (1997, p. 77), o professor deve desenvolver uma sensibilidade educativa para

> *manejar a zona de desenvolvimento proximal daqueles que ensina, propondo espaços apropriados de aprendizagem, avaliando as necessidades de ajuda que gera a situação de aprendizagem, ajustando a ajuda educativa às necessidades e retirando-a à medida que se produz a capacitação do aprendiz.*

Porém, segundo Labarrere (1994), uma das funções docentes principais é promover a todo o momento a "transparência metacognitiva", aplicável também às suas próprias mediações e ao seu estilo de ensino.

5) Criar situações de aprendizagem abertas, significativas e contextualizadas significa possibilidade de explorar, aventurar-se, provar alternativas, correr o risco de equivocar-se, compreender as consequências das diversas condutas e atitudes diante da aprendizagem e expor as próprias ideias com liberdade. Para tanto, pode-se usar a sala de aula como laboratório, como "oficina" e espaço de diálogo e intercâmbio social para adquirir e exercitar as "ferramentas" autorregulatórias, porém inseridas numa aprendizagem significativa, que responda às características, necessidades, requisitos e desafios dos contextos socioeconômicos e culturais dos alunos.

6) Criar a possibilidade de um "treinamento" metacognitivo, ou seja, integrar ao processo docente-educativo atividades mediante as quais o estudante possa aprender mais e melhor, baseando-se num modelo compreensivo da metacognição. Isso exige uma educação racionalizada, reflexiva e heurística, que deve apoiar-se na clareza dos objetivos e metas, na compreensão dos passos que se seguem à tomada de decisão coletiva, na partilha dos resultados vinculada à supervisão de todo o processo de aprendizagem (e ensino). O "treinamento" metacognitivo implica "ensinar a aprender" e "aprender a aprender". Como afirma Burón (1993, p. 143), *"o aluno que aprendeu a aprender, sabe trabalhar por si mesmo e*

autorregular seu sistema de trabalho, porque sabe auto-observar suas estratégias, comprovar sua eficácia e descobrir novas técnicas sem a ajuda constante de outra pessoa".

Nessa perspectiva, segundo Salvador (1994, p. 102), o ensino apresenta-se como a *"interação sistemática e planificada dos atores do processo educacional, aluno e professor, em torno da realização de algumas tarefas de aprendizagem".* Assim, ele deve ter entre seus objetivos principais descobrir, revelar e trazer para o centro da reflexão e da análise os próprios mecanismos e os processos de aprendizagem e ensino. Cada professor, apoiando-se no diagnóstico dos estudantes, no autodiagnóstico e no diagnóstico das condições globais em que exerce sua prática educativa, deve tomar as decisões a respeito de que mediações e processos incluir em seu programa de intervenção e como fazê-lo.

7) Adotar procedimentos de ensino vivenciais, introspectivos e participativos, ou seja, prever indicadores e critérios para serem utilizados tanto na autoavaliação e autovalorização como na avaliação e valorização dos outros e assim gerar uma atitude metacognitiva. Essa disposição, por suposto, é igualmente válida para o professor que quer aprender sobre seus estudantes, sobre a aprendizagem, sobre si mesmo como pessoa e como profissional. Para isso, é necessário um clima de exigência mútua, estabelecido sobre bases realistas e de tolerância e respeito à individualidade e à diversidade presente em cada sala de aula.

8) Estimular o potencial intelectual e pessoal dos estudantes. A inteligência tem sido compreendida por Castellanos e Córdova (1996) e Gardner (1994) como sinônimo da capacidade das pessoas para aprender e, mais ainda, para aprender a aprender. Assim, o trinômio metacognição-aprendizagem-inteligência é particularmente sugestivo e criador de vínculos explicativos, possibilitando aplicações prático-pedagógicas. Uma educação que promova o desenvolvimento cognitivo e as possibilidades de autoaprendizagem dos alunos

contribui para o desenvolvimento da criatividade, da crítica e da cidadania.

Essas reflexões realizam a síntese de alguns aspectos importantes para a compreensão da natureza de um processo central no desenvolvimento intelectual e pessoal dos estudantes: a capacidade para autorregular sua conduta e sua aprendizagem permanente. A discussão concentrou-se mais na análise da responsabilidade do professor na promoção desse desenvolvimento e em suas possibilidades reais de assumir essa responsabilidade, antes de atribuí-la ao estudante.

Sem dúvida, o professor não é o único fator externo a influenciar na autoaprendizagem. Segundo Gómez (2000), na perspectiva de um paradigma ecológico dos processos de aprendizagem, é indispensável considerar a ação dos muitos agentes e das influências culturais e educativas que repercutem no processo de desenvolvimento de determinados "estilos" de aprendizagem. Nesse sentido, é oportuna a observação de Salvador et al. (1997a, 1997b), que enfatiza a necessidade de conjugar a análise das microinterações do processo de ensino-aprendizagem (a interação professor-aluno) com a análise global da prática educativa, que inclui todos os agentes e sistemas educativos envolvidos no processo, entre os quais a instituição escolar, o sistema formal de educação e o macrossistema social e cultural.

Entendo que a reflexão sobre a metacognição e sobre a autoaprendizagem diz respeito não só ao ensino de Filosofia, mas também a todo o processo educativo verificado na escola e fora dela. Ainda que tenha havido a insistência numa ideia que já faz parte da tradição filosófica, tal atitude justifica-se pela compreensão de que, de modo geral, o processo educativo tem contribuído pouco para alterar um modelo de formação promotor mais da dependência e da bestialização do aluno do que de sua independência, autonomia e cidadania.

Capítulo III

Epistemologia da prática: a pesquisa e a escrita como condições para a autonomia no processo de aprendizagem da Filosofia

Epistemologia da prática: a pesquisa e a escrita como condições para a autonomia no processo de aprendizagem da Filosofia

No presente capítulo trato das implicações do método para o ensino de Filosofia, com referência especial ao ensino médio. Obviamente, há um sem-número de abordagens que não foram contempladas neste trabalho. Procuro agora sugerir um conjunto de mediações que podem dar outra dinâmica ao processo didático em Filosofia. Com tal intenção, retomo a reflexão sobre o sentido do método nessa disciplina com uma preocupação mais pragmática do que no Capítulo I. Proponho uma discussão e uma prática do filosofar com base na leitura e na escrita, como mediações fundadoras do exercício filosófico. De certo modo, a ideia motriz é a de que a escrita e a pesquisa sistematicamente utilizadas no ensino constituem condição para a autonomia no processo de aprendizagem da Filosofia. A proposta de articulação entre a leitura, a escrita e a pesquisa no processo de construção do conhecimento filosófico caminha no sentido de buscar possibilidades para a proposição de uma didática do ensino de Filosofia. Conquanto essa não seja uma tarefa fácil nem haja garantias de poder realizá-la plenamente, arrisco aqui delinear horizontes e perspectivas nessa direção.

1. A questão do método na Filosofia e implicações para seu ensino

Discutir a problemática do método no ensino de Filosofia não significa a tentativa de assumir uma técnica mecânica,

Durante todo o século XX, a questão do método perpassou todas as ciências, configurando-se como uma situação problemática instituidora de novos processos de conhecimento e lançando novas luzes sobre a constituição das ciências contemporâneas. Do mesmo modo que a linguagem é uma questão problemática na cultura científica contemporânea, assim é a questão do método na Filosofia e na pesquisa em educação (Ghedin e Franco, 2006).

mas, sim, a busca de problematizar as mediações pedagógicas em Filosofia e situar-se criticamente diante delas.

O método tem-se configurado como um problema presente em toda a história da Filosofia. Sua expressão tem sido problemática na ciência moderna e, especialmente, nas ciências humanas contemporâneas. Isso se deve à crença de que ele é sempre uma questão central para a elaboração, a produção e a sistematização do conhecimento. Quando nos perguntamos sobre o porquê de algo, imediatamente perguntamos pelo como. Entre a pergunta, que exige razões, e as possibilidades de operação está o método, como mediação que pode proporcionar uma resposta ao problema. Enquanto a sociedade, numa orientação utilitária, continua querendo saber sobre o *como* antes de qualquer pergunta, a Filosofia ainda prefere indagar *por quê*, pois sabe que a pergunta é sempre mais significativa que as respostas. Porém, é necessário estar ciente de que, em Filosofia, sem as respostas anteriores não é possível filosofar, pois este sempre parte de um conteúdo já pensado e elaborado ao longo da tradição. Tal fato, de certo modo, marca uma atitude epistemológica e metodológica com relação à Filosofia, do mesmo modo que explicita seu conteúdo primordial para a reflexão no campo do ensino. Nesse sentido, além de explicitar por quê, tentarei sugerir como esse processo de ensino poderia orientar-se para conduzir o ensino de Filosofia, com referência especial ao ensino médio.

A Filosofia que se transmite, sobre a qual se reflete, que se ensina e se aprende deve estar carregada da intersubjetividade reflexiva como forma de expressar um conteúdo que, em debate, se torna conhecimento utilizado pelo aluno em seu cotidiano relacional e, ao mesmo tempo, lhe possibilita a ampliação da inteligência reflexiva. Há uma necessidade básica de essa disciplina, no espaço do ensino médio, buscar a própria fundamentação. Diante disso, faz-se necessário perguntar: cada filósofo, ao longo da história da Filosofia, teve seu método? É possível, então, que a Filosofia possua uma infinidade de métodos já consolidados em sua tradição? É possível fazer a escolha por um deles para expressar a pesquisa filosófica sobre a qual estruturar o processo de ensino da disciplina no ensino médio? O filosofar, a ser privilegiado no processo de ensino, deve preocupar-se fundamentalmente com o método filosófico? É justificável essa preocupação? Como ela pode orientar os trabalhos de pesquisa e as respostas concernentes ao ensino de Filosofia? A meu ver, tais perguntas, quando se considera a profundidade dos problemas por elas suscitados, não podem ser respondidas, mas apenas trabalhadas para que se possa compreender seu sentido, significado e implicações no processo de ensino da Filosofia. Portanto, em vez de dar-lhes uma resposta, procurarei indagar sobre a possibilidade de examinar esses problemas no sentido de "iluminar" nosso modo de ensinar.

Segundo Souza (1995, p. 11-12), *"os filósofos sempre se utilizaram de métodos para produzir conhecimentos tidos como um saber rigoroso e universal, característica essencial da filosofia. Tais métodos, peculiares a cada filósofo, são, na verdade, únicos e irrepetíveis; nesse sentido, há tantos métodos filosóficos quantos filósofos existiram e existem. Dada a singularidade desses métodos, não se configuram como os mais adequados para o ensino de filosofia".*

A busca de uma orientação metodológica na direção de um método quer superar certa dualidade presente na Filosofia, que procura, muitas vezes, olhar o conteúdo filosófico como se ele existisse independentemente do processo que o gerou. Se, por um lado, Merleau-Ponty (1971) recusa o dualismo entre sujeito e objeto, deve-se recusar, por outro, o dualismo entre conteúdo e método, entendendo que sujeito, método, objeto e conteúdo fazem parte de um mesmo processo dialético de construção do conhecimento. Do mesmo modo,

> *método e objeto constituem-se num único movimento dialético, pois o método não é simplesmente o instrumento para a obtenção de dados, nem o objeto é algo fixo e imutável. O método é a orientação do conhecimento, um modo de conhecer e, nesse caso, de refletir sobre o irrefletido. A questão consiste em saber se é possível esse movimento da subjetividade. Trata-se de uma questão sobre as possibilidades da autorreflexão e, por isso, sobre a possibilidade da filosofia enquanto tarefa humana, e enquanto apoio epistemológico e metodológico à pesquisa científica* (Paviani, 1998, p. 12).

Além disso, trata-se de uma questão que se refere às possibilidades da reflexão exterior, ou seja, daquela que, partindo da subjetividade de cada sujeito, se estabelece na intersubjetividade e se manifesta no debate público sobre o conteúdo filosófico. Tal reflexão faz avançar o referido conteúdo e, por conseguinte, amplia o conhecimento do aluno participante desse processo de troca dialógica e dialética construtor de sua subjetividade, por onde passa o conhecimento em sua relação subjetiva e intersubjetiva.

Por isso, é importante afirmar com Paviani (1998, p. 10):

> *o conhecimento em sua primeira manifestação, em sua gênese, não é visto como representação do objeto ou do mundo. A filosofia precisa aprender o objeto e o mundo antes de serem dados através da representação do conhecimento teórico. O ponto de partida da investigação filosófica [...] não é o do cientista ou o do filósofo tradicional. Seu lugar situa-se no horizonte da gênese do sentido e da significação, e, em consequência, a tarefa do filósofo é a de reaprender a ver o mundo, de manter um diálogo e uma meditação infinita, fiel e coerente à sua intenção, embora não tenha certeza de seu ponto de chegada, não por ignorância ou por falta de perspectiva, mas porque a investigação [...] caracteriza-se por um "inevitável inacabamento". Esse inacabamento não é um defeito, como podem pensar os positivistas de diversas tendências. Ao contrário, realiza a vontade expressa de buscar o sentido do fenômeno, do mundo, da história e da existência em estado nascente.*

O método é, então, uma direção de sentido que amplia o horizonte da trajetória na tentativa de capturar, mais do que tudo, aquilo que somos e a leitura que podemos fazer de nosso modo de ser no mundo. Ele orienta o modo pelo qual organizamos as informações transformadas pela aprendizagem em conhecimento, situando-nos no caminho a ser percorrido por nós no universo da cultura e da história. Na Filosofia, vincula-se a um permanente percorrer do caminho que nos põe, sempre de novo, na construção de uma reflexão que quer fugir daquilo que já se pensou à mesma medida que não pode e não consegue distanciar-se de toda a trajetória anterior.

Aquilo que nos permite pensar e viver é o que nos proporciona a compreensão do modo pelo qual passamos da ignorância para a sabedoria, das informações para o conhecimento, dos processos neurais para a construção de sentido. Assim, método é a expressão de uma "estrutura" que nos possibilita formular um modo de apreender a realidade em nossas representações mentais.

Penso que essa preocupação com o método tenha sido central não só na trajetória histórica da Filosofia, como também na construção das ciências. A exigência de um ou de vários métodos é uma forma de garantir a expressão de determinado conhecimento que se queira válido pela possibilidade de fazê-lo estabelecer, na tradição, um consenso que permita a demonstração do objeto por ele abordado.

Tais observações podem ser tidas como demasiadamente genéricas e, não sem razão, incapazes de fazer-nos chegar a um consenso que nos possa orientar no processo de produção/construção do conhecimento filosófico. Porém, essas breves reflexões, em vez de debruçar-se sobre o dilema entre método e não método, querem indagar sobre o uso da expressividade do método como possibilidade para pensar o ensino de Filosofia destinado a um público que frequenta o ensino médio brasileiro. Isso quer dizer que a pergunta sobre o método em Filosofia, mais do que no sentido e no significado estrito da questão, está interessada na indagação sobre as possíveis mediações do processo de ensino da disciplina aos jovens de nossa sociedade contemporânea.

A pergunta que se impõe é: tem lógica, neste momento da história humana, preocupar-se ainda com questões de mediações do processo de ensino de Filosofia? Tais questões já não teriam esgotado seu sentido na tradição filosófica da modernidade e do século XX? Não se trataria de retomada de uma problemática esgotada em outros períodos da história da Filosofia? Em que medida tem significado para nosso tempo retomar as questões das mediações em Filosofia?

Essa discussão não estaria banalizando a própria disciplina, barateando-a no cotidiano escolar, dando a impressão de que tudo pode ser assumido como Filosofia?

Certamente que o rol de questões poderia ir aumentando, à medida que nosso conhecimento e poder de problematização tivessem a possibilidade de aprofundar-se. Mais do que vencer os limites que o método impõe à Filosofia, é necessário observar que o modo de vida de nosso tempo, cultura, identidade e história, nos diferentes espaços do território nacional, conta com configurações bem particulares que influenciam e, muitas vezes, condicionam a possibilidade de construir uma visão filosófica do mundo. Talvez, por causa dessas constatações, seja tão necessário pensar no papel da Filosofia e no sentimento de carência que nosso tempo experimenta em relação a ela. Nesse sentido, pode-se afirmar que a atual geração é carente de pensamento autônomo, do mesmo modo que carece da autonomia na construção de seu próprio conhecimento.

Vivemos mergulhados num simulacro em que fazemos girar o mundo e permanecemos inertes, reproduzindo modos de compreender que nos tornam cada vez mais dependentes da estrutura sociopolítica. Impedidos de produzir a própria autonomia, reproduzimos os valores e o modo de pensar de um grupo que, hegemonicamente, estrutura a sociedade de acordo com os próprios interesses. Isso soa a lugar-comum, senso comum, mas ao problema dessa "naturalização" do discurso segue-se uma naturalização da existência que impede cada ser humano de compreender-se num processo possível de liberdade política e democrática. À medida que somos tomados pelas referências da irreflexão e orientados pelo paradigma da barbárie, da massificação da cultura e da indústria cultural, somos massacrados por um pensamento único. Essa unicidade de pensamento admite somente uma e mesma unidade de vida, aquela orientada pelo consumo de produtos. Assim, por um lado, a manipulação de produtos conduzida pelo mercado orienta a dominação. E, por esse discurso, transforma os seres humanos, também, em mercadorias que podem ser trocadas no mercado.

Qual a relação disso com o ensino de Filosofia na escola média? A relação possível e necessária que deveria ser estabelecida entre essa disciplina, seu ensino e a escola. Eis a tarefa que nos cabe: pensar o mundo para podermos, além de compreendê-lo, ser capazes de superar seus simulacros. A tarefa da educação, da escola e da Filosofia é fazer-nos pensar para podermos compreender, na esperança de a compreensão vir a tornar-se elemento que, pelo conhecimento, nos proporcione a superação das formas que nos prendem na ignorância do que temos sido.

Pensar na questão do método em Filosofia significa pensar a totalidade das coisas que nos envolvem permanentemente. Porém, esperar que a Filosofia tenha uma saída para os problemas cruciais da sociedade é atribuir-lhe uma tarefa que ela própria nunca assumiu para si. Creio que esse esforço deva ser feito pelo conjunto da sociedade, à medida que alimenta a busca da construção de uma humanidade mais justa e igualitária e que saiba reconhecer e respeitar as diferenças nela estabelecidas como formas legítimas de construir a identidade humana.

Pensar no problema do ensino de Filosofia significa evidenciar e estabelecer, para poder compreender, o modo pelo qual as forças dominantes na sociedade se impõem hegemonicamente. Isso quer dizer que à Filosofia cabe a tarefa, no interior da escola e da sociedade, de fazer-nos ver e perceber esse movimento que impõe a vontade de alguns sobre todos e reagir contra ele. Tal raciocínio, que corre o risco de ser simplório, pretende reivindicar que a Filosofia, no espaço do ensino, assuma a tarefa de fazer-nos pensar melhor, para que possamos, ao pensar significativamente o mundo, agir sobre ele, transformando-o. A responsabilidade de construir a cidadania numa sociedade de mercado é muito mais do que a Filosofia pode assumir, e disso – é mister confessar – não há método que possa dar conta. Com esse esclarecimento, manifesto o limite mais imediato desta obra.

Nesse contexto, pensar pressupostos e mediações metodológicas torna-se extremamente problemático, incerto, inseguro, por vezes inconsistente e até inapropriado. Não obstante, arrisco-me a conjugar um desejo e uma busca a fim de propor algo que possa, em alguma medida, suprir a carência de uma reflexão constantemente adiada ao longo da tradição educacional brasileira. Não se trata de uma volta ao tecnicismo, como já foi dito, mas da convicção de que só é possível ensinar com o domínio dos conteúdos de uma ciência e com o conhecimento de suas metodologias. Sendo verdade que cada ciência possui seu corpo específico de conhecimento e ele se elabora de determinada maneira, com uma metodologia apropriada, então é justificável que essa ciência e esse conhecimento possuam uma maneira apropriada de serem transmitidos e produzidos em graus variados pela escola.

Tendo a Filosofia um modo próprio de produzir-se e de fazer-se, há que dispor também de um modo de ser apropriada e construída pelos que a ela desejam ter acesso. Essa tarefa de pensar os pressupostos epistemológicos e metodológicos de seu ensino é um compromisso que nós, como professores da disciplina, não podemos deixar de lado. Convém até mesmo dizer que cabe fundamentalmente a nós pensar esse ensino em todos os seus níveis. Assim, revelar-se-á possível aproximar a abstração filosófica do cotidiano do aluno, pois o professor é quem está mais próximo dele, na qualidade de sujeito que, no espaço escolar, o ajuda a construir seu saber, oriundo das diversas ciências atuantes na escola. Portanto, os problemas do ensino de Filosofia, como problemática nascida na prática, devem ser enfrentados pelos professores que convivem com eles em seu cotidiano. A intenção aqui é ressaltar que tais problemas surgem muito mais onde essa disciplina se faz presente como processo de ensino do que em outros espaços. Operando em um contexto próprio da cultura do jovem, é nesse espaço que ela se torna cada vez mais problemática. Isso porque, além de ter de dar conta do conteúdo filosófico e de seu método de produção e de transmissão, há que compreender-se num contexto escolar nem sempre favorável em suas condições materiais de ensino e marcado pelo desinteresse dos estudantes pelo conteúdo apresentado pelo professor.

Essas considerações ampliam as relações com a problemática da metodologia, ao mesmo tempo em que restringem nosso modo de agir, de ser e de ensinar. Ampliam porque suscitam novos problemas ainda não enfrentados e restringem porque nos situam num contexto específico, em que somos forçados a pensar as possibilidades tendo em conta unicamente os limites impostos por ele.

Porém, não se pode deixar de enfrentar essa problemática como objeto de investigação metódica e sistemática, pois desse procedimento depende a possibilidade de – em vez de dar uma resposta definitiva ao problema – delinear um caminho, apontar uma direção e assumir politicamente essa direção de sentido, diante do significado social da Filosofia no espaço da escola média.

Enfrentar a problemática da Filosofia no ensino é, então, e deve ser uma tarefa do professor da disciplina, pois esse enfrentamento abriga e amplia as alternativas nascidas na prática concreta, situação em que a Filosofia se dissemina como conteúdo formativo de maior relevância para a compreensão da democracia e de seu fundamento, a cidadania. Isso quer dizer que a práxis filosófica verificada no ensino, à medida que seja assumida como uma espécie de problematização da cidadania e da democracia, nos permite elaborar uma prática reflexiva pública, abrindo, portanto, espaço para uma reflexão sobre o papel político da disciplina no espaço escolar.

Pensar a Filosofia na escola como fundamento para a elaboração e o desenvolvimento dos conceitos de democracia e cidadania pode constituir um meio para recuperar a publicidade do filosofar, aspecto tão característico de seus primórdios. A ideia é poder compreender a Filosofia como uma práxis que nos proporcione o entendimento de que a democracia depende da cidadania tanto quanto a Filosofia depende de seu processo de filosofar. Desse ponto de vista, a tarefa da Filosofia no ensino é assumir seu compromisso público – portanto, político – com os destinos da cidade.

Por conseguinte, assim como é possível deduzir que uma coletividade que abdica da atividade pública abre mão da possibilidade de construir uma sociedade democrática, pode-se sustentar que uma coletividade que abre mão da Filosofia está desistindo da cidadania como base para uma sociedade civil organizada e com poderes para indicar políticas na esfera pública – embora saibamos que, mesmo quando há o abandono da prática explícita da Filosofia, implicitamente se está ainda praticando uma filosofia, se bem que ideologizada. Quando se abre mão da Filosofia como possibilidade de reflexão pública sobre a própria publicidade da cidadania, caminha-se para um processo de autoritarismo, porque o inverso de uma sociedade democrática é uma autoritária, seja ela republicana ou não. Em vista disso, pode-se afirmar que a democracia não é apenas o resultado de um conjunto de leis, mas fundamentalmente a possibilidade, à disposição dos cidadãos de um Estado, para discutir publicamente e decidir sobre os destinos da sociedade.

Mas o que tudo isso tem que ver com a questão do método em Filosofia? Qual é a relação existente entre método, ensino de Filosofia e democracia? A Filosofia, no espaço escolar, juntamente com todo o processo educativo desenvolvido na escola, não só é responsável por formar as novas gerações, mas também precisa oferecer aos novos cidadãos aquilo que a humanidade possui de melhor, e não o que nos envergonha como humanos. Uma sociedade ou um Estado que neguem a seus cidadãos as conquistas mais qualitativas da humanidade promovem a barbárie e contribuem para a animalização do ser humano, transformando-o em coisa, em objeto.

Quando penso em método, ligado à Filosofia, reputo-o como algo que dá sentido à própria trajetória, mais do que como algo que indique o caminho a ser seguido. Assim, ele constitui um processo que se desenvolve à medida que os passos se vão estendendo ao longo do caminho. O que importa mesmo é o processo que nos conduz no caminho e na caminhada, mais do que seu resultado. É nessa direção que faz sentido pensar no método em Filosofia. Dizendo de outra forma, o realmente importante, no caso do ensino dessa disciplina, é fazer a experiência da reflexão filosófica como possibilidade de compreensão mais ampla da própria existência à medida que se vive, até o inevitável definhamento. Então, não se trata tanto de um método para a Filosofia, mas da direção de uma experiência feita à medida que, simultaneamente, se experimenta o próprio processo de reflexão como expressão de um sentido diante da existência concreta de cada ser humano no mundo. Nessa perspectiva, é sempre fundamental e saudável refletir sobre questões de método, pois dizem respeito muito mais ao que somos e podemos ser do que a um caminho percorrido apenas cognitivamente.

Destarte, pode-se dizer que a Filosofia constitui um processo permanente de experiência sistemática da própria existência no movimento de ser e de estar sendo no mundo. Portanto, trata-se de um modo de ser cuja expressão é o caminho (método) que nos põe em busca do horizonte de chegada que procuramos descrever antecipadamente, como orientação dos passos definidores da direção da caminhada. O essencial é esse processo de caminhar, que nos conduz à compreensão do que somos, à medida que vamos compreendendo o que são as coisas em suas relações estabelecidas culturalmente. Assim, o método constitui, fundamentalmente, a experiência do pensamento que expressa as modalidades do que somos e do que temos sido ao longo da história humana. É justamente essa experiência, antecipada aos jovens, que a Filosofia deve privilegiar no espaço da escola.

> Souza (1995, p. 7-21) desenvolve a ideia de um ensino de Filosofia que, *"como 'matéria-prima', pode ser estudada ou ensinada de duas formas básicas: [...] a filosofia como **resposta ou produto** é identificada com a aquisição de um saber pronto, assimilado de maneira memorística e retórica: os alunos são induzidos à memorização de conceitos e doutrinas escritas pelos pensadores ao longo do tempo". Por outro lado, "a filosofia como **questão ou processo** [...] aparece como um 'aprender a pensar'. Este é entendido não como capacitação lógica, como domínio do uso de um instrumento que ordena o pensamento, mas como o desenvolvimento da capacidade de questionar, de rejeitar como dado inequívoco a evidência imediata, que convence o senso comum e fundamenta grande parte dos pensamentos 'bem-intencionados'"* (p. 8, grifo nosso).

É possível que alguns vejam nessa concepção uma forma de barateamento da Filosofia. Penso, porém, que é muito mais do que isso: trata-se da essência própria da Filosofia o ressurgimento permanente da experiência do pensamento, expresso na linguagem e nas palavras dos filósofos consagrados ao longo da história. Nisso a Filosofia guarda um mistério, um enigma e, ao mesmo tempo, uma revelação, uma manifestação expressa na reflexão do filósofo.

Sendo as proposições acima razoavelmente aceitáveis, como fazer, então, para que os estudantes de Filosofia no ensino médio possam construir essa experiência filosófica significativa?

Julgo haver algumas perspectivas que podem orientar uma direção de sentido nesse processo de ensino: uma perspectiva histórica e uma temática. É importante reconhecer a existência de um debate sobre o assunto em Filosofia. Neste momento, mais do que problematizar a questão, a intenção é propor uma alternativa intermediária entre essas perspectivas em proveito da Filosofia no ensino médio, buscando conceber uma maneira de assumir uma proposta de caráter temático que possa servir de ponte entre a história e os temas construídos pela Filosofia em sua tradição, uma vez que tais temas são sempre resultado de elaborações históricas e contextuais.

Sobre a perspectiva histórica e a perspectiva temática

Segundo Silva (1986, p. 154-155), "a história da filosofia não pode [...] ser abordada numa perspectiva do progresso do saber. Isto significa, de um lado, que a atualidade não detém nenhum privilégio, porque o que seria o estado atual da filosofia não é fruto de sucessivas correções de método e de perspectiva, que teriam redundado numa melhor abordagem do objeto, ou numa postura mais adequada frente à realidade. Significa, de outro lado, que os sistemas filosóficos são insuperáveis, se tomados cada um em si e na sua lógica interna. Isto traz duas consequências que se refletem diretamente no ensino da filosofia. A primeira é que nenhum sistema ou autor pode ser abordado como sendo diretamente tributário de algo que o antecedeu, pois as filosofias se caracterizam pelo recomeço e pela reposição das questões. Em segundo lugar, toda filosofia depende, em certo sentido, das que a precederam, uma vez que as reposições dos problemas e as transfigurações dos conceitos se fazem em relação a um determinado contexto de tradição, e nenhuma filosofia é inseparável de uma polêmica implícita que o filósofo mantém com os antecedentes, com os contemporâneos e até consigo próprio. Isto faz com que aquilo a que poderíamos chamar camada expressiva da filosofia, ou seja, a maneira como o filósofo expressa suas ideias e molda a originalidade do seu pensamento numa relação de confronto, de adequação ou de acordo com a cultura de sua época, tenha que ser levado em conta como forma de medir as distâncias que existem entre as filosofias e a história da filosofia".

E o autor continua: *"a questão que se coloca quando transferimos estas observações para o nível do ensino da filosofia é aquela que queremos destacar aqui, analisando a alternativa CENTRO ou REFERENCIAL na utilização da história da filosofia. A filosofia, como qualquer outra disciplina, no nível do seu ensino, tem que se haver com o que poderíamos chamar, grosso modo, de métodos e resultados. Isto não quer dizer que o ensino de filosofia tenha que ser um inventário das soluções e dos procedimentos; tal coisa não teria sentido, na medida em que não existem soluções e procedimentos que tenham triunfado e se cristalizado como mais ou menos definitivos. Mas existem, ao longo da história da filosofia, conceitos, atitudes e métodos que determinaram certas direções e, neste sentido, configuraram tendências, correntes e linhagens filosóficas, pelas quais, usualmente, se divide a história do pensamento. Por mais artificiais e problemáticas que possam ser tais divisões, elas representam um ponto de partida e uma ancoragem razoáveis do ponto de vista didático. Neste sentido são possíveis vários tipos de articulação temática ou por autores e, baseado nestas articulações, o professor pode traçar desde roteiros programáticos gerais até planos de aulas, tendo em vista fornecer uma visão histórica e/ou tematicamente articulada da filosofia"* (p. 155).

Já para Souza (1995, p. 11), à medida que se faz uso exclusivo da abordagem histórica, assume-se a Filosofia como resposta ou produto, reduzindo os estudantes a meros repetidores de um conjunto de categorias e conceitos culturalmente consolidados, absolutamente alheios à realidade existencial vivida. Por outro lado, o uso somente da análise temática pode transformar essas mesmas aulas em um debate animado e interessante, porém inócuo, de situações "eleitas" pelos alunos como problemáticas. Com isso, corre-se o risco de tomar como problema apenas aquilo que é manifestação do aluno. Segundo a tese da autora, deve-se construir uma articulação entre essas abordagens. Para tanto, ela oferece como alternativa mediadora entre uma abordagem e outra o que chama de método expositivo, método interrogativo, método de exposição dialogada, método de leitura e análise de textos, método de análise linguística e estudo dirigido. Cada uma dessas mediações está carregada de possibilidades e de limitações. Porém, elas constituem alternativas legítimas que nos possibilitam ajudar o estudante a pensar.

Os temas de Filosofia não devem ser abordados de qualquer modo, nem se pode pensar a questão metodológica de forma isolada, mas, sim, como parte de um fenômeno maior, de uma realidade mais ampla, que diz respeito a todo fenômeno do ensino-aprendizagem de Filosofia.

Os temas e a metodologia do ensino dessa disciplina não podem ser pensados de modo que se desconsidere a situação concreta do educando nem como elementos autônomos, mas como partes imbricadas na realidade social, política, cultural e histórica que os condiciona ideologicamente.

O ensino de Filosofia revela-se um fazer social e ideológico que se inclui entre outros fazeres sociais e culturais e mantém uma relação de interdependência com eles. É desse ponto que ele deve partir. Há que se manifestar como crítica das relações sociais e das ideologias políticas, possibilitando a formação de uma consciência crítica no educando, não como imposição, mas como processo de autodescoberta. O ponto de partida do ensino situa-se na realidade, e é ela que constitui o limite ou a possibilidade do pensar crítico.

A Filosofia é sempre de determinado tempo, de uma história específica. É produto do pensamento de uma época, de seu contexto, de sua consciência, de sua responsabilidade e dos modos de ser da liberdade. Mas seu vínculo seria somente com a leitura dessa determinada contingência? Ela parte dessa dimensão contingencial, como instrumento que cativa tomando como princípio o presente, mas não pode, de modo algum, permanecer nele. A realidade imediata é ponto de partida, sendo o ponto de chegada a reflexão sistematizada da Filosofia ao longo da sua história. Partir do presente, ir à história e voltar para a própria realidade - esse é o caminho operado pelos pensadores originais. Trata-se da passagem do pensar para o pensamento e deste para a Filosofia, na qualidade de sistematização e crítica do pensamento pensado e das ações cotidianas orientadas por ele, sempre contextualizado pela práxis.

Segundo Navia (1989, p. 36-37), existem certas condições gerais para a reflexão sobre o ensino de Filosofia, sem as quais nossas considerações não seriam dignas de apreciação e careceriam de lucidez:

1) Que a reflexão esteja precedida de um estudo e avaliação coletiva, documentados, sobre o contexto sócio-histórico e cultural do país, do continente em que se está imerso e no qual se desenvolve a tarefa educativa;
2) Que se dê assim mesmo um estudo e reflexão sobre a situação real da educação, dos educandos (e família) e dos educadores;
3) Que se investigue a função social e ideológica que a educação e, em especial, o ensino da Filosofia cumprem ou podem cumprir no contexto sócio-histórico;
4) Que seja um estudo e reflexão levado à frente pelos próprios protagonistas da educação;
5) Que seja uma elaboração democrática em que os protagonistas sejam, principalmente e primordialmente, os educadores, os educandos e suas organizações representativas.

Por um lado, tais orientações são inúteis se estiverem separadas da história, da situação e da função social e ideológica que cumpre a educação; por outro, deve-se ter em conta que os métodos e as técnicas pedagógicas não são fins em si mesmos, mas instrumentos sempre condicionados, meios a serviço da concepção e dos fins do ensino.

Não há aqui a pretensão de resolver completamente o problema da metodologia do ensino de Filosofia. As ideias aqui apresentadas são apontamentos ou direções que podem ajudar-nos na reflexão. Longe de constituir linhas mestras do ensino da disciplina, proponho uma reflexão que permita buscar respostas em conjunto, encontrar caminhos e alternativas que nos auxiliem na construção de uma caminhada libertadora das condições de opressão impostas pelo poder político mundial e local.

Para a consecução desse intento, caberia considerar três grandes critérios metodológicos:
1) Em primeiro lugar, ter em conta adequado equilíbrio na valorização dos objetivos instrumentais. Não em obediência

a uma eclética lei de equilíbrio, mas porque os objetivos instrumentais estão ligados aos conteúdos ensinados na escola por meio da Filosofia. A cultura vai edificando-se com instrumentos, exercícios, por meio de conteúdos. Outra razão é que, no caminho da cultura, existem conteúdos altamente significativos, que não podem ser abreviados nem falsamente nivelados.

2) Em segundo lugar, será indispensável trabalhar o ensino de Filosofia em sintonia com os "grandes temas de nosso tempo", os quais se relacionam aos fenômenos teóricos ou práticos que estão fazendo a história de nossa época e até mesmo gerando o futuro da humanidade e do conhecimento humano. Ou a Filosofia, em seu ensino, trabalha criticamente os temas que inquietam o ser humano, ou perde o melhor de sua função, de seu poder, de sua eficácia e de sua perspectiva libertadora. Só observando este critério será possível gerar uma mentalidade crítica à cultura contemporânea, aos nossos problemas, e manter a motivação que hoje nos é subtraída e negada.

3) Um terceiro critério é a necessidade de contextualizar o tratamento dos temas filosóficos, pois o produto da Filosofia representa sempre uma construção histórica e é, por isso, muitas vezes condicionado, contingente e limitado à cultura e ao saber de uma época. Por outro lado, os temas teóricos, que nunca o são estritamente, só podem ser entendidos numa vinculação com a problemática histórica e cultural que os origina e constitui.

Considerando esses critérios, seria apropriado ao ensino de Filosofia propor-se tratar dos temas da história da Filosofia, da história da Ciência, da história da Cultura, os quais podem resultar numa motivação mais desafiadora e render seus melhores resultados teóricos à medida que sejam ancorados na perspectiva de nosso tempo, da problemática existencial contemporânea, do enfrentamento de nossos limites e angústias.

É, outrossim, necessário contextualizar o tratamento dos

temas na abordagem de fenômenos práticos (que nunca o são totalmente, pois trazem consigo as ideias e, muitas vezes, as ideologias do contexto do autor em questão). A respeito disso, a Sociologia e a Teoria da Ideologia têm-nos ensinado que penetrar criticamente neles não só requer os rigores metodológicos, formais ou empíricos, mas também implica analisar suas raízes e sentido sócio-histórico, sua perspectiva, alcance, dimensão e potencialidade. Quanto maior o vigor "científico-filosófico" de que se puder dispor, mais será possível construir em criatividade, em conhecimento e em consciência crítico-reflexiva. Mas isso não quer dizer que o vigor deva ser o "dogma" do caminho; trata-se de uma alternativa que nos ajuda a penetrar o significado das coisas e não só interpretar, mas dar significação ao nosso ser no mundo, como potencialidade existencial.

Nesse sentido, o ensino de Filosofia tem de assumir uma dinâmica própria na velha e antiga questão da ligação entre teoria e prática. Mais que isso: há que contextualizar as reflexões do ser humano do passado, interpretando-as à luz dos acontecimentos presentes. Não para que desenvolva apenas mais um tema interessante, mas para que desperte no jovem o interesse pelo pensar, o qual o ajude a apreender a realidade circundante, não só a mais imediata, como também a que mais intimamente o faz sentir-se ser-no-mundo.

Deve, pois, existir uma abertura para as indagações do cotidiano, não para que a Filosofia se torne corriqueira, mas para que, agindo assim, desempenhe seu papel de crítica da realidade sócio-histórica produzida pelo próprio ser humano.

O conteúdo tradicional, produzido pela cultura humana ao longo da história, há que ser passado aos jovens com base nos temas de nosso tempo mais diretamente ligados às inquietações que lhe são próprias. Dessa forma, a Filosofia pode mostrar-se interessante e ao mesmo tempo desempenhar seu papel de conscientização do ser humano contemporâneo.

O professor de Filosofia necessita trabalhar com uma visão crítica e em permanente estado de reflexão, pois filosofar, no momento atual, significa buscar no passado o legado histórico-cultural produzido pelo ser humano, na tentativa de lançar um olhar sobre o futuro, horizonte sempre aberto à liberdade humana.

Assim, a Filosofia terá de ser uma ligação entre o passado e o presente: passado que nos mostra como o ser humano resolveu os problemas ainda hoje em voga ou formulou soluções para eles; presente que nos lança rumo às buscas que ainda nos inquietam e pedem uma resposta. Esse deverá ser o papel a ser desempenhado tanto por quem ensina quanto por quem investiga a Filosofia.

Ela é caminho aberto para a humanidade como processo dinâmico que nunca se encerra, como tarefa permanente, porque, de modo semelhante, o ser humano se conserva inacabado e está sempre a caminho; um e outro se constroem num "estado invariável de revolução", uma vez que, afinal, o ser humano é perene "revolução filosófica".

A Filosofia constitui potencialidade capaz de propor uma reflexão crítica na tentativa de superar os velhos moldes e modelos de ensino, enfrentando a massificação e propugnando pela construção de um novo projeto pedagógico, que favoreça a construção não só de uma consciência filosófica, de um pensamento crítico, mas também de um pensar que, pensando-se a si mesmo, seja capaz de transformar a realidade, o mundo, a sociedade, a economia, a política e a cultura em que estamos inseridos. Se a Filosofia não se tornar a construtora de outra humanidade, estará negando sua originalidade. Trata-se de tarefa constante e permanente que interpela nossa responsabilidade ético-social, ou seja, a de colaboradores na melhoria da qualidade de vida do ser humano e na defesa de sua dignidade.

2. A leitura e a escrita como mediações fundadoras para o exercício do filosofar no ensino de Filosofia

Ao propor a leitura e a escrita como mediações fundadoras da possibilidade do exercício da Filosofia, concebo-as como formas de expressão e de organização da atividade cognitiva mediante a produção textual. Certamente o movimento da escrita, associado à leitura, exige do estudante de Filosofia um duplo pensar, exercido pela responsabilidade de expressar o conteúdo do pensamento numa linguagem determinada. Essa busca de uma linguagem que possa expressar o pensamento na forma de signos cobra do estudante um exercício de ampliação e de avaliação do próprio modo pelo qual ele se expressa, fazendo-o refletir sobre o próprio pensamento.

Assumo com Freire (2003) a ideia de que aprender a usar a escrita é uma ferramenta cultural favorecedora de uma leitura crítica da realidade. Do mesmo modo, estou de acordo com a afirmação de que a

> construção de um domínio cultural como o do código escrito não é um empreendimento individual, mas uma tarefa compartilhada com outros que já o construíram ou estão prestes a fazê-lo, pois esta construção implica a elaboração de representações sobre este domínio, assim como sabê-los usar e poder participar com eles em uma comunidade de prática (Pérez e García, 2001, p. 25).

Para que a leitura e a escrita cumpram seu papel no ensino-aprendizagem de Filosofia, devem ser apresentadas aos estudantes como um desafio cognitivo, e não como uma atividade mecânica. Para que isso ocorra, revela-se oportuno considerar os conhecimentos que eles já detêm antes do contato com o texto filosófico. Decerto um aluno leitor estará em posição privilegiada em relação a outros que não tenham a prática da leitura. Em razão dessa defasagem cultural, especialmente dos estudantes da escola pública, talvez seja

É importante frisar que, no caso particular da escrita, além de ser uma forma de desenvolver habilidades de pensamento, é uma forma de registro dos próprios pensamentos, que documentam os mais variados contextos históricos da humanidade. Segundo Severino (2001a, p. 75), "a escrita torna-se [...] uma das formas privilegiadas da construção do acervo cultural da humanidade, da cultura como acervo de significações produzidas e acumuladas pela humanidade, dos sistemas simbólicos que mais têm capacidade de guardar, de forma sintética, volumes maiores de saberes, de experiências vivenciadas, de significados que, sem ela, se perderiam ao longo da passagem do tempo".

Para Severino (2001a, p. 74-75), *"o sujeito, ao se vivenciar como parte integrante de um mundo, simultaneamente natural e social, precisa, para continuar sujeito, desvelar o sentido deste mundo, pois o sentido é o alimento de sua especificidade humana como sujeito. E esse processo se dá por meio do conhecimento, que é a apreensão dos sentidos, dos significados, das significações. Mas esses sentidos, relacionados ao mundo e a seus objetos, não se revelam diretamente à percepção físico-fisiológica e espontânea do sujeito - eles só chegam a ele graças à mediação de símbolos, cujo maior e mais eficaz sistema é o da linguagem. Só a linguagem pode dar aos homens o acesso aos sentidos, tanto ao sujeito individual, como ao sujeito coletivo. Daí a relevância da linguagem: desvelar o sentido para o sujeito pessoal e, ao mesmo tempo, possibilitar o compartilhamento desse sentido entre outros tantos sujeitos, viabilizando a comunicação, desencadeando assim o exercício real e concreto da intersubjetividade, permitindo ainda que os sujeitos conversem entre si sobre o mundo, já que só podem dialogar manuseando sentidos e significações".*

imprescindível desenvolver o processo no espaço da sala de aula, justamente para diminuir as diferenças de acesso e de domínio da cultura e do conhecimento expressos pelo código escrito. Isso porque aprender a ler e escrever é um processo cognitivo e, simultaneamente, uma atividade social e cultural que contribui para criar vínculos entre a cultura e o conhecimento.

Portanto:

> quando a escola ensina a ler e escrever, não possibilita apenas a aprendizagem dos conteúdos educativos das diversas áreas do currículo. Ao ler e escrever [...] também aprende-se a usar a linguagem em sua qualidade de ferramenta de comunicação entre as pessoas e as culturas. Ensinar a ler e escrever textos diversos em diferentes contextos, com variedades de intenções e com diferentes destinatários, atualmente, é uma maneira de evitar esse evidente desajuste [...] entre o que se faz na sala de aula e o que ocorre fora dos muros escolares (Pérez e García, 2001, p. 23-24).

Ler e escrever é interpretar, desvendar e entender as mensagens latentes e patentes do mundo. Pode-se dizer que o desenvolvimento da leitura e da escrita como "instrumentos" fundamentais do filosofar permite à pessoa continuar aprendendo autonomamente em uma multiplicidade de situações. Nesse sentido, o ato de ler e escrever

> como instrumento útil de interpretação cultural favorece a apropriação da experiência e do conhecimento humano em um processo dialógico, mediante o qual o leitor tem acesso de forma dialética a outras informações, pontos de vista, representações, versões, visões, concepções de mundo. Esta interação entre as concepções do leitor e as outras maneiras de fazer o mundo remodela, reestrutura e reconstrói os pontos de vista sobre qualquer temática, gerando um conhecimento mediatizado, estrutural e reflexivo (Pérez e García, 2001, p. 49, grifos do autor).

A leitura e a escrita constituem, pois, instrumentos fundamentais para aprender de modo significativo e aproximar os estudantes da cultura e do conhecimento, que são ampliados mediante o desenvolvimento do raciocínio reflexivo.

Para desenvolver significativamente a reflexão de modo que sejam proporcionadas ao estudante a leitura crítica do mundo e sua recriação pela escrita, é preciso trabalhar as habilidades de ler e de escrever, não adquiridas de forma inata.

Segundo Giroux (1997), não aprendemos a escrever lendo livros que sirvam de modelo nem copiando muitos textos, mas em um processo dialético, interdisciplinar e epistemológico, com capacidade de gerar conhecimento crítico. A escrita e a leitura têm forte marca da prática, o que permite defender a ideia de que aprendemos a escrever à medida que escrevemos. Ou seja, quando escrevemos, aprendemos a escrever e, quando aprendemos a escrever, escrevemos.

A leitura e a escrita são formas de aprendizagem que devem ser privilegiadas pela Filosofia no espaço escolar, especialmente porque funcionam como um meio estruturado para gerar conhecimento e construir um pensamento lógico. Assim, *"para que o conhecimento seja usado pelos estudantes a fim de dar significado a suas exigências, os educadores terão que usar os valores, crenças e conhecimentos dos estudantes como parte importante do processo de aprendizagem"* (Giroux, 1997, p. 101), antes de efetuarem o salto para a dimensão teórica e para a abstração filosófica. Por isso, aprender a escrever e a ler não significa aprender a desenvolver um sistema de elocução instrumental, mas, sim, aprender a pensar melhor. Nesse caso, *"a escrita é uma epistemologia, um modo de aprender"* (Giroux, 1997, p. 96) a desenvolver o próprio pensamento.

A leitura do texto e sua escrita constituem um modo de conhecimento que permite ao estudante compreender melhor a realidade. Será no desenvolvimento da escrita que ele poderá pensar as palavras, sua significação e os conceitos que as movem na relação com o próprio pensamento. Por isso, pode-se afirmar que linguagem e pensamento se ampliam à medida de seu exercício, pelo fato de comporem dois aspectos de um mesmo processo dialético. Com efeito, *"seria incorreto conceber o pensamento e a linguagem como dois processos em relação externa entre si"*. E, ainda, *"a ausência de um vínculo primário entre o pensamento e a palavra não significa, de maneira nenhuma, que esse vínculo só possa surgir como ligação externa entre dois tipos essencialmente heterogêneos de atividade da nossa consciência"* (Vygotsky, 2001, p. 396).

Segundo esse autor, a propriedade inerente ao pensamento discursivo que possibilita o vínculo entre linguagem e pensamento é a palavra.

> *Encontramos no significado da palavra essa unidade que reflete da forma mais simples a unidade do pensamento e da linguagem. O significado da palavra* [...] *é uma unidade indecomponível de ambos os processos e não podemos dizer que ele seja um fenômeno da linguagem ou um fenômeno do pensamento. A palavra desprovida de significado não é palavra, é um som vazio. Logo, o significado é um traço constitutivo indispensável da palavra.* [...] *O significado da palavra não é senão uma generalização ou conceito.* [...] *Toda generalização, toda formação de conceitos é o ato mais específico, mais autêntico e mais indiscutível de pensamento* (Vygotsky, 2001, p. 398).

Mais importante que a descoberta da unidade entre pensamento e linguagem, para Vygotsky (2001), é a de que os significados das palavras se *desenvolvem* e se modificam. *"Uma vez que o significado da palavra pode modificar-se, modifica-se também a relação do pensamento com a palavra"* (p. 408). Assim, a relação entre pensamento e palavra é um processo, é um movimento do pensamento à palavra e da palavra ao pensamento. O pensamento não se expressa, mas se realiza na palavra, e na palavra se baseia o exercício da escrita como forma de materializar o pensamento.

> *À luz da análise psicológica, essa relação [entre pensamento e palavra] é vista como um processo em desenvolvimento, que passa por uma série de fases e estágios, sofrendo todas as mudanças que, por todos os seus traços essenciais, podem ser suscitadas pelo desenvolvimento no verdadeiro sentido desta palavra. Naturalmente não se trata de um desenvolvimento etário e sim funcional, mas o movimento do próprio processo de pensamento da ideia à palavra é um desenvolvimento. O pensamento não se exprime na palavra mas nela se realiza. Por isto, seria possível falar de formação (unidade do ser e do não-ser) do pensamento na palavra. Todo*

pensamento procura unificar alguma coisa, estabelecer uma relação entre coisas. Todo pensamento tem um movimento, um fluxo, um desdobramento, em suma, o pensamento cumpre alguma função, executa algum trabalho, resolve alguma tarefa. Esse fluxo de pensamento se realiza como movimento interno, através de uma série de planos, como uma transição do pensamento para a palavra e da palavra para o pensamento (Vygotsky, 2001, p. 409-10).

Conforme Luria (1986, p. 201), a palavra constitui um passo fundamental na passagem do conhecimento sensorial ao racional, é o instrumento mais importante da formação da consciência. Isso indica que o código escrito, expresso pela palavra, tem importância decisiva para o desenvolvimento da atividade do pensamento e da linguagem. Em decorrência, esta se transforma em instrumento capital do conhecimento humano, graças ao qual se torna possível superar os limites da experiência sensorial, individualizar as características dos fenômenos, formular determinadas generalizações ou categorias.

> *Em consequência, as origens do pensamento abstrato e do comportamento "categorial", que provocam o salto do sensorial ao racional, devem ser buscadas não dentro da consciência nem dentro do cérebro, mas sim fora, nas formas sociais da existência histórica do homem. Somente desta forma [...] pode-se explicar a origem das formas complexas, especificamente humanas, do comportamento consciente* (Luria, 1986, p. 22).

Assim, pode-se dizer que, quando a escola negligencia o potencial das atividades de caráter externo à sala de aula e à escola, que poderiam contribuir para o desenvolvimento do pensamento e da consciência crítica por meio da atividade da escrita, está colaborando para manter o ser humano apenas em seu nível sensorial, dificultando o desenvolvimento da racionalidade. Diante disso, é fundamental o desenvolvimento de atividades de escrita, que são também atividades de pensamento, para desenvolver e ampliar a leitura do mundo. Essa é uma exigência para a escola, porque diz respeito à estrutura da consciência do ser humano, à capacidade dele de

Não há aqui a pretensão de entrar na complexa e problemática discussão sobre a linguagem, nem mesmo estudar a estrutura semântica da palavra. Tais abordagens podem ser vistas e aprofundadas em Luria (1986), Vygotsky (2001), Chomsky (1998a; 1998b), Searle (2000) e tantos outros. O que se busca é um suporte nessas reflexões para entender esse complexo problema e propor mediações que possibilitem seu desenvolvimento na escola, por meio de suas disciplinas e saberes e pela própria Filosofia no espaço escolar.

sair dos limites do reflexo sensorial imediato da realidade e de refletir sobre o mundo em suas relações complexas e abstratas mais profundamente do que permite a percepção sensível. De fato, "*o reflexo abstrato e generalizado do mundo e o pensamento abstrato realizam-se com a estreita participação da linguagem*" (Luria, 1986, p. 27), a qual tem na palavra seu elemento essencial, pois esta codifica a experiência humana no mundo e sobre o mundo.

Por outro lado, é preciso saber que a palavra, quando isolada de um contexto de sentido, não diz nada além de um significado posto secamente na expressão de determinada língua. Como evidencia Luria (1986, p. 27-42), ela designa um objeto, evocando um campo semântico, tem uma função de significado determinado, separa os traços e generaliza-os, analisa o objeto, o introduz em determinada categoria e transmite a experiência da humanidade. Permite ao ser humano sair dos limites da percepção imediata, propiciando o salto do sensível ao racional, que constitui a característica essencial da consciência humana. É importante frisar que a palavra dispõe do aparelho criador das necessidades potenciais de enlaces de umas palavras com as outras, assegurando a passagem das palavras isoladas a seus enlaces semânticos e determinando as regras pelas quais uma palavra entra em relação com as outras. Dessa forma, são dados os fundamentos para que ela se transforme na base da generalização, constituindo instrumento de pensamento e meio de comunicação.

A palavra, então, pode ser entendida e usada como instrumento fundamental para a escrita, na qualidade de forma de desenvolvimento do pensamento. É por essa razão que a escrita deve ser desenvolvida na escola pelo conjunto de suas ações, e não somente por uma ou outra disciplina. Mas há um motivo adicional, assaz relevante:

A linguagem escrita é o instrumento essencial para os processos de pensamento: incluindo, por um lado, operações conscientes com categorias

> *verbais, transcorre mais lentamente do que a oral; permitindo, por outro, retornar ao já escrito, garante o controle consciente sobre as operações que se realizam. Tudo isso faz da linguagem escrita um poderoso instrumento para precisar e elaborar o processo de pensamento. Sabe-se que, para clarear a ideia, o melhor é procurar escrever, expressar esta ideia em forma escrita. Precisamente por isso, a linguagem escrita, como um trabalho sobre o meio e a forma da enunciação, possui uma grande importância também para a formação do pensamento (Luria, 1986, p. 171).*

Não obstante, o exercício de ensinar a ler e escrever, como forma de desenvolvimento do pensamento, é um desafio, que a escola enfrenta tendo em vista a possibilidade de incorporar todos os alunos à cultura escrita, pois participar dessa cultura supõe a posse de uma tradição de leitura e escrita, uma herança cultural que envolve o exercício de diversas operações com os textos e a atuação de conhecimentos sobre as relações entre os textos, entre eles e seus autores, entre os próprios autores, entre os autores, os textos e os respectivos contextos.

Segundo Lerner (2002), para que isso ocorra, é imprescindível fazer da escola uma comunidade de leitores que recorrem aos textos buscando respostas para os problemas que necessitam resolver, tratando de encontrar informações para compreender melhor algum aspecto do mundo que seja objeto de suas preocupações, procurando argumentos para defender uma posição com a qual estejam comprometidos; fazer da escola um âmbito em que leitura e escrita sejam práticas vivas e vitais, ler e escrever sejam instrumentos poderosos que permitam repensar o mundo e reorganizar o próprio pensamento, interpretar e produzir textos seja um direito e um dever a ser exercido como responsabilidade assumida por todos.

Ao lado dessas coisas, é preciso enfrentar o desafio de fazer que a escrita deixe de ser na escola somente um objeto de avaliação, para constituir um objeto de ensino. Deve-se possibilitar que todos os alunos se apropriem da escrita e a ponham em prática, sabendo tratar-se de longo e complexo processo, constituído de operações recorrentes de planejamento, textualização e revisão.

> *O desafio é promover a descoberta e a utilização da escrita como instrumento de reflexão sobre o próprio pensamento, como recurso insubstituível para organizar e reorganizar o próprio conhecimento, em vez de manter os alunos na crença de que a escrita é somente um meio para reproduzir passivamente, ou para resumir - mas sem reinterpretar - o pensamento de outros* (Lerner, 2002, p. 28-29).

O ensino de Filosofia no espaço escolar não consiste em ensinar a ler e escrever no sentido restrito, mas em usar as estratégias de leitura e de escrita como formas para o desenvolvimento do pensamento crítico. Para isso, é necessário que tanto a leitura quanto a escrita do aluno possam situar-se na criticidade como elemento que possibilita a construção da cidadania, pois

> *cumpre lembrar que cidadania e criticidade são termos indicotomizáveis. [...] O conhecimento crítico volta-se à exposição das condições de opressão e dominação social. Por extensão, a leitura crítica movimenta-se sempre no horizonte do bom-senso, buscando e detectando o cerne das contradições da realidade. Dessa forma, pela leitura crítica o sujeito abala o mundo das certezas* [...] *elabora e dinamiza conflitos, organiza sínteses, enfim combate assiduamente qualquer tipo de conformismo, qualquer tipo de escravização às ideias referidas pelos textos.* [...] *O ensino da leitura crítica vincula-se, necessariamente, a uma concepção criativa da linguagem e a uma concepção libertadora de ensino.* [...] *As competências de leitura crítica não aparecem automaticamente: precisam ser ensinadas, incentivadas e dinamizadas pelas escolas no sentido de que os estudantes, desde as séries iniciais, desenvolvam atitudes de questionamento perante os materiais escritos* (Silva, 1998, p. 26-27).

Esclareça-se que a Filosofia não tem a tarefa de ensinar a ler e escrever, mas precisa usar das mediações da leitura e da escrita, não como forma de avaliar determinado conteúdo filosófico desenvolvido pelos estudantes, mas como uma modalidade de desenvolvimento do pensamento dos alunos, como forma de ampliar seu universo interpretativo, permitindo que elaborem sentidos para o conteúdo filosófico mediante a construção de significados.

Essa necessidade do uso da leitura e da escrita no ensino de Filosofia surge como uma possibilidade de desenvolvimento do filosofar em sua característica mais peculiar: a problematização e a atividade de pensar o próprio pensamento, pensado e expresso pela escrita.

2.1. A leitura e a dissertação filosófica

Se o texto filosófico pode parecer difícil ao estudante de Filosofia no ensino médio brasileiro, isso ocorre porque a compreensão deve efetivar-se para além da letra do texto, e esse tipo de leitura nosso estudante está pouco habituado a fazer. Aqui caberia lembrar Bakhtin (2000), quando explicita que um texto é sempre carregado do contexto em que foi elaborado, pensado e expresso pela escrita. Desse modo, significação e sentido constituem o *preenchimento* da rememoração e *presunção* do possível, levando em conta os eventos que se sucederam no contexto de um passado inacabado. Todo passado é inacabado, pois foi um presente não "sentificado" em sua plenitude. O tempo presente, o tempo da vida cotidiana, nem sempre interpretado em sua inteireza e por isso sempre carente, carrega-se de sentido à medida que, em si mesmo, se buscam os sentidos em seu todo, e não na manifestação particular de um modo de expressar o conjunto de sentidos.

O texto fala de si e de seu contexto, e é por isso que o estudante, por meio da leitura e da escrita, deve fazê-lo falar, ou seja, deve apreender a palavra. Mas apreender a palavra é difícil, porque pressupõe, ao mesmo tempo, que o estudante se ponha no nível da autoridade do texto e a elimine como tal para compreendê-lo. A explicação do texto simboliza o momento doloroso do encontro com a tradição, momento em que o estudante deve, ao mesmo tempo, interrogar e falar, vencer a autoridade e assumir uma subjetividade consciente

> Grupo di ricerca in didática della filosofia. Disponível em <http://www.sfi.it/cf/cf-index.html>. Bollettino nº 158.

de seu trabalho de leitura dos sentidos e dos significados históricos do texto filosófico. Portanto, explicar um texto filosófico significa sempre inserir-se numa história e em uma tradição, passar do monólogo ou da intermediação subjetiva ao diálogo e à vigilância intelectual.

O recurso que pode ser usado para essa leitura e compreensão textual é a paráfrase. Esta pode ser concebida como inibição e disfarce da autoridade. Todavia, a inibição é, de qualquer forma, inevitável; com efeito, para entrar no texto, para diminuir sua autoridade, são necessárias as chaves das hipóteses de sentido. O fio condutor da hipótese substitui os olhos da tradição e faz que o estudante tenha acesso ao texto. Trata-se, na verdade, de uma simulação experimental em que o estudante procura a explicação do texto sem uma adesão à leitura, mantendo um distanciamento hermenêutico, para pôr às claras as obscuridades que o texto possa apresentar. Assim, onde a paráfrase esconde o texto, é necessária a explicação, como forma de trazer à plena luz a irregularidade, os sinais característicos, a asperidade de seu tecido. Pela tradição hermenêutica, sabe-se não ser possível preencher a distância que separa o leitor do texto, a não ser no reconhecimento de um distanciamento metodológico que permita a aproximação a ele. Isso se verifica à medida que temos a possibilidade de fazer-lhe perguntas e, com base nelas, evidenciar, pela escrita, as respostas. Assim, os melhores trabalhos dos estudantes serão aqueles que souberem fazer perguntas ao texto e, na resposta, puderem manipulá-lo em sua trama de significados. A distância constitui, pois, a condição da proximidade do texto, e a leitura filosófica passa por esse desvio, que consiste em dar conta da distância do texto e em aprender a dominá-la.

Agora, como se aprende esse distanciamento? Para compreender a importância desse tipo de aprendizagem, é oportuno recorrer à paráfrase. Esta se contenta em permanecer no significado do texto, sem necessidade de referir-se a outro, senão ao plano imanente de sua letra. Portanto, revela-se positiva conforme reelabora e reatualiza o significado de um texto da tradição. Para tanto, é necessário elaborar, mediante a análise dos significados, o horizonte, a condição e o resultado da leitura. Assim, a leitura de um texto de Filosofia constitui não somente um trabalho de decodificação, mas, fundamentalmente, um trabalho de interpretação.

A leitura filosófica deve, então, associar à decodificação dos significados um princípio originário que oriente sua interpretação. O trabalho de decodificação é recuperado mediante o sentido, que sintetiza a dialética entre explicação e compreensão. A explicação considera o texto como uma totalidade em si mesma, olha os elementos textuais de modo estático, espera colher o sentido como se derivasse da estrutura do texto. A compreensão, ao contrário, começa com o envolvimento do texto. Ela o ultrapassa, inserindo-o em um horizonte de sentido que permite entender a explicação como desenvolvimento, e não somente como ligação entre os elementos exteriores.

Se a interpretação permite melhor decodificação, isso ocorre porque, na compreensão, o sentido é a condição reveladora da estrutura orgânica do texto para além de sua composição mecânica. Revela-se uma orientação geral que só pode fazer valer os significados. A distinção entre explicação e compreensão é fundamental, porque manifesta que esta constitui a condição daquela. É o horizonte da compreensão que assegura a explicação, sua fecundidade e profundidade.

Destarte, a compreensão torna possível a explicação e dá-lhe um campo em que operar. É importante observar que a carência de compreensão não gera somente erros de interpretação, mas também erros nascidos da cegueira à letra do texto, como se a identificação do próprio escrito devesse muito à compreensão. Porém, sem o horizonte da compreensão, a leitura arrisca não ver o sentido que pode ajudar o leitor a ver, perceber e compreender o conceito.

Diante da argumentação desenvolvida, cabe dizer que a dissertação constitui um exercício escolar insubstituível. É a dissertação que permite a tomada de consciência de como fazer considerações válidas. Por ela, em razão de sua dificuldade, é que se pode compreender o esforço que é necessário empregar sobre si mesmo para poder escrever. Esforçar-se para escrever, letra a letra, palavra a palavra, sentido a sentido, a fim de dar clareza e rigor àquilo que se disse, não pode deixar de ser uma atividade permanente na escola, especialmente porque é pela atividade dissertativa que se amplia o universo cultural do estudante, se aperfeiçoa sua capacidade reflexiva e se aprofunda sua leitura crítica do mundo.

Como já foi dito anteriormente, é preciso exercer a escrita para poder aprender significativamente a escrever, com rigor, o modo pelo qual se pensa rigorosamente a realidade. Escrever cotidianamente, descrever o mundo para decifrá-lo, deve ser um exercício permanente na atividade escolar, pois o registro escrito contribui sobremaneira para o esclarecimento do que foi pensado.

2.2. Procedimentos para produção textual no ensino de Filosofia

A possibilidade do desenvolvimento da produção textual é extremamente dependente de um conjunto de atividades que compõem o processo de leitura. Nesse contexto, a leitura deve ser iniciada pelo ato de entender o que está escrito, com a decodificação ou decifração da mensagem, constituindo, a partir disso, um ato mais elaborado para a obtenção de informações. De posse destas, o leitor tem a possibilidade de interpretar, de forma crítica, as ideias contidas no texto, assim como a realidade da qual emergiu. Após o exercício dessas etapas, o leitor pode adquirir certa autonomia em relação a ele, o que lhe viabiliza um diálogo com o autor, possibilitando a argumentação, a proposição e o redimensionamento de conceitos, raciocínios e juízos sobre o texto e sobre sua própria realidade.

No processo de produção científica e de significação do mundo, a leitura constitui ferramenta de aquisição e produção do saber. Para tal fim, a leitura dirigida talvez seja a mais indicada, à medida que percorra os processos e etapas didaticamente apresentados em seguida.

1) Na primeira fase da leitura dirigida, identifica-se a fonte do texto e o contexto histórico ao qual a vida do autor está diretamente vinculada. Nesse momento, é necessário evitar caneta, papel e anotações. É preciso fazer uma leitura geral, para identificar a ideia e a mensagem central do texto.

2) Na segunda fase da leitura dirigida, e de posse de caneta e papel, é necessário identificar as ideias mestras, as ideias correlatas e os conceitos que causam estranheza. A partir de então, deve-se destacar os trechos significativos e as informações complementares, evitando a atenção e o grifo em exemplos e explicações extensas. Em seguida, faz-se uma releitura e inicia-se um conjunto de anotações que explicitem as ideias centrais do texto, mediante a exposição de seus conceitos.

Após essa fase, inicia-se o processo da escrita, que não deve ser dissociado da leitura, seja pela necessidade de dar fundamentação ao que se vai escrever, seja pela obrigatoriedade do registro dos estudos, apreensões e expectativas após as leituras. No processo de aprendizagem e de produção filosófica e científica, a ligação intrínseca entre leitura e escrita justifica-se não apenas pela característica histórico-documental da sociedade em que vivemos, mas principalmente pela necessidade do registro organizado das leituras, como expressão do processo de construção do conhecimento.

Entendemos a leitura e a escrita como um processo contínuo no e do ato de estudar. Desse modo, podemos visualizá-lo por meio do seguinte esquema:

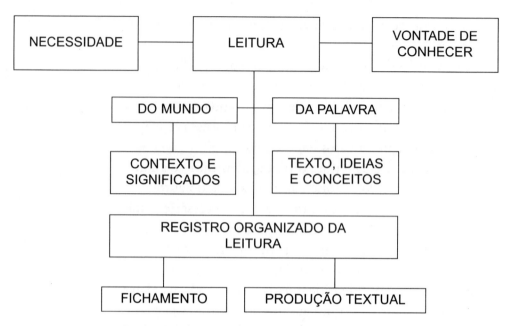

Figura 5: A leitura e a escrita no processo de decodificação do mundo e de sua representação pela escrita

De acordo com os argumentos expostos e com o esquema acima, serão apresentados alguns exemplos de exercícios e atividades que, fundamentados na leitura e na escrita, podem orientar a reflexão filosófica. É importante dizer que a opção feita aqui foi apenas escolher sugestões possíveis para exemplificar as possibilidades do trabalho com a produção textual, usando materiais diversos. Esses procedimentos não são modelos a ser executados literalmente, mas expressões que podem ser modificadas e alteradas conforme o contexto de cada escola, aluno, sala de aula e professor. Além do mais, ressalte-se que o fundamental, nesse caso, é primar por um conteúdo de caráter filosófico, ao mesmo tempo em que se dá curso a uma atividade de pensamento que orienta a reflexão e lhe permite, posteriormente, ser partilhada coletivamente como forma de diálogo e exercício interpretativo do texto em questão.

O exemplo a seguir só tem sentido, neste momento, como ilustração de atividade que pode ser interessante na produção de textos, aliando uma temática filosófica a certa produção cinematográfica e à preocupação com o desenvolvimento do pensamento por meio da reflexão. A meu ver, tal atividade carece de uma análise dos fatores que a compõem e de explicação mais detalhada da dinâmica do processo em questão. Além disso, revela-se indispensável salientar que o mais importante é privilegiar o processo de produção e não o produto, ou seja, o processo de organização das ideias, a composição delas materializadas na escrita como expressão do pensamento, mais que a letra do texto em sua estrutura ou forma de apresentar-se. É claro que isso poderá estruturar-se, à medida que a atividade da escrita vá se desenvolvendo.

O conteúdo desta atividade pode ser um pretexto tanto para a compreensão da centralidade do pensamento de Platão e de seu contexto como para uma reflexão filosófica sobre as questões de nosso tempo. Dependendo do programa escolhido pelo professor de Filosofia, esta aula pode constituir um exercício que se prolonga do início ao fim do semestre ou ser desenvolvida em determinado período. Ao mesmo tempo, pode ser um pretexto para estudar o modo como a política usa os instrumentos de comunicação para manter a sociedade em estado permanente de alienação, enquanto determinado grupo detém, hegemonicamente, o poder no interior da sociedade.

Exemplo
I - Atividade individual

1) Escolha do texto "O mito da caverna", do Livro VII da *República* de Platão. Recomendar que os alunos assistam ao filme Matrix (o primeiro episódio).

2) Apresentação de questões para reflexão e elaboração de texto dissertativo:
- O que é real e o que é imaginário? Como esses dois modos de percepção nos permitem uma leitura e uma visão de mundo?

3) Ver o filme, tomando como referência a pergunta feita aos alunos.

4) A seguir, fazer um debate em sala de aula.

5) Ler ou encaminhar a leitura do texto de Platão.

6) Perguntar: O que é real e o que é imaginário no texto de Platão e no filme Matrix? Como essas dimensões da realidade são trabalhadas no filme e no texto?

7) Com base no texto, no filme e no debate, elaborar um texto dissertativo sobre o tema apresentado.

Neste momento, o professor pode pedir os textos dos alunos e fazer uma avaliação das produções. A atividade poderia ser encerrada nesse ponto, mas, por causa da necessidade de organizar o conhecimento autônomo mediante um processo coletivo e colaborativo, recomenda-se continuar a atividade apresentada na sequência.

II - Atividade de grupo

8) Formam-se grupos de alunos e encaminha-se a leitura, no grupo, dos textos elaborados individualmente.

> No fim das atividades de produção, o professor pode organizar uma exposição, para toda a escola e para a comunidade, dos trabalhos produzidos pelos alunos. Isso valoriza a produção, ao mesmo tempo em que socializa os alunos e mostra o potencial deles. Nos lugares em que esse procedimento foi empregado, verificou-se a elevação da autoestima dos alunos, despertando neles maior interesse e atenção pelo conteúdo filosófico das aulas.

9) Com base nesses textos, o grupo elabora um novo, que não seja nem cópia nem reprodução dos anteriores, mas, sim, nova elaboração, fundamentada nas ideias trabalhadas em cada um.

10) Após a elaboração do novo texto, resultado do trabalho de grupo, encaminhar nova fase do trabalho: busca de bibliografia e pesquisa de assunto e autores que tenham relação com o conteúdo do texto elaborado pelo grupo.

11) Fichamento do material escolhido.

12) Inclusão do material pesquisado e fusão com o texto elaborado pelo grupo (as ideias dos autores devem relacionar-se com as ideias do texto do grupo).

13) Elaboração de um novo texto, que contenha o texto do grupo e a pesquisa bibliográfica.

14) Apresentação do trabalho (em forma de painel, comunicação em seminário ou para leitura na turma).

Para Murcho (2003), o filme Matrix (1999), dos diretores Andy e Larry Wachowski, discute dois aspectos filosóficos. O primeiro, mais óbvio, é o fato de o filme ser uma ilustração do célebre argumento do "cérebro numa cuba". O segundo, menos óbvio, é o fato de ilustrar um aspecto nem sempre levado em consideração no pensamento filosófico: a importância da realidade. Ele apresenta dois aspectos importantes para a Filosofia: A) A representação e o ceticismo. O filme encena, de forma vívida, um dos mais discutidos problemas filosóficos. O problema em causa é de tal modo central, que afeta muitas áreas da Filosofia, entre as quais a epistemologia e a metafísica – as mais óbvias –, mas também a filosofia da linguagem e da mente. B) O valor da realidade. Apesar de Matrix representar uma forma fraca de argumento cético – a realidade última pode ser muito diferente do que pensamos que seja, mas tão radicalmente diferente que não tenha qualquer relação com o que pensamos que seja –, é, sem nenhuma dúvida, inquietante. E a personagem Cypher, que no filme prefere a fantasia à realidade, depois de conhecer ambas, representa uma escolha inaceitável. Contudo, do ponto de vista psicológico, trata-se de uma escolha que muitas pessoas aceitariam: entre ter a sensação plena de viver razoavelmente bem numa grande cidade e a realidade de viver num mundo horrível, no seio de uma luta épica e sem esperança de vitória, muitas pessoas prefeririam provavelmente o mundo da fantasia. Afinal, qual é o mal de estar, de fato, a vegetar numa espécie de útero, se estamos subjetivamente vivendo uma vida perfeitamente normal e compensadora, do nosso ponto de vista?

3. O ensino como pesquisa para a construção do conhecimento autônomo do aluno

Buscar e possibilitar a autonomia na construção do conhecimento do aluno é uma exigência do contexto social em que vivemos. No entanto, revela-se necessário desenvolver a autonomia na produção do conhecimento numa perspectiva não só individual, mas também coletiva. Com efeito, o conhecimento é uma obra social e coletiva que deve ser partilhado com todos, pois constitui uma alternativa de alteração das condições sociais vigentes. A escola tem, tradicionalmente, procurado desenvolver a inteligência com base em uma visão individualista da questão. Cabe sustentar que a inteligência é uma construção social e, como tal, obra de uma coletividade. A maneira pela qual a escola procede na formação dos jovens, de certo modo, nega a dimensão coletiva do conhecimento. Isso é extremamente perigoso, porque faz que cada indivíduo passe a compreender-se como sujeito autônomo em relação à sociedade. Assim, pelo modo como as coisas são conduzidas do ponto de vista ideológico, cada pessoa pode passar a pensar que seu desenvolvimento intelectual e cognitivo é obra exclusiva da própria inteligência. Portanto, não é essa autonomia que se tem em vista aqui, mas especificamente aquele tipo de autonomia que possibilite a construção da cidadania e, por ela, uma sociedade democrática, que torne possível o melhor desenvolvimento pessoal e social.

Com esse ponto de partida, pode-se afirmar que a possibilidade do exercício da cidadania e da construção de uma sociedade democrática depende de como a escola trabalha com metodologias que possibilitem a elaboração autônoma do conhecimento. A Filosofia, como conteúdo de formação escolar, há que contribuir significativamente nesse processo de produção autônoma do conhecimento do aluno. Isso é uma necessidade, para que o aluno saiba enfrentar os problemas do cotidiano e dar respostas variadas às problemáticas enfrentadas no contexto social contemporâneo. Mais do que isso, a escola precisa trabalhar os conteúdos que o aluno deve adquirir, cada vez menos por meio de uma metodologia da transmissão e cada vez mais por uma metodologia da produção dos conhecimentos, efetivada pela pesquisa.

Nesse caso, não se trata tanto da produção de novos conhecimentos, como se dá na pós-graduação *stricto sensu*, mas de uma mediação para a aquisição de saberes que possibilitarão a cada indivíduo enfrentar a complexidade do cotidiano em que experimenta sua existência. Afirma-se e assume-se que o processo de ensino de Filosofia e de outras disciplinas deve desenvolver-se orientado pelos padrões da pesquisa, como horizonte de produção do conhecimento, e não apenas pela transposição didática. Isso significa que o conhecimento existe como resultado de uma lógica de produção, mais do que de uma lógica da reprodução. Manter hoje uma prática de ensino centrada exclusivamente na transmissão dificulta a possibilidade de um desenvolvimento autônomo do conhecimento de cada aluno. Destarte, urge refletir sobre novas modalidades de ensino para encontrar mediações mais significativas nesse processo de elaboração e construção do conhecimento. Com efeito, só há realmente conhecimento quando as informações são trabalhadas, pensadas sistematicamente e, à medida que são introjetadas, há a possibilidade de uma mudança de atitude diante da realidade. É isso que faz a diferença na relação que o aluno estabelece com o conhecimento: a exigência de um trabalho de maior fôlego.

3.1. A produção do conhecimento e sua construção pela pesquisa como mediação no ensino de Filosofia

Vivemos num mundo que naturaliza tudo, banalizando e desvirtuando todas as relações humanas. A transformação de um ser-sujeito em ser-objeto, própria do positivismo e da ideologia, constitui tentativa de impedir que seres humanos reivindiquem sua liberdade, negada a cada instante. A naturalização do ser humano é um processo ideológico que impõe uma visão de mundo impeditiva da possibilidade de um sistema democrático. Isso significa que, numa realidade social de alienação e de domínio ideológico, a possibilidade de ser-sujeito é convertida em ser-objeto.

Essa "des-ontização" do ser-sujeito em ser-objeto é operada no interior do sistema capitalista, fazendo que a objetivação verificada seja concebida como uma reprodução natural no interior da sociedade, como se houvesse uma força da natureza que nos impulsionasse para agir e determinasse nossa ação. É justamente essa mistificação e naturalização do mundo que a Filosofia combate com seus instrumentos.

Por conta disso, é necessário formar os alunos para a e pela prática da pesquisa, como forma de superar, mediante o processo reflexivo, as formas de alienação que nos dominam. Assim, convém concordar com a afirmação de Vasconcellos (1999, p. 106) quando afirma:

> *fundamentalmente, o compromisso do educador é ajudar a que os educandos aprendam a pensar, a refletir, adquiram estruturas mentais e aprendam os conceitos básicos daquela área de conhecimento [...] sendo impossível a apreensão de todo saber na escola, o que reforça a perspectiva de capacitação em estruturas de pensamento que permitirá a aprendizagem autônoma, a pesquisa.*

Diante disso, é importante reforçar que ninguém aprende no vazio, mas com base em mediações específicas e conteúdos concretos. O desenvolvimento mediante a pesquisa

> Segundo Delval (2002, p. 160), *"trata-se, portanto, de integrar a necessidade do conhecimento escolar com as formas de aprendizado e construção do conhecimento que o sujeito espontaneamente elabora, fazendo com que a escola contribua, dessa maneira, para o desenvolvimento da capacidade de pensar e favoreça a construção de novos conhecimentos por intermédio da participação ativa do sujeito".*
>
> Essa distinção pode ser vista em Demo (2002a; 2000b)

torna-se uma exigência do processo em aula e fora dela, como forma de complementação dos conhecimentos trabalhados em aula e como instrumento de produção e disseminação do saber humano. A pesquisa deve ser incentivada não somente porque o professor não dispõe de todo o tempo necessário para o desenvolvimento da aprendizagem dos alunos na escola, mas por tratar-se de condição e mediação da aprendizagem autônoma.

Por conseguinte, torna-se premente assumir, definitivamente, que *"a melhor maneira de aprender não é escutar aula, mas pesquisar e elaborar com mão própria, sob a orientação do professor. Não é mister combater a aula, mas esta mantém apenas a função de promover pesquisa e elaboração própria"* (Demo, 2000a, p. 85).

Neste momento, a pesquisa está sendo entendida muito mais como princípio educativo do que como princípio científico. Ou seja, constitui uma mediação para a aprendizagem, assim como possibilidade promotora da autonomia do sujeito que aprende. Isso implica reelaboração e reconstrução do conhecimento, e não sua mera reprodução. A pesquisa, portanto, não pode ser atribuição de especialista, mas uma mediação do processo de aprendizagem numa sociedade da informação.

Para que esse processo seja possível, são necessárias condições de realização da pesquisa como instrumento de aprendizagem, além de, cada vez mais, uma elaboração própria por parte do aluno que pesquisa. Outrossim, o professor de Filosofia precisa saber combinar atividades de elaboração individual e coletiva na produção e reconstrução do conhecimento. Porém, é importante lembrar que a produção coletiva não pode abrir mão do trabalho individual, assim como este não pode excluir aquela. Segundo Demo (2000a, p. 96), *"trabalhar em grupo deve ser claramente um modo fundamental de estudar e aprender, não de estabelecer pactos da mediocridade".*

Para Moraes, Galiazzi e Ramos (2002, p. 11), a pesquisa em sala de aula atende a um princípio formulado do seguinte modo:

> A pesquisa em sala de aula pode ser compreendida como um movimento dialético, em aspiral, que se inicia com o questionar dos estados do ser, fazer e conhecer dos participantes, construindo-se a partir disso novos argumentos que possibilitam atingir novos patamares desse ser, fazer e conhecer, estágios esses então comunicados a todos os participantes do processo.

Esse processo de ensino, que usa a pesquisa em sala de aula como mediação de aprendizagem, desencadeia-se por meio do questionamento, da construção de argumentos e da comunicação e é expresso no seguinte esquema:

A pesquisa como modo de construção de conhecimento de alunos e professores, como mediação pedagógica, encontra apoio e sustentação nos trabalhos realizados por Moraes, Galiazzi e Ramos (2002), Moraes (1997; 2002a; 2002b), Freire e Faundez (1985), Demo (2002a), Schwartz (2002), Almeida (2002), Lima (2002), Galiazzi (2002), Cañal (1997; 1999), Porlán e Rivero (1998), García (1996), Moraes e Ramos (1998), Ramos (2000) e Behrens (2002).

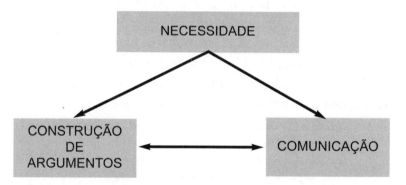

Figura 6: Momentos do educar pela pesquisa
Fonte: Moraes, Galiazzi e Ramos (2002, p. 11).

O questionamento é parte do processo de construção da aprendizagem pela pesquisa. Para que algo seja aperfeiçoado, é preciso criticá-lo, questioná-lo, perceber seus defeitos e limitações. É isso que possibilita a pesquisa em sala de aula. O questionamento aplica-se, então, a tudo o que constitui o ser, sejam conhecimentos, atitudes, valores, comportamentos ou modos de agir. Já a construção de argumentos, na pesquisa em sala de aula, precisa do envolvimento ativo e reflexivo permanente dos participantes. Com base no questionamento, é fundamental pôr em movimento todo um conjunto de ações, de construção e de argumentos que possibilitem superar o estado atual, atingindo novos patamares do ser, do fazer e do conhecer. Assim, pode-se dizer que a construção de argumentos e a comunicação estão estreitamente relacionadas. É importante que a pesquisa em sala de aula atinja um estágio de comunicação dos resultados, de compartilhamento de novas compreensões, de manifestação de novos estados do ser, do fazer e do conhecer, o que contribui para sua validação na comunidade em que esse processo está em curso (Moraes, Galiazzi e Ramos, 2002; Galiazzi, 2002; Moraes, 2002b).

> Inúmeros autores evidenciaram a necessidade e a perspectiva de um professor pesquisador. Entendem que ele precisa ser formado para aprender a pesquisar e construir conhecimento em sua prática cotidiana e baseado nela. De modo geral, só é possível constituir, na escola, um processo de educação pela pesquisa se o próprio professor tiver aprendido a operar minimamente com os instrumentos da pesquisa em seu processo de formação. Dentre tantos trabalhos sobre essa questão, podem-se destacar Elliot (1993), Hargreaves (1996), André (2001; 2002), Pimenta (1997; 1998), Esteban e Zaccur (2002), Corazza (2002), Porto (2002), Garcia e Alves (2002), Demo (2002a), Santos (2001), Ludke (2001a; 2001b), Beillerot (2001), Soares (2001), Lisita, Rosa e Lipovetsky (2001) e Miranda (2001).

Segundo Frison (2002), a pesquisa em sala de aula, como princípio orientador do ensino, exige que o profissional da educação seja um pesquisador. O professor deixa de ser o protagonista dogmático de um processo de transmissão de conhecimentos e assume seu trabalho como partícipe da construção conjunta. Desse modo, professor e aluno tornam-se sujeitos de um mesmo processo. Essa atitude instaura uma perspectiva progressista, uma vez que

> ensinar não é transferir conhecimento, mas criar as possibilidades para a sua própria produção ou a sua construção. Quando entro em uma sala de aula, devo estar sendo um ser aberto a indagações, à curiosidade, às perguntas dos alunos, a suas inibições; um ser crítico e inquiridor, inquieto em face da tarefa que tenho - a de ensinar e não de transferir conhecimento (Freire, 1997b, p. 52).

A pesquisa em sala de aula e baseada nela é elemento formativo que aprimora o questionamento, a curiosidade científica, a busca de rigor, a responsabilidade social. Tem como principal conteúdo de ensino a busca da qualidade formal e da qualidade política. E, nessa busca, a atitude de questionar é essencial, para que professor e aluno sejam sujeitos do processo de ensino-aprendizagem (Barreiro, 2002).

Cañal et al. (1999) concorda que fazer pesquisa em sala de aula não é o mesmo que fazer pesquisa científica, embora a qualidade dos resultados possa ser equivalente ou mesmo uma pesquisa escolar possa chegar a ser científica, se percorrer o processo de validação por uma comunidade científica. As finalidades do conhecimento que está sendo construído são diferentes em um e outro contexto. Os problemas abordados são diferentes, porque o desenvolvimento intelectual dos participantes também o é, assim como as exigências sobre os resultados. Galiazzi (2002) atesta que, se há diferenças, também há semelhanças. Ambas ocorrem pelo questionamento de uma realidade, pela construção de argumentos validados em uma comunidade, pela necessidade de clareza na expressão das ideias, pelo rigor e sistematização, pela busca de fundamentação teórica, pela análise dos dados empíricos, pelo exercício da escrita, pela comunicação dos resultados.

O diálogo, a leitura e a escrita (elementos já examinados anteriormente) precisam ser exercitados com a mediação do professor, sujeito facilitador do processo de pesquisa em sala de aula, para pôr em movimento o *"processo multicíclico de formação, favorecendo o desenvolvimento nos alunos das capacidades de questionamento, construção de argumentos e comunicação"* (Galiazzi, 2002, p. 297).

Figura 7: Esquema de um ciclo de pesquisa
Fonte: Cañal et al. (1999) e Galiazzi (2002).

Fundamentalmente, o ensino-aprendizagem orientado pela pesquisa exige uma relação dialógica que oriente e permeie as ações de investigação. Essa habilidade é *"a disponibilidade para acompanhar de perto a atividade e o modo de pensar dos alunos, avaliando e orientando a aprendizagem"* (Pacca e Villani, 1997, p. 3). O professor deve ter habilidade dialógica, procurando considerar e entender os modos de pensar dos alunos, sua experiência cognitiva, ritmo e tempo de aprendizagem.

Olson (1994) afirma que a capacidade de ler e escrever é resultante do uso de um conjunto de recursos culturais. A evolução de tais recursos, associados ao conhecimento e à habilidade de explorá-los em função de determinadas metas, é o que forma essa capacidade.

A leitura e a escrita são instrumentos imprescindíveis para a elaboração de conhecimentos, a reflexão sobre as informações e a sistematização destas numa perspectiva dialógica. Não se trata de algo que se verifica apenas nas primeiras séries do ensino fundamental, mas de um processo que deve estender-se ao longo do período escolar e por toda a vida do sujeito. É preciso aprender a ler e escrever para poder decodificar o mundo. Por isso,

> a proposta da pesquisa como princípio didático [...] assume a escrita e a leitura como dois dos princípios articuladores do ensino e da aprendizagem. [...] A sala de aula com pesquisa que propomos [...] considera que o conhecimento e o poder são compartilhados e surgem do compromisso mútuo entre professores e alunos. A aprendizagem é entendida como um processo de construção que é resultado das interações entre o que cada um conhece com a nova informação, criando uma rede mais complexa de significados. Com esse entendimento, o processo de aprender a ler e a escrever nunca finalizam, eles vão se tornando mais complexos com a escolaridade (Galiazzi, 2002, p. 300-301).

O ensino com pesquisa pode provocar a superação da reprodução em proveito da produção do conhecimento com autonomia e espírito crítico e investigativo. Nesse processo, aluno e professor tornam-se pesquisadores e produtores dos próprios conhecimentos (Behrens, 2002). Para que isso seja possível na escola e na sala de aula de Filosofia, é necessário desencadear um conjunto de ações e condições. Segundo Moraes (2000), o processo pode iniciar-se pela alocação de temas a alunos ou a grupos, com a exigência de uma produção em torno de cada assunto da aula.

Para Demo (2000a, p. 94), o estabelecimento de ambiente de pesquisa e a elaboração própria dos alunos e professores requerem algumas condições:

> *a) apoios institucionais, sobretudo biblioteca, videoteca, banco de dados, informatização, laboratórios, locais de experimentação etc.;*
> *b) um número manejável de alunos, que pode ser expressivo, a depender da habilidade de orientação por parte dos professores, da disciplina e organização do tempo, da maleabilidade curricular, do tempo integral etc.;*
> *c) mormente, professores pesquisadores, cujo argumento essencial é o bom exemplo da produtividade, com qualidade formal e política;*
> *d) mudança profunda na sistemática de avaliação, voltando-se para o processo e os produtos da produção própria.*

Considerando as condições para o processo de construção da pesquisa, cabe apontar algumas possibilidades de construção autônoma do aluno. A organização de um curso como processo evolutivo de pesquisa pode dar-se de três modos distintos e complementares: pela mediação da elaboração da pesquisa para apresentação na modalidade de painel; por uma pedagogia por projetos de trabalho; por categorias que orientem o processo de pesquisa por meio do projeto de investigação, aproximando-se das exigências acadêmicas.

3.1.1. A pesquisa em aula, sua operação, o conteúdo produzido e sua comunicação

O que será apresentado a seguir serve como exemplo de mediação, mais do que de uma modalidade de ensino--aprendizagem de Filosofia. Um exemplo que parte de um conjunto de experiências encorajadoras é a sugestão, como forma de partilhar algo vivido no espaço do ensino da disciplina.

1) Inicialmente, o professor seleciona um conjunto de autores e define uma abordagem para a turma de alunos de uma mesma sala de aula (exemplo: a Filosofia no século XX). Pode-se propor um mesmo autor para cada quatro alunos.

2) Cada aluno escolhe um autor de interesse, que será seu objeto de investigação. Ao mesmo tempo, escolhe o tema que seja central no autor (ética, liberdade, etc.).

3) Pedir que cada aluno elabore um projeto de trabalho, para que possa aprender a racionalizar e planejar suas ações. Em seguida, o aluno faz a pesquisa individualmente, sob a orientação do professor.

4) O professor precisa definir critérios para a execução da pesquisa (seleção de textos para leitura, pertinência temática, etc.).

5) Providenciar que o aluno, em seu processo de investigação, tenha o cuidado de referir-se às fontes e possa construir comentários a respeito das ideias pesquisadas.

6) Com base na leitura dos textos selecionados e nos comentários feitos aos textos, pedir que cada aluno, individualmente, elabore um texto (de uma lauda) sobre o tema que pesquisou.

7) Reunir, em grupos de quatro integrantes, os alunos que receberam os mesmos autores para pesquisa. Encaminhar, com base na produção individual, uma produção coletiva, conjugando as ideias trabalhadas isoladamente. É importante que esse momento seja bem desenvolvido e acompanhado, para que o texto coletivo não seja uma colagem de todas as produções. A fim de evitar isso, pode-se: a) limitar o texto a duas laudas; b) fazer que o grupo leia e discuta os textos produzidos pelos colegas, elaborando uma síntese de cada um deles; c) com base na síntese, elaborar coletivamente a composição de um novo texto.

8) Compor um painel para a apresentação do trabalho à turma. Caso o professor possua várias turmas, pode organizar uma exposição na escola com os trabalhos elaborados por elas.
9) O professor pode avaliar o trabalho escrito levando em conta sua organização interna, a coerência temática, o uso adequado da língua materna, a forma de apresentação do texto, o grau de aprofundamento das reflexões apresentadas, a presença na apresentação dos colegas e a autonomia do grupo na produção.

3.1.2. Uma didática por projetos de trabalho como mediação no ensino de Filosofia

Os projetos de trabalho constituem uma forma de organizar os conhecimentos escolares no interior de cada disciplina, tendo em vista a possibilidade de um trabalho interdisciplinar. Além disso, abrem espaço para que o ensino-aprendizagem possa constituir um processo de investigação em sala de aula.

A prática pedagógica orientada por projetos ocorre principalmente à luz dos estudos de Hernández (1998a; 1998b), Hernández e Sancho (1989), Hernández e Ventura (1998), Nogueira (2002) e Behrens (2002).

> Para uma análise teórica da perspectiva do projeto como intenção de ação educativa e transformadora, cf. Boutinet (2002).

O que se pretende desenvolver com os projetos é a busca da estrutura cognoscitiva, do problema central, que vincula as diferentes informações, as quais confluem num tema para facilitar seu estudo e compreensão por parte dos alunos.

Pode-se dizer que tal proposta se fundamenta, teórica e praticamente, nas seguintes perspectivas:

1) Apresenta uma aprendizagem que quer ser *significativa*, ou seja, que pretende partir do que os estudantes já sabem, de seus esquemas de conhecimento precedentes, de suas hipóteses (verdadeiras, falsas ou incompletas) sobre a temática que se há de abordar.

2) Assume, como princípio básico para sua articulação, a *atitude favorável para o conhecimento* por parte dos estudantes.

Assim, o professor deve ser capaz de conectar seus interesses com os dos alunos, favorecendo a aprendizagem.

3) Configura-se mediante a *previsão*, efetuada pelo professor, de uma estrutura lógica e sequencial dos conteúdos, numa ordem que facilite a compreensão. Deve ser levado em conta, entretanto, o fato de que essa previsão constitui um ponto de partida, e não uma finalidade, já que pode ser modificada durante a interação da classe.

4) Realiza-se com evidente *sentido de funcionalidade* do que se deve aprender. Para isso, torna-se fundamental a relação com os procedimentos, com as diferentes alternativas de organização dos problemas abordados.

5) Valoriza-se a *memorização compreensiva* de aspectos da informação, com a perspectiva de que eles constituem uma base para o estabelecimento de novas aprendizagens e relações.

6) A *avaliação* trata, sobretudo, de analisar o processo seguido ao longo de toda a sequência e das inter-relações criadas na aprendizagem. Parte de situações nas quais é necessário antecipar decisões, estabelecer relações ou inferir novos problemas.

Os projetos de trabalho são uma resposta – nem perfeita, nem definitiva, nem única – para a evolução acompanhada pelo professor, a qual lhe permite refletir sobre sua própria prática e melhorá-la.

A organização dos projetos de trabalho baseia-se essencialmente numa concepção global de ensino e é experimentada como um processo muito mais interno (referente ao indivíduo) do que externo (referente à escola, ao contexto social, político, econômico, cultural), no qual as relações entre conteúdos e áreas de conhecimento têm lugar em função das necessidades de resolver uma série de problemas subjacentes à aprendizagem. Essa seria a ideia fundamental dos projetos. A aprendizagem, nos projetos de trabalho, baseia-se no significado atribuído pelos alunos ao processo de construção do conhecimento.

A ideia de um ensino global e o significado que os alunos atribuem ao processo são, pois, dois aspectos essenciais plasmados pelos projetos. É necessário destacar o fato de que as diferentes fases e atividades desenvolvidas num projeto ajudam os alunos a tornar-se conscientes de seu processo de aprendizagem e exigem do professor uma resposta aos desafios, os quais estabelecem uma estruturação muito mais aberta e flexível dos conteúdos escolares.

Cabe ressaltar que a informação necessária para construir os projetos não está determinada de antemão nem depende do educador ou do livro-texto. Depende, sim, do que o aluno já sabe sobre um tema e da informação com a qual ele possa relacionar-se dentro e fora da escola. Isso evita o perigo da padronização e da homogeneização das fontes de informação e promove o intercâmbio entre as informações fornecidas pelos membros do grupo, além de contribuir para a comunicação.

3.1.3. Aspectos a ser levados em conta no desenvolvimento de um projeto

1) A escolha do tema

O ponto de partida para a definição de um projeto de trabalho é a escolha do tema. Em cada nível e etapa da escolaridade, essa escolha adota características diferentes. Os alunos baseiam-se em suas experiências anteriores, na informação de que dispõem sobre projetos já realizados ou em processo de elaboração por outras classes.

O professorado e os alunos devem perguntar-se sobre a necessidade, a relevância, o interesse e a oportunidade de trabalhar um ou outro tema determinado. Todos eles analisam, de diferentes perspectivas, o processo de aprendizagem que será necessário desenvolver para construir conjuntamente o projeto. Em qualquer caso, trata-se de definir o tema à luz das demandas dos alunos. Nesse sentido, leva-se em conta uma organização curricular baseada nos interesses deles.

2) A atividade do professor após a escolha do projeto

Escolhido o projeto e estabelecida uma série de hipóteses em relação ao que se quer saber, às perguntas que se deve responder, ao que aconteceu para que valha a pena sua escolha, o professor pode realizar as seguintes atividades:

- Especificar qual será o motor do conhecimento, o fio condutor, o esquema cognoscitivo que permitirá ao projeto ir além dos aspectos informativos ou instrumentais imediatos e ser aplicado em outros temas ou problemas.
- Realizar uma primeira previsão dos conteúdos (conceituais e procedimentais) e das atividades e tratar de encontrar algumas fontes de informações que permitam iniciar e desenvolver o projeto.
- Estudar e atualizar as informações em torno do tema ou problema de que se ocupa o projeto, segundo o critério de que elas apresentem novidades, proponham perguntas, sugiram paradoxos, de forma que seja permitida ao aluno a criação de novos conhecimentos.
- Criar, no grupo e em cada pessoa, um clima de envolvimento e de interesse naquilo que se está trabalhando em sala de aula.
- Fazer uma previsão dos recursos necessários à aplicação do projeto, de modo que se transmita ao grupo a atualidade e a funcionalidade dele.
- Planejar o desenvolvimento do projeto de acordo com uma sequência de avaliação.
- Recapitular o processo realizado ao longo do projeto em forma de programação a posteriori, que possa ser utilizada como memória de cada docente para o intercâmbio com outros professores, compatibilizando-a com os objetivos finais da escola e com os do currículo oficial e tomando-a como ponto de partida para um novo projeto.

Originados da perspectiva geral de toda a escola, os projetos geram alto grau de autoconsciência e de significação nos alunos, chamando-lhes a atenção para a própria aprendizagem, ainda que, em determinado período ou série, possam estar desenvolvendo projetos de forma menos intensa. Essa variedade é um elemento de contraste que dinamiza a discussão psicopedagógica, embora, em algumas ocasiões, também sirva de freio ou de forma de pressão de alguns docentes sobre outros.

3) A atividade dos alunos após a escolha do projeto

As tarefas indicadas a seguir não são as únicas que os alunos realizam nem são feitas sempre da mesma maneira. Caso contrário, o efeito inovador da aprendizagem por projetos ficaria limitado.

- Depois da escolha do tema, cada estudante constrói um esquema de trabalho no qual especifica os aspectos que vai trabalhar no projeto. Isso permite antecipar seu desenvolvimento, ajuda a planejar o tempo e as atividades e a assumir seu sentido global.
- Pôr em comum os diferentes aspectos de cada esquema de trabalho configura o roteiro inicial da classe, o ponto de partida que vai organizar o planejamento e a aproximação à informação efetuados por cada estudante e pelos diferentes grupos da classe.
- De forma paralela, os alunos realizam uma tarefa de busca de informação que complementa e amplia aquela apresentada na proposta e na argumentação inicial do projeto.
- Realizar o tratamento dessa informação é uma das funções básicas dos projetos.
- Os alunos desenvolvem os capítulos assinalados no esquema de trabalho mediante atividades de aulas individuais ou em pequenos grupos.
- A seguir, elaboram um dossiê de síntese dos aspectos tratados e dos que permanecem abertos para futuras aproximações por parte de toda a turma e de cada estudante.
- A avaliação de todo o processo seguido no projeto, então, é feita em dois momentos:

a) um de ordem interna, que consiste na análise do que cada aluno realizou. Nesse momento, recapitula-se o que foi feito e o que foi aprendido;

b) outro, de ordem externa, que ocorre com a aplicação do professor. A avaliação deve focalizar situações diferentes daquelas que originaram as informações trabalhadas, a fim de realizar outras relações e comparações, abrir novas possibilidades para o tema e destacar, de forma relacional, o que se tratou parcialmente.

- Finalmente, abrem-se novas perspectivas de continuidade para o projeto seguinte. Tomando por base o projeto anterior, forma-se um anel contínuo de significações dentro do processo de aprendizagem.

4) A busca das fontes de informação

Nos projetos, a organização dos conhecimentos escolares complementa-se com as iniciativas e as colaborações dos alunos. Esse envolvimento deles na busca da informação tem uma série de efeitos relacionados com a intenção educativa dos projetos. Em primeiro lugar, faz que assumam o tema e aprendam a situar-se diante da informação mediante as próprias possibilidades e recursos.

A busca das fontes de informação favorece a autonomia dos alunos e, sobretudo, o diálogo promovido pelo educador para estabelecer comparações, inferências e relações, ajudando-o a dar sentido à forma de ensino-aprendizagem pretendida com os projetos. Nesse diálogo, é essencial livrar-se de duplo equívoco: 1) a crença de que o aluno pode aprender tudo por si mesmo; 2) a ideia de que ele é um ser receptivo à informação apresentada pelo professor. A função deste como facilitador mostra-se aqui evidente, de forma especial em sua capacidade para transformar as referências informativas em materiais de aprendizagem, com uma intenção crítica e reflexiva.

5) Esquema de trabalho como uma estratégia de aprendizagem

Foi ressaltado anteriormente que, mediante os projetos de trabalho, se pretende, sobretudo, dar ênfase à apresentação, por parte dos alunos, dos procedimentos que viabilizaram a organização da informação. Os procedimentos são utilizados na escola para que os estudantes incorporem novas estratégias de aprendizagem. Estando inseridas no processo de construção do projeto – e derivando dele –, podem ser utilizadas por eles em outras situações.

O *esquema de trabalho* constitui uma das estratégias que têm um papel relevante e são utilizadas em todos os níveis de escolaridade. Serve para evidenciar que não há razão em atribuir um valor cumulativo aos procedimentos, mas, sim, em entendê-los como pontos de partida para fazer frente a situações mais complexas, no caso de os alunos os terem incorporado a seu repertório de experiências de aprendizagem.

6) Realizar uma síntese dos aspectos tratados no projeto

O projeto permite aos estudantes, baseados no esquema de trabalho final, proceder à ordenação das atividades realizadas durante seu desenvolvimento. Por isso, a recapitulação final tem razão de ser não só como agrupamento do estudado, mas também como percurso ordenado em função dos diferentes aspectos da informação trabalhados e dos procedimentos utilizados para tanto.

O esforço de pensar a pesquisa como mediação do processo de ensino-aprendizagem na Filosofia encontra no projeto um instrumento muito oportuno. A elaboração de um projeto envolve uma necessidade não de antecipação da realidade, mas de planejamento e de racionalização do que se fará para realizar uma atividade predeterminada.

Creio que a importância, o significado e a necessidade da elaboração de um projeto de investigação podem ser vistos com maior profundidade em Severino (2000b), Booth, Colomb e

Williams (2000), Salomon (2000), Deshaies (1997), Laville e Dionne (1999), Bagno (2000) e Lakatos e Marconi (1985), entre outros que trabalham essa questão. A presente reflexão situa-se no entendimento de que a existência e a confecção de um projeto, antes do desenvolvimento da pesquisa, fazem que os alunos aprendam a racionalizar suas ações e intenções, criando condições para o exercício sistemático do pensamento. O que é importante, nesse caso, e que pode ser observado e avaliado pelo professor, é a habilidade deles em racionalizar as atividades, os instrumentos e os materiais que precisarão mobilizar para realizar o trabalho de pesquisa.

O projeto é o planejamento da pesquisa que direciona o caminho mais seguro e curto para a construção do conhecimento. Nesse sentido, algumas medidas precisam ser consideradas com certa clareza, para que o projeto se viabilize: escolher um tema que reflita um problema; indagar o que se quer saber sobre esse problema; enunciar com clareza o que de fato se deseja; delimitar o tema, para facilitar a extensão do estudo; verificar as relações que podem ser estabelecidas e as contribuições da pesquisa para o conhecimento elaborado na sala de aula e fora dela; examinar se está claro o motivo da escolha do tema; verificar como o problema a ser abordado pode ser sustentado teoricamente.

O fato de elaborar um projeto de pesquisa não implica ter de segui-lo à risca até o fim. Por ser algo dinâmico, o projeto está sujeito a alterações no decorrer do estudo. Na realidade, é um ponto de referência norteador da pesquisa a ser realizada. Trata-se de um documento no qual o aluno expõe a ideia ou o tema que deseja desenvolver, para receber orientação adequada do professor.

Como é elaborado sempre antes do início da pesquisa, não necessita descer a minúcias. Informa objetivamente as hipóteses ou perguntas que nortearão a investigação e a metodologia (os procedimentos e/ou as estratégias investigativas), o que garantirá o desenvolvimento do estudo.

Para Severino (2000b), o projeto desempenha várias funções, entre as quais:
- definir e planejar o caminho a ser seguido no desenvolvimento do trabalho de pesquisa e reflexão, explicitando as etapas a ser alcançadas e as estratégias a ser usadas;
- atender às exigências didáticas;
- dar o sentido geral do trabalho de pesquisa e de seu desenvolvimento futuro;
- subsidiar a discussão e a avaliação.

Assim, o projeto norteador de um processo investigativo configura-se como mediação potencializadora da racionalização e do pensamento dos alunos, especialmente porque é por meio dessa dinâmica que eles perceberão como o conhecimento é produzido e elaborado.

Capítulo IV

EPISTEMOLOGIA DA PRÁTICA: A IMAGEM COMO POSSIBILIDADE DE AMPLIAÇÃO DO HORIZONTE REFLEXIVO NO ENSINO-APRENDIZAGEM DE FILOSOFIA

Epistemologia da prática: a imagem como possibilidade de ampliação do horizonte reflexivo no ensino-aprendizagem de Filosofia

O conhecimento, que busca a compreensão da organização e da ordem estabelecidas no mundo pelo ser humano e pela natureza, pode apresentar-se de múltiplas formas. O modelo com que temos maior familiaridade é o da ciência, conquanto o conhecimento humano não se restrinja ao conhecimento científico. Neste capítulo, proponho uma reflexão sobre o uso da imagem (seja cinematográfica, seja das artes em geral) como possibilidade para ampliar o horizonte filosófico do aluno no processo de ensino-aprendizagem de Filosofia no ensino médio. Para tanto, é preciso educar o olhar, que poderá aprender a ver melhor à medida que puder aprender a pensar melhor com os outros e com o uso da imagem, tão presente na leitura de mundo na sociedade contemporânea.
Sou do parecer que a Filosofia, no espaço do ensino, deva usar criativamente os materiais utilizados pela cultura contemporânea para uma educação crítica, ao mesmo tempo em que, pela reflexão crítica, mostre o risco e o uso ideológico das imagens difundidas pelo marketing e pela mídia em geral.

1. Reflexões sobre o uso da imagem como mediação didática no ensino de Filosofia

Para que seja possível o uso adequado da imagem exterior como mediação no processo de ensino de Filosofia, é preciso aprender a interpretar o que dizem as imagens e, ao mesmo tempo, educar o olhar, a fim de captar mais significativamente o que elas expressam.

A ideia central desta reflexão é que a imagem exterior não só oferece uma possibilidade de fazer-nos pensar, mas revela, em sua própria dinâmica, uma maneira de pensar e representar o mundo. É justamente essa dinâmica que sugiro como mediação para o ensino de Filosofia.

1.1. Reflexões sobre a interpretação da imagem para o ensino de Filosofia

Os fatos humanos são significativos por causa da riqueza de significados atribuídos às coisas; o que importa nos fatos humanos não é a causa, mas sua significação, objetivos e valor. O sentido só é possível nessa perspectiva, ou seja, só existe quando algo é significativo a ponto de se lhe atribuir sentido e significado. O ser humano procura compreender e explicar o mundo. A compreensão é resultado de uma explicação dada às coisas humanas e não humanas. Isso indica que a explicação, antes da própria compreensão, é a tradução da realidade num significado que tenha sentido e se processe por determinada linguagem.

O mundo humano é significante ao nos tornarmos hábeis em explicá-lo; nessa explicação é que se fundamenta a possibilidade de compreensão do que somos ou do que projetamos ser, em meio à variedade de significações e de sentidos atribuídos a nosso ser no mundo. Porém, o sentido não se esgota em si mesmo, mas reveste-se da complexidade da realidade, ou seja, desdobra-se em outros e multiplica sua riqueza significante. Só é possível interpretar aquilo que possui mais de um sentido. É a variedade deles que possibilita uma interpretação e uma significação das atribuições de sentidos às coisas.

O sentido e sua interpretação remetem-nos para a compreensão e a explicação. Estas não podem ser concebidas como processos separados, mas como dois polos que se complementam dialeticamente. Compreender significa explicar o sentido das significações atribuídas à realidade das coisas e do mundo. Seja qual for o método ou a maneira utilizada, é próprio do ser humano conferir significado à complexa realidade que o envolve e, por meio da interpretação, compreendê-la. Para compreender o sentido dos atos humanos, é preciso passar pela explicação. A compreensão é o resultado, inacabado, de um processo de explicação.

A compreensão e a interpretação subjazem a todo trabalho realizado. Porém, não são estanques em si mesmas nem se excluem, mas constituem modos de olhar a realidade. O real manifesta-se-nos por meio desses modos, que usamos para saber o porquê das coisas, o porquê do mundo e por que somos. Mediante a compreensão e a interpretação é que se buscam métodos explicativos, que são também compreensivos, ao demonstrarem determinada interpretação daquilo que vemos e compreendemos.

Porém, não se pode dissociar compreensão de explicação, pois isso seria instituir um processo de separação entre o ser humano e a natureza, ao passo que ambos são constitutivos de uma mesma realidade, o mundo em que estão imersos é tão somente o mesmo. Por sua vez, a interpretação é um enriquecimento da compreensão imediata de sentido por meio da explicação da distorção semântica constatada. Assim, compreensão e explicação articulam-se dialeticamente, para possibilitarem a interpretação dos fatos humanos.

Nossa existência é, fundamentalmente, marcada pela maneira de percebermos o mundo. Talvez não seja exagero dizer que as novas tecnologias têm tributado autoritariamente nossas vidas, ou seja, que a compreensão da tecnologia tem tido a primazia como visão de mundo e da realidade, impondo-se sobre todas as maneiras de compreender e conhecer as coisas. Isso tem marcado o mundo humano com uma visão mecânica, pragmática e empirista. Nessa perspectiva, o modelo de ser humano tornou-se aquele capaz de reproduzir os conhecimentos traduzidos em técnicas.

Todavia, é importante ressaltar que a via racional (empírico-tecnológica) não pode ser a única visão válida na interpretação de nosso ser no mundo. Nosso modo de ser vai muito além dos limites interpretativos dessa razão tecnológica, fundada na mercantilização da obra de arte e na arte transformada em moda para reproduzir um processo de alienação.

No caso específico da interpretação da imagem como instrumento de reflexão, é necessário um distanciamento da imagem propriamente dita, para que seu sentido possa ser captado no contexto em que ela se insere. Para Ricoeur (1990, p. 54), esse *"distanciamento não é o produto da metodologia [...] ele é constitutivo do fenômeno [...]; ao mesmo tempo é a condição para que possa haver interpretação"*. Isso quer dizer que uma coisa é a realidade em seu âmbito contextual, e outra, o contexto do autor que produz uma obra sobre as observações feitas acerca da própria realidade da qual faz parte. Poder-se-ia afirmar que há uma cumplicidade entre a realidade, o autor e a obra produzida, como resultado de um processo de investigação da realidade.

O que resulta de uma obra de arte, como imagem, é uma forma de ver e de perceber a realidade com um olhar particular, o qual, porém, não deixa de revelar e demonstrar um contexto bem mais amplo, que permite à realidade evidenciar-se por meio daquele que produz a obra de arte. Numa perspectiva hermenêutica, poder-se-ia dizer que a imagem constitui um discurso sobre a realidade e, muitas vezes, a subverte e distorce em favor de determinados interesses.

> Mas esse discurso não se dá alhures: ele se verifica nas estruturas da obra e por elas. Consequentemente, a interpretação é a réplica desse distanciamento fundamental constituído pela objetivação do homem em suas obras de discurso, comparáveis à sua objetivação nos produtos de seu trabalho e de sua arte (Ricoeur, 1990, p. 52).

Todo discurso tem a pretensão de atingir a realidade e exprimir o mundo. Refere-se a algo, a um mundo sobre o qual está falando. A fala do discurso é a expressividade da realidade que se pretende conhecer. O discurso produzido é produto de determinado contexto. Não só o discurso pretende atingir a realidade, como também a própria realidade nos atinge pelo discurso que dela fazemos. Isso significa que a realidade nos toca diretamente, quando procuramos tocá-la. É essa relação de cumplicidade e imbricação que nos permite conhecer as coisas que estão à nossa volta e, simultaneamente, em volta das quais estamos. Os discursos referem-se sempre a dada realidade, podem ser falseados, mas nunca são uma espécie de ficção posta diante de nós como se fossem a realidade e a imagem em sua expressão.

Assim, interpretar é explicar o tipo de ser-no-mundo manifestado pela obra, discurso, texto, arte e imagem. Não se trata do mundo da linguagem cotidiana, que fala das coisas dadas, mas do mundo poético, que propõe possibilidades novas do existir. Porém, só é possível propor possibilidades quando nosso discurso nos permite interpretações de nosso ser-no-mundo; ou seja, só é possível captar a realidade e a imagem em seu contexto à proporção que este nos lança na direção de nós mesmos, na compreensão do que somos e do sentido do ser. Sem tal busca, toda e qualquer imagem ou discurso tornam-se vazios e desnecessários.

Assim, só haverá interpretação verdadeira quando for possível estabelecer certo distanciamento dessa cultura marcada pela imagem. Para compreender o que somos, é preciso introduzir sempre uma atitude de suspeita, que produz uma cisão não só entre o sujeito e a imagem, mas também dentro do próprio sujeito. Esse distanciamento é a condição de possibilidade de toda e qualquer compreensão e interpretação autêntica.

O olhar do sujeito, sua intenção, determina e condiciona o modo pelo qual percebe a realidade. Mas é preciso recorrer à crítica como forma de reler o mundo e as coisas, para não se deixar enganar pelos simulacros. O que se busca é uma crítica do que se pensa e de como se pensa a imagem como um fato.

Portanto, deve-se usar a própria imagem para provocar o pensamento e desenvolver sua reflexividade e criticidade. Isso só pode ser afirmado pelo fato de que a simbolização se processa nos modos de compreensão situados na subjetividade humana.

Essa linha de argumentação indica que o processo de interpretação, pelo qual se constrói a leitura da realidade, há que concentrar-se na razão e em seus conceitos como instrumentos que possibilitam a autonomia e a emancipação. Revela-se fundamental, então, assumir uma crítica caracterizada pela desconfiança quanto ao que se verifica na imagem e em suas formas de linguagem, a fim de construir uma resistência à cultura de massa, sair da alienação rumo à emancipação.

Para Habermas (1987), nossa comunicação (e as imagens que ela utiliza) efetiva-se numa linguagem que sistematicamente distorce os fatos comunicados. Já segundo Ricoeur (1990), as distorções da linguagem não provêm de seu uso, mas da relação de poder que ela implica. A combinação entre linguagem e poder nem sempre é percebida pelos membros da comunidade. Esse desconhecimento é específico do fenômeno da ideologia. Por isso, é imprescindível que, no processo de ensino de Filosofia, o aluno aprenda a ler criticamente o modo pelo qual determinado discurso, com o uso da imagem, distorce a realidade em favor de determinadas relações de poder.

Convém, no entender de Habermas (1987), situar toda crítica das ideologias sob o signo de uma ideia reguladora: uma comunicação sem limite e sem coação. A ideia reguladora é mais dever-ser do que ser, mais antecipação do que reminiscência. É ela que confere sentido a toda crítica, porque só há dessimbolização na perspectiva de um projeto de ressimbolização.

Para Stein (1996), tal questão é importante, porque permite a reconstituição da comunicação perturbada. Com efeito, o processo de interpretação e de compreensão do modo pelo qual se constrói a leitura do mundo vincula-se necessariamente à práxis, como forma de traduzir informações que possibilitem a construção da reflexão crítica. Porém, semelhante exercício é extremamente difícil num contexto de comunicação perturbada, embora seja premente a análise, o estudo, a interpretação e a compreensão das distorções da comunicação, a fim de compreender mais significativamente o contexto em que se está situado. Nesse sentido, Stein (1996, p. 61) afirma:

> *compreender é um compreender que se constitui como totalidade, porque é um compreender do mundo não como um continente de conteúdos, mas de um mundo que é a própria transcendência. Este mundo, ao mesmo tempo, somos nós e projetamos sobretudo o que deve dar-se. Assim, vai se formar a chamada estrutura da circularidade, isto quer dizer, na medida em que já sempre estamos no mundo e, ao mesmo tempo, projetamos o mundo. Estamos envolvidos com os objetos do mundo e descrevemos o mundo no qual se dão os objetos.*

Por essa razão, Heidegger (1988) vai dizer que nós nunca somos transparência pura, pois desde sempre estamos no mundo, fomos jogados nele, chegamos sempre tarde, depois do começo do jogo: só então começamos a compreender. Quando projetamos o que queremos ser, nosso projeto tem sempre por base determinada situação concreta e é continuamente refeito, em função de tudo o que nos sobrevém.

Só conseguimos entrar no jogo a partir de nosso acesso às coisas do mundo, mediante a interpretação de suas imagens, discursos, representações em contextos concretos e abstratos. Assim, o compreender não existiria se não compreendêssemos o contexto. Segundo Basso (1998), esta é a grande questão: pensar as condições de possibilidade de uma relação entre sujeito e objeto em que um e outro não se separam inteiramente. De fato, na relação sujeito-objeto que aparece na obra, percebemos o que está ali, e o que é possível entender resulta do ato de compreender o que significa pronunciar uma frase – ou seja, o sentido sempre se dá na relação com a totalidade.

> Os processos interpretativos, como possibilidade de análise/compreensão da realidade, estão vinculados, fundamentalmente, com a relação estabelecida, no processo de construção do conhecimento, entre o singular e o universal, entre a interpretação particular de um fenômeno e a interpretação como método estruturante do conhecimento reflexivo-fenomenológico.

A questão do sujeito/objeto tem que ver com a problematização da singularidade/universalidade ou da particularidade/sistematicidade da interpretação. Nesse sentido, a interpretação substitui uma análise lógica e semântica justamente pelo fato de pretender discernir melhor a diferença entre particularidade e sistematicidade. Esse movimento é muito importante para perceber que a singularidade incorpora a particularidade na própria interpretação, mas de tal maneira que a singularidade não seja isolada e separada da sistematicidade e elas resultem num tipo de totalidade.

A relação imbricada entre sujeito e objeto no confronto de uma imagem a ser interpretada constitui a imbricação dessa singularidade com a sistematicidade que não é só da imagem, mas também de quem a interpreta. A generalização é possível pela interpretação produzida com base em algo objetivo, que é subjetivado para poder ser compreendido. Ou seja, é o sujeito em particular, envolto pela própria subjetividade, que necessita, pelo uso do método adequado, produzir critérios objetivos para que uma imagem, na qualidade de objeto de conhecimento, se torne objetivamente conhecida.

Essa interpretação constitui um discurso, pois somente ele visa às coisas, aplica-se à realidade, exprime o mundo. O "aqui" e o "agora" é que conferem a diferença última de todo discurso. Não há discurso de tal forma fictício, que não vá ao encontro da realidade, e não há imagem desligada de uma realidade específica. Destarte, interpretar é explicitar o tipo de ser-no-mundo manifestado pela imagem, e a teoria da "compreensão" já não se vincula à compreensão de outrem, mas torna-se uma estrutura do ser-no-mundo. O momento do compreender responde dialeticamente ao ser em situação, sendo a projeção das possibilidades mais adequadas ao cerne das situações em que nos encontramos. O que deve ser interpretado é uma representação de mundo, de um mundo tal como podemos habitá-lo, para nele projetar as perspectivas e os horizontes mais próprios da constituição de nosso ser-no-mundo.

> A referência aqui é, especialmente, à teoria hermenêutica.

1.2. A imagem como pretexto para o ensino de Filosofia

Em vez de uma filosofia da arte ou uma reflexão estética, proponho a imagem como pretexto para a reflexão e como ponto de partida para a sistematização filosófica. Entendo que, mediante a interpretação da imagem, o pensamento reflexivo pode ampliar o modo de compreender o mundo. Não é muito fácil abordar essa questão, diante de tantos trabalhos de estética desenvolvidos no interior das pesquisas em Filosofia. O intuito aqui é usar a imagem como pretexto para filosofar, para exercer e exercitar a atividade filosófica no espaço da sala de aula. Concebendo a dimensão estética (junto com as dimensões política, epistemológica, técnica e ética) como fundamental para a formação humana, pretendo buscar, em sua forma de expressão, um modo e uma mediação para ampliar os horizontes da reflexão no espaço do ensino de Filosofia.

Desse modo, um processo de ensino-aprendizagem que use a imagem como pretexto para pensar melhor faz-se necessário para auxiliar o processo de ressignificação do ensino de Filosofia em seu sentido mais elevado, auxiliando a produção de um filosofar mais comprometido nas instituições educativas com a reflexão sobre a cultura das imagens e sua importância na formação de uma opinião pública crítica (Trevisan, 2003).

1.2.1. Educar o olhar para ler o mundo em suas múltiplas representações

De acordo com Novaes (1997, p. 9), *"o olhar deseja sempre mais do que o que lhe é dado a ver"*. Com efeito, queremos passar da percepção do objeto para seu conhecimento, e isso implica interpretação, para que possa haver compreensão. O olhar atiça o desejo de ler aquilo que não está explícito. Busca o que não é aparente. É justamente aquilo que o jogo de sombras e luzes revela e esconde que ele quer ver. Ou melhor, o olhar está buscando muito mais o que as sombras escondem por trás dos vazios luminosos do que aquilo revelado imediatamente pela visão. Situado no visível, ele quer ver o invisível. Mirando o objeto visto, quer ver o que não pode ser visto imediatamente. Talvez não seja descabido dizer que esse desejo de ver o invisível, perpassado pelo questionamento e pela reflexão, é que desperta o pensamento. Vê-se com os olhos, mas só se sabe o que as coisas são por meio do pensamento.

Ver não é apenas perceber o objeto, mas, fundamentalmente, interpretá-lo. O universo da percepção é um feixe de interpretação. A dialética entre perceber e interpretar é que potencializa o pensamento, a linguagem, a criatividade e a inteligência humana, lançando-nos na direção do conhecimento e permitindo-nos permanecer no conhecido, como forma de iluminação daquilo que antes não podia ser visto. Conhecemos somente o que trazemos à luz, e é somente isso que possibilita criar e recriar o mundo, a natureza e nós próprios. Por conseguinte, apesar de todo o avanço do conhecimento humano, ainda há um universo a ser trazido à luz do olhar, para que possamos compreender.

Esse movimento da percepção à compreensão exige o movimento do objeto ao pensamento, com o entendimento de que o objeto atinge o pensamento à mesma medida que o pensamento condiciona a leitura do objeto. Enquanto o objeto pode ser tido como a coisa mesma, o pensamento sobre o objeto torna-o virtual na ideia, podendo multiplicá-lo no conceito que se faz dele pela interpretação. Esse movimento de "virtualização" do objeto cria uma distância metódica entre a realidade e o pensamento. Assim, *"pensar é pôr a distância [...] pensar não é experimentar, mas construir conceitos"* (Novaes, 1997, p. 11).

O movimento da percepção do objeto à sua compreensão é mediado pelo conceito, que representa a imagem do que vemos e do que as coisas são em si mesmas e em nós. Objeto e sujeito são partes constitutivas de um mesmo mundo, onde um lê, pelo olhar, aquilo que o outro é segundo seu modo de compreender, à medida que compreende a si mesmo. Quando o sujeito procura ler o objeto por meio de seu olhar, está desabitando o mundo para poder aprofundar o conhecimento de sua forma e do modo de habitar as coisas. Assim, tanto habitamos o mundo quanto ele nos habita, nos impulsiona e nos condiciona a determinado modo de ser. De certo modo, pensamento e mundo não são coisas próximas, são a mesma realidade. *"O pensamento fala com a linguagem do olhar"* (Chauí, 1997, p. 40). O que vemos é o mundo que somos, e o que criamos faz parte daquilo que estamos sendo no mundo. Nosso olhar é condicionado pelo mundo à mesma medida que, ao olharmo-lo atentamente, condicionamos nosso modo de ser.

Sendo assim, *"o olhar é, ao mesmo tempo, sair de si e trazer o mundo para dentro de si"* (Chauí, 1997, p. 33); *"a visão depende das coisas e nasce lá fora, no grande teatro do mundo"* (p. 34); *"ver é olhar para tomar conhecimento e para ter conhecimento"* (p. 35). Essa relação entre ver e conhecer, caracterizada por um olhar que se tornou cognoscitivo, e não apenas espectador desatento, traduz-se em ver, observar, examinar, fazer ver, instruir, instruir-se, informar, informar-se, conhecer, saber.

O olhar que quer ver, quer saber e pensar. A necessidade desse ver constitui um desejo que vai formando o que somos. Esse desejo de conhecer impulsiona nosso ser. No dizer de Aristóteles (1979, p. 21-25):

> *Por natureza, todos os homens desejam conhecer. Prova disso é o prazer causado pelas sensações, pois, mesmo fora de toda utilidade, nos agradam por si mesmas e, acima de todas, as sensações visuais. Com efeito, não só para agir, mas ainda quando não nos propomos a nenhuma ação, preferimos a vista a todo o resto. A causa disto é que a vista é, de todos os nossos sentidos, aquele que nos faz adquirir mais conhecimentos e o que nos faz descobrir mais diferenças.*

É pelo olhar que observamos o mundo, suas expressões, particularidades, diferenças, consistência e identificamos os objetos, ao mesmo tempo em que criamos uma espécie de aptidão para ver e discernir as coisas. Conforme Chauí (1997, p. 38):

> *a aptidão da vista para o discernimento [...] a coloca como o primeiro sentido de que nos valemos para o conhecimento e como o mais poderoso porque alcança as coisas celestes e terrestres, distingue movimentos, ações e figuras das coisas, e o faz com maior rapidez do que qualquer dos outros sentidos. É ela que imprime mais fortemente na imaginação e na memória as coisas percebidas, permitindo evocá-las com maior fidelidade e facilidade.*

A passagem da experiência do olhar à explicação racional dessa experiência e do pensamento ao juízo, ao mesmo tempo em que estabelece uma cisão entre o olhar e a palavra, exige uma fusão entre esses dois aspectos componentes de nosso conhecimento racional. Na fusão do olhar com a linguagem, como escrita, é que se torna possível passar da imagem ao pensamento. Nessa relação é que o olhar nos lança para fora de nós mesmos. Essa passagem da imagem, captada pela visão, ao pensamento e à explicação conta com a mediação da palavra, que, pela experiência, possibilita o desenvolvimento da memória e da inteligência. A visão passa e permanece graças à memória expressa pela palavra escrita, que registra o pensamento. Por outro lado, a palavra não pode reduzir o olhar à linguagem, pois isso bloqueia o pensamento. Ela é a potencializadora do olhar, que se explica e se compreende pela linguagem. Nesse caso, tanto o olhar quanto a linguagem são mediações para explicar e compreender o mundo e a nós mesmos.

A linguagem, que faz a mediação entre a experiência do olhar e a do pensamento, possibilita a reflexão, ampliada à medida que o olhar se detém no objeto e vai percebendo as minúcias que se intercalam e se relacionam pela percepção, também ampliada na reflexão. Assim, a reflexão é possível porque o mundo e o ser humano são feitos do mesmo estofo.

Pela linguagem, a visão e o pensamento podem ampliar-se. O olhar torna-se mais atento e o pensamento, refinado. Isso talvez indique que o olhar sistemático sobre o mundo amplia nossa capacidade de conhecer, possibilitando outras leituras e interpretações de objetos comuns.

Segundo Merleau-Ponty (1964, p. 35), a imagem da pintura, articulando-se ao olhar que procura pensá-la, amplia nosso universo. Nesse sentido, a tarefa do pintor é desvelar os meios visíveis pelos quais a pintura é visível aos nossos olhos. Deve mostrar como luz, iluminação, cor, sombra e reflexo só têm existência visual. Seu olhar inspirado interroga o visível para *"compor o talismã do mundo, para nos fazer ver o visível"*, ensinando-nos por que há visível.

A pintura, expressa no recorte do artista, expõe-nos o visível que não vemos. Precisamos aprender a ver não só o visível, mas aquilo que ele esconde atrás de si.

> *A pintura é "ruminação do olhar" e "inspiração, expiração, respiração no ser". Essas expressões [...] não são metáforas e sim descrições rigorosas da pintura como filosofia figurada da visão [...]. A pintura é transubstanciação do sensível, passagem da carne do mundo na carne do pintor para que dela se faça presente um novo visível, o quadro, visível do visível. [...] se a pintura é filosofia figurada da visão é porque nos ensina algo que compartilhamos com o pintor, o simples olhar quando nossos olhos veem (Chauí, 1997, p. 60).*

Para Merleau-Ponty (1964, p. 81), *"a visão não é um certo modo do pensamento ou da presença a si: é o meio que me é dado de estar ausente de mim mesmo, de assistir de dentro a fissão do ser, ao término da qual, e só então, me fecho sobre mim"*. Desse modo, vê-se vendo e transforma-se a visão em novo visível que nasce para o mundo.

Portanto, a Filosofia, em sua investigação da visão, ensina-nos que: ver não é pensar e pensar não é ver, mas sem a visão não podemos pensar; o pensamento nasce da sublimação do sensível, no corpo glorioso da palavra que configura campos de sentido aos quais damos o nome de ideias; o pensamento não são enunciados, juízos, proposições, mas

---

Obviamente, no caso de pessoas com deficiência visual, o ver e o não ver estão mais numa relação com a linguagem do que com a dimensão neurológica do cérebro.

afastamentos determinados no interior do ser; outrossim, não é contato invisível de si consigo, interioridade transparente e presença a si, mas excentricidade perante nós e a partir de nós; o conceito não é representação completamente determinada, mas "generalidade de horizonte", e a ideia não é essência, significação completa sem data e lugar, mas o "eixo de equivalência", constelação provisória e aberta do sentido. A Filosofia revela que, assim como o visível é adaptado pelo forro do invisível, também o pensamento é habituado pelo impensado. O olhar ensina um pensar generoso que sai de si pelo pensamento de outro que o apanha e o prossegue. O olhar, identidade do sair e do entrar em si, é a definição do espírito e a construção mais plena de nosso ser no mundo.

A filosofia do olhar instiga a ação do pensar que abstrai do real sua imagem sintetizada em pensamento e a transforma em conhecimento; isto é, o pensamento, como atividade cognitiva, volta-se para si mesmo e, nesse processo reflexivo, elabora os objetos próprios de seu ato de conhecer por meio de conceitos, que nos permitem abstrair o real dele mesmo para podermos compreendê-lo mediante a teoria que elaboramos para explicar os fenômenos. Bornheim (1997, p. 89) explica:

> [na Grécia] *com o início do teatro e da filosofia [...] a ação de ver encontra-se a si própria, na ação de olhar em si mesma; assim, de meramente exterior, ela passa a educar-se nas dimensões de seu próprio exercício. Aliás, o verbo "theoreim" deriva de um nome, "theoros", ser espectador. Sem dúvida, a teoria é apenas isso: um ver concentrado e repetido, um ver que sabe ver, que inventa meios para ver cada vez melhor. E é nessa educação do olhar, a partir dela, que se institui toda a filosofia e as ciências do Ocidente.*

À medida que vemos, trazemos para dentro tudo o que está fora. O olhar possibilita a passagem da objetividade para a subjetividade, criando inúmeras formas de ver os mesmos objetos. Possibilita a criação do ser, ao mesmo tempo em que nos permite recriar o mundo segundo as formas de que dispomos para interpretá-lo. Essa direção do olhar é uma direção do ser, um horizonte em que construímos e reconstruímos nosso modo de existir e de fazer existir o mundo nele próprio e em nós. Diante desse processo criativo, é imprescindível, no ensino de Filosofia, educar o olhar, para que, por meio dele, se possa aprender a pensar melhor e não se deixar enganar pela imagem do mundo, construída para iludir o pensamento e alienar o espírito humano.

Nas palavras de Rouanet (1997, p. 131):

> *É preciso olhar corretamente o que se quer ver. Para ver tudo [...] tem que ter dois atributos principais: a lucidez e a reflexividade. Para ser lúcido, o olhar tem que se libertar dos obstáculos que cerceiam a vista; para ser reflexo, ele tem que admitir a reversibilidade, de modo que o olhar que vê possa por sua vez ser visto. Se essas características não estivessem presentes, não seria possível ver tudo, e com isso não ficaria atendido o objetivo máximo da visualidade esclarecida. Um olhar incompetente não daria acesso a todos os objetos; um olhar sem reversibilidade criaria uma distinção entre os que veem e os demais, fazendo com que alguns indivíduos não fossem vistos, o que [...] contrariaria a meta da universalidade.*

Ver tudo é uma pretensão do Iluminismo, conforme a compreensão de que, vendo o universal, se pode revolucionar o modo pelo qual o ser humano se constrói no mundo. O olhar há que ser crítico e surge na dúvida, que questiona o modo como as coisas são apresentadas. Por isso, deve-se educar o olhar, pois, sem esse olhar crítico, há o risco de reproduzir apenas as representações do mundo, suas ilusões, e não o mundo em sua concretude, transformado pela arte de fazê-lo humano. Para instaurar um processo de transformação, cabe educar o olhar noutras direções. É essencial ensinar a olhar, pois *"o homem que aprendeu a olhar desconfia da percepção, quase sempre ilusória, e a relativiza, comparando-a a outras formas de percepção, que dão dos mesmos objetos uma visão diferente"* (Rouanet, 1997, p. 135). Deve-se formar uma perspectiva que ultrapasse as falsificações, para que se possa aprender a "ousar ver e ousar saber" (Rouanet, 1997, p. 147) e não se deixar enganar pela falsificação do olhar e pela manipulação das representações.

É preciso, enfim, aprender a olhar na direção da transformação da sociedade, olhar corretamente.

> Olhar corretamente significa usar a vista com astúcia e com inocência. Com astúcia porque sem ela seríamos iludidos, e com inocência para não sermos corrompidos pela miragem de uma visibilidade estéril, sem fins transformadores, e posta unicamente a serviço do prazer do olhar (Rouanet, 1997, p. 135).

1.2.2. Aprender a ler a linguagem das imagens para aprender a refletir sobre o mundo que revelam

Neste momento, a intenção é refletir sobre o uso da imagem como possibilidade para a reflexão filosófica no espaço do ensino médio. Não se trata de um trabalho de estética ou sobre o ensino da arte e muito menos de semiótica. Trata-se de trazer, ao contexto do ensino de Filosofia, uma problemática que seja de ajuda para pensar algumas mediações para esse ensino, por meio da produção artística e do uso das imagens como pretexto para fazer o aluno refletir sobre o significado delas e de sua profusão e até do impedimento de sua compreensão pelo "bombardeio" recebido, cotidianamente, daquelas difundidas pela mídia e pelo marketing.

O objetivo é reunir elementos que possibilitem uma mediação pedagógica no ensino de Filosofia com base na imagem, evitando entrar na complexa discussão sobre ela como representação ou forma de dominação, mas pensando essa mediação como potencializadora do processo reflexivo na sala de aula. Isso porque, em uma época como a atual, marcada pela presença constante da imagem, é obrigatório o conhecimento de seus mecanismos, a fim de não permanecermos na ignorância ou na alienação de seus significados.

De certo modo, a proposta é o aprofundamento e a ampliação da "educação do olhar" para aprender a pensar melhor. A fim de que isso possa começar a adquirir corpo, revela-se oportuno perguntar: o que é a imagem?

É importante frisar que a referência é à imagem exterior, e não à imagem interior ou da mente.

Nas palavras de Joly (2003, p. 135-136):

> *Percebe-se contudo que, longe de ser um flagelo ameaçador e contemporâneo, a imagem é um meio de expressão e de comunicação que nos vincula às tradições mais antigas e ricas de nossa cultura. Mesmo sua leitura mais ingênua e cotidiana mantém em nós uma memória que só exige ser um pouco reativada para se tornar mais uma ferramenta de autonomia do que de passividade [...]. A leitura da imagem, enriquecida pelo esforço da análise, pode se tornar um momento privilegiado para o exercício de um espírito crítico que, consciente da história da representação visual na qual ela se inscreve, assim como sua relatividade, poderá dela tirar a energia de uma interpretação criativa. [...] Interessar-se pela imagem é também interessar-se por toda a nossa história [...]. A riqueza da conduta contradiz a redução da imagem à imagem da mídia ou às novas tecnologias: estas são apenas as transformações mais recentes, se não as últimas, dos signos visuais que nos acompanham, como acompanharam a história da humanidade.*

A imagem revela o mundo por meio de sua expressão; por ela se conhece o mundo representado. Para compreender o significado expresso pela imagem, que pode ser entendida como um texto, é preciso aprender a ler e reler. Segundo Buoro (2002), por releitura da imagem entende-se a tradução da significação do objeto como fundamento para uma nova construção, buscando, nessa ação, a ressignificação do mesmo objeto: reler para aprofundar significados. Assim, considera-se que toda nova produção, oriunda de uma imagem referente, é construção de novo texto, no qual o sujeito produtor elabora uma interpretação, recriando a imagem lida.

Embora existam atualmente inúmeras reservas à interpretação e à leitura da imagem, tais atividades tornam-se uma necessidade formativa. Na verdade, os estudantes, de modo geral, revelam enorme dificuldade para interpretar a avalancha de informações imagéticas que lhes chegam ao olhar. Nesse contexto, duas coisas são importantes no espaço do ensino de Filosofia: a necessidade de ler criticamente as imagens que chegam pela mídia e a possibilidade de aprender a pensar melhor e filosofar mais significativamente com e pela mediação de imagens, como pretexto para a reflexão.

Para tanto, é vital a alfabetização do olhar. A formação de leitores de imagens precisa mobilizar o olhar para que ele se torne mais significativo na leitura da imagem e do mundo. Tal leitura confere visibilidade à realidade, permitindo a ampliação do universo de compreensão do aluno. Trata-se do desenvolvimento de um olhar atento, capaz de analisar a imagem e reconstruir sentidos para a apreensão do objeto em foco.

Para Buoro (2002), a imagem é um texto visual, entendendo por texto um universo organizado, coerente, demarcado, constituído de elementos que se relacionam significativamente.

Oliveira (1995), com o propósito de assinalar que a significação da obra é construída em função de seu aspecto formal, afirma que a pintura quer tornar visíveis os processos de estruturação de seu todo mediante a apreensão das partes, permitindo a percepção do modo pelo qual essas partes são arranjadas em sua manifestação textual. Em um procedimento contrário, pode-se partir da obra pintada a fim de, pelo verbal, delinear a cadeia de procedimentos constituintes da tela. Pela reconstituição dos traços, pode-se chegar às ações que configuram as transformações que refazem e repintam a obra por meio do texto, expressando-a em outra linguagem. Com base nessa ideia, pode-se dizer que, para interpretar e compreender a obra de arte, cumpre transpô-la da "imagem-texto" para o "texto-imagem". A imagem-texto é a imagem propriamente dita, que aparece diante do olhar do espectador. O texto-imagem é o texto de caráter dissertativo, narrativo ou descritivo que expressa determinado objeto em análise. Deve-se operar a passagem da imagem que está diante do olhar do sujeito para sua interpretação e compreensão na expressão da escrita.

Assim, o leitor de imagem partirá do plano da manifestação da obra, procurando perceber como estão organizados os elementos em seu conjunto. Essa percepção será possível à medida que se tornarem visíveis as unidades pertinentes ao plano da manifestação na relação com o conjunto. É importante afirmar que os significados não brotam da soma das partes, mas das relações estabelecidas entre elas e dos modos como são ordenadas.

De acordo com Buoro (2002), esse processo desenvolve-se do simples ao complexo, movimentando-se em três patamares: o nível fundamental, o narrativo e o discursivo. Assim, a análise pretende reelaborar o objeto como novo texto, criando espaço para o que este tem a dizer e evidenciando como está organizado esse modo de dizer o que diz.

Do mesmo modo:

> *As articulações entre os dois planos [discurso verbal e imagem] geram outras como as referências dos elementos plásticos com os do sistema semiótico do mundo natural, com o do título verbal, com outros sistemas semióticos que a pintura incorpora, com a série de obras do mesmo sistema que a pintura se põe em relação. Da descrição do plano da expressão da obra é que se visualizam as outras esferas de relação que ela estabelece. A obra é, portanto, o início e o fim do seu próprio tornar visível e o que ela nos faz ver é nada além do que nela está inscrito* (Oliveira, 1995, p. 110).

A obra revela o que é por aquilo que apresenta, mas, para poder compreendê-la, é preciso operar a passagem da imagem "em si" para a interpretação daquilo que ela está apresentando ao olhar observador. Até certo ponto, a exigência da leitura da imagem é a passagem do uso da memória, que fixa o expresso pela pintura, para um processo de reflexão, que exige a pergunta pelo significado. Desse ponto de vista, a leitura nunca está pronta, mas se faz à medida que se opera o movimento da memória visual para o pensamento interpretativo, que se debruça sobre os sentidos expressos pela obra.

Nesse caso, não se trata tanto de querer saber das "intenções" do autor, mas do sentido despertado no espectador. Quando se fica preso à tentativa de "descobrir" as "intenções" do autor, torna-se inviável compreender o que a obra expressa. Interpretar uma mensagem e analisá-la não consiste em tentar encontrar ao máximo uma mensagem preexistente, mas em compreender o que ela, nas circunstâncias em que se apresenta, provoca de significações, ao mesmo tempo em que se tenta separar o que é pessoal do que é coletivo.

> *A mensagem está aí: devemos contemplá-la, examiná-la, compreender o que suscita em nós, compará-la com outras interpretações; o núcleo residual desse confronto poderá, então, ser considerado como uma interpretação razoável e plausível da mensagem, num momento X, em circunstância Y* (Joly, 2003, p. 44-45).

A ideia é que, ao analisar uma mensagem, uma imagem, uma obra de arte, o indivíduo deve, em primeiro lugar, situar-se deliberadamente do lado em que está, ou seja, do lado da recepção, o que não o livra da necessidade de estudar o histórico dessa mensagem, *"mas ainda é preciso evitar proibir-se de compreender, devido a critérios de avaliação mais ou menos perigosos"* (Joly, 2003, p. 45).

A arte é para ser compreendida e pensada na dinâmica da "revelação" do mundo, e não para seu mascaramento e ocultação. Mas, para isso tornar-se possível, é necessária a análise, que continua sendo um trabalho que exige tempo e não pode ser feito espontaneamente. Porém, sua efetivação pode aumentar o prazer estético e comunicativo, pois aguça a observação e o olhar, aumenta os conhecimentos e permite, tanto a professores como alunos, captar mais informações na recepção das obras.

Uma análise das imagens, especialmente para seu uso como mediação pedagógica no ensino de Filosofia, define-se por seus objetivos. Segundo Joly (2003, p. 49-50),

> *definir o objetivo de uma análise é indispensável para instalar suas próprias ferramentas, lembrando-se que elas determinam grande parte do objeto da análise e suas conclusões. De fato, a análise por si só não se justifica e tampouco tem interesse. Deve servir a um projeto, e é este que vai dar sua orientação, assim como permitirá elaborar sua metodologia. Não existe um método absoluto para análise, mas opções a serem feitas ou inventadas em função dos objetivos.*

Além dos objetivos da análise, é necessário considerar as funções da imagem e o contexto de seu surgimento. A principal função da imagem é inserir-se num processo de comunicação. Nesse caso, a imagem opera como elemento de interseção entre o ser humano e o mundo, ou como produção humana que visa estabelecer uma relação com o mundo. Também pode ser instrumento de conhecimento, uma vez que fornece informações sobre objetos, lugares ou pessoas em formas visuais diversas e serve para ver o próprio mundo e interpretá-lo. Uma imagem não é uma reprodução da realidade, mas o resultado de um processo de representação e de correções, ou seja, não se trata da reprodução de uma experiência visual, mas da reconstrução de uma estrutura que tomará a forma de representação, mais ou menos adaptada aos objetivos estabelecidos.

Como consequência, pode-se dizer que a imagem, na qualidade de função de conhecimento, se associa a uma função estética potencializadora da comunicação, o que significa que a comunicação pela imagem vai estimular necessariamente, no espectador, um tipo de expectativa específica e diferente daquela estimulada por uma mensagem verbal.

A noção de expectativa, na recepção de uma mensagem, está ligada a determinado contexto condicionador da interpretação. A expectativa é do produtor da obra, mas também do espectador, do mesmo modo que o contexto é tanto do artista quanto do receptor de sua mensagem. Por conseguinte, há sempre uma expectativa e um contexto de produção, ao mesmo tempo em que, no processo de interpretação, há uma expectativa e um contexto do espectador da obra. Essa relação estabelece as condições de instrução e de orientação de leitura vinculadas à obra.

Portanto, ler a obra é decidir mudar a realidade por dentro, procurando atingir uma dimensão fora do sujeito, pois *"os olhos que decidem são pensantes e [...] buscam a direção de novas visualizações de um novo mundo, de novas visualizações de uma nova arte"* (Buoro, 2002, p. 169).

1.2.3. Cinema e Filosofia: a imagem-movimento e a reflexão do pensamento no ensino de Filosofia

Depois de refletir sobre a *educação do olhar* e sobre a *imagem como pretexto* potencializador da reflexão filosófica, proponho pensar possibilidades mediadoras do ensino de Filosofia nas relações entre *cinema e Filosofia*. A intenção é pensar o uso do cinema como ponto de partida para a construção do conhecimento filosófico, o que se revela possível como desenvolvimento de uma educação do olhar que apreende e conhece o mundo pela força da imagem.

Dessa forma, *"uma imagem depende de sua relação com um sujeito em determinadas condições"* (Xavier, 1997b, p. 378). E ainda:

> Toda leitura de imagem é produção de um ponto de vista: o do sujeito observador, não o da "objetividade" da imagem (p. 379).
> Diante do aparato construtor de imagens, minha interação é de outra ordem: envolve um olho que não vejo e não me vê, que é olho porque substitui o meu, porque me conduz de bom grado ao seu lugar para eu enxergar mais... ou talvez menos. [...] Enxergar mais é estar atento ao visível e também ao que, fora do campo, torna visível (p. 382).

Há, entre o aparato cinematográfico e o olho natural, uma série de elementos e operações comuns favorecedores de uma identificação de meu olhar com o da câmera, resultando disso forte sentimento da presença do mundo emoldurado na tela, simultâneo ao meu saber de sua ausência (trata-se de imagens, e não das próprias coisas). Discutir essa identificação e essa presença do mundo à minha consciência é, em primeiro lugar, acentuar as ações do aparato construtor do olhar do cinema. A imagem que recebo compõe um mundo filtrado por um olhar exterior a mim, o qual organiza uma aparência das coisas, estabelecendo uma ponte, mas também se interpondo entre mim e o mundo. Trata-se de olhar anterior ao meu, cuja circunstância não se confunde com a minha na sala de projeção. O encontro entre espectador e aparato de projeção tem dois momentos distintos, separados por todo um processo. Na filmagem estão implicados uma copresença, um compromisso, um risco, um prazer e um poder de quem tem a possibilidade e escolhe filmar.

Como espectador, tenho acesso à aparência registrada pela câmera sem o mesmo risco ou poder, enfim, sem a circunstância. Contemplo uma imagem sem ter participado de sua produção, sem escolher ângulo ou distância, sem definir uma perspectiva própria para a observação. Ao contrário das situações de vida em que estou presente ao acontecimento, na sala de espetáculo, já sentado, não tenho o trabalho de buscar diferentes posições para observar o mundo, pois tudo se faz em meu nome, antes de meu olhar intervir, num processo que franqueia o que talvez de outro modo seria, para mim, de impossível acesso. Espectador de cinema, tenho meus privilégios. Mas, simultaneamente, algo me é roubado: o privilégio da escolha (Xavier, 1997a, p. 369-370).

Nesse espaço onde pode haver ganhos e perdas,

> aceito e valorizo o olhar mediador do cinema porque as imagens que ele me oferece têm algo de prodigioso [...] advindo de sua liberdade ao invadir a intimidade, de sua precisão e destreza nos maiores desafios. No cinema posso ver tudo de perto, e bem visto, ampliado na tela, de modo a surpreender detalhes no fluxo dos acontecimentos, dos gestos. A imagem na tela tem sua duração; ela persiste, pulsa, reserva surpresas. Se é contínua, posso acompanhar um movimento enquanto este se faz diante da câmara; se a montagem intervém, vejo uma sucessão de imagens tomadas de diferentes ângulos, acompanho a evolução de um acontecimento a partir de uma coleção de pontos de vista, via de regra privilegiados, especialmente cuidados para que o espetáculo do mundo se faça para mim com clareza, dramaticidade, beleza. As possibilidades abertas pela temporalidade própria da imagem são infinitas: há o movimento do mundo observado e o movimento do olhar do aparato que observa. Quando a imagem é de um rosto, tenho a interação dos olhares que se confrontam, verdadeira orquestração: o olho que vê e o que é visto têm ambas sua dinâmica própria e cada um de nós já teve ocasiões de avaliar, com maior ou menor consciência, a intensidade dos efeitos extraídos desta orquestração (Xavier, 1997b, p. 370).

O cinema tem garantido e propiciado uma condição de prazer, sem que o espectador seja atingido pelo mundo apresentado. O espectador observa o mundo sem participar dele.

Como exemplos, podem-se citar *O tigre e o dragão*, de Ang Lee, que recorda ideias de Aristóteles, Descartes e Hegel, *O sonho*, de Kurosawa, que expressa ideias de Siddarta, *Matrix*, de Andy e Larry Wachowski, que põe em questão o real e o imaginário, a relação entre mente e corpo, a realidade virtual, entre outros temas abordados por filósofos desde Descartes até Peirce. Análises sobre esses e outros filmes podem ser encontradas em Altamura (1999), Cabrera (2000) e D'Antonio (2002).

O olhar do cinema é um olhar sem corpo, sem identidade. O espaço e o tempo adquirem outros significados e expressões. Nele o olhar do espectador nunca está situado, nunca tem ancoragem, mas, apesar disso, é privilegiado, pois pode ver mais e melhor, justamente pela posição em que ocupa nessa dinâmica proposta pelo cinema.

Nesse contexto, o cinema tem reproduzido ideias filosóficas por meio de suas produções e representações. Constata-se, hoje, vasta produção cinematográfica que utiliza imagens e conteúdos filosóficos ou ideias de filósofos, bem como temas da Filosofia.

A ponte entre cinema e Filosofia foi estabelecida sistematicamente por Benjamin (1987) e Deleuze (1993; 1997). Pensador alemão falecido em 1940, Benjamin (1987) elabora uma crítica à cultura, procurando destruir a "aura" das obras de arte, propiciada pela reprodução técnica, como condição de transformação e construção de nova forma de "percepção". Para desenvolver sua argumentação da destruição da aura e da tradição, parte de *"um núcleo especialmente sensível que não existe num objeto da natureza: sua autenticidade [da obra de arte]"* (Benjamin, 1987, p. 168). A seu ver, a reprodução técnica retira da obra de arte sua autenticidade, sua unicidade e singularidade, seu aqui e agora. Para ele (1987, p. 168), *"a autenticidade é a quintessência de tudo que foi transmitido pela tradição, a partir de sua origem, desde sua duração material até o seu testemunho histórico"*. Com a reprodutibilidade técnica, instaura-se a crise e a ruptura e põe-se em xeque a noção de propriedade. De fato,

> na medida em que ela [a obra de arte] multiplica a reprodução, substitui a existência única da obra por uma existência serial. E, na medida em que essa técnica permite à reprodução vir ao encontro do espectador [...] ela atualiza o objeto reproduzido. Esses dois processos resultam num violento abalo da tradição [...] e a renovação da humanidade (Benjamin, 1987, p. 168-169).

Benjamin (1987), para demonstrar a nova configuração da arte, elege o cinema, discutindo as possibilidades abertas por ele. No cinema, os objetos são transmitidos para a massa por meio de uma tecnologia totalmente inovadora, abrindo espaço para uma nova percepção. O cinema pode representar uma possibilidade revolucionária, à medida que quebra com as tradicionais maneiras de conceber a obra de arte. Por isso, o pensador alemão afirma:

> *o cinema é a forma de arte correspondente aos perigos existenciais mais intensos com os quais se confronta o homem contemporâneo. Ele corresponde a metamorfoses profundas do aparelho perceptivo, como as que experimenta o passante, numa escala individual, quando enfrenta o tráfego, e como as experimenta, numa escala histórica, todo aquele que combate a ordem social vigente (Benjamin, 1987, p. 192).*

O cinema institui nova tradição, que põe em risco a possibilidade de autonomia e acaba por funcionar como uma forma de alienar as massas. Com efeito, *"o fascínio tenta organizar as massas proletárias recém-surgidas sem alterar as relações de produção e propriedade que tais massas tendem a abolir"* (Benjamin, 1987, p. 194). Com o uso da propaganda em prol da nova tradição, a massa sendo filmada e podendo assistir a si própria nessa conjuntura, seria levada a tal estado de autoalienação, a ponto de *"viver sua própria destruição como um prazer estético de primeira ordem"* (Benjamin, 1987, p. 196). Essa é a dinâmica da estética da guerra. Porém, o que se busca é a possibilidade de sair desse processo de controle das massas pelo controle da imagem.

Por outro lado, Deleuze (1993; 1997) sustenta a tese de que, malgrado a abundância de mediocridade na produção cinematográfica, os grandes autores do cinema podem ser comparados não somente com os grandes artistas, arquitetos, pintores e músicos, mas também com os pensadores. Os grandes artistas pensam por meio da imagem-movimento e da imagem-tempo ao mesmo nível do pensamento conceitual.

Desenvolvendo sua reflexão à luz do pensamento de Bergson (1999) sobre a natureza do movimento e do tempo, Deleuze (1993; 1997) considera que o cinema, mediante a montagem, apresenta um movimento do tempo que pode autorreferir-se, e essa autorreferência como que se reporta à Filosofia antiga, cuja proposta era pensar o eterno e o universal. Tal ponto de vista aponta a possibilidade de uma nova filosofia, capaz de um modo de pensar novo e singular, da qual o cinema passa a ser o porta-voz. Esse novo pensar exprime um modo de conceber e expressar o mundo pela imagem-tempo e pela imagem-movimento. Constituindo tanto um modo de representar o mundo quanto uma interpretação dele, o cinema emerge como Filosofia, reeditando antigas ideias filosóficas, reatualizando as imagens da realidade feitas pelos filósofos e apresentando esta como imagem. Desse modo, subverte os sentidos da realidade, criando outras formas de ser das coisas: sua existência por meio da representação.

Uma vez que a representação da realidade tem uma existência própria com o que se chama de filme, este pode tornar-se objeto de investigação e de reflexão. Então, aquilo que foi uma subversão da realidade pode ser instrumento para que a interpretação efetuada seja revertida em análise filosófica, não do cinema, mas do filme por ele expresso como realidade que se analisa filosoficamente. É justamente a mudança da interpretação para a análise que possibilita usar o filme como mediação e pretexto para o filosofar. Essa realização do virtual permite não só tornar virtual a realidade expressa na representação, mas também representar a própria representação expressa no filme. Nesse sentido, a análise passa a ser a categoria central a possibilitar o uso do filme como pretexto para a reflexão filosófica.

Esse entendimento segue na direção do que pensa Cabrera (2000, p. 27), que concebe "o filme como forma de pensamento" e entende ser possível

> *ler o filme filosoficamente, ou seja, tratá-lo enquanto objeto conceitual, que neste caso é um conceito visual em movimento. [...] O cinema pode ser considerado filosófico na medida em que seja possível analisar o filme do ponto de vista conceitual, considerando-o no movimento dos conceitos que podem ser vistos.*

Para esse autor, revela-se viável e interessante o uso do filme como mediação didática no ensino de Filosofia porque:
- é possível ler filosoficamente qualquer realidade, e o filme constitui caso singular de uma leitura geral sobre ela, projetando-se a Filosofia como instrumento universal de sua leitura. Desse ponto de vista, porém, ler filosoficamente um filme não é algo diferente de ler filosoficamente qualquer outro objeto, salvo pelo fato de aquele possuir uma especificidade própria. O conceito-imagem é uma forma de pensamento não exclusiva da linguagem cinematográfica, pois, ao ser utilizado como objeto que expressa possibilidades de interpretação e como instrumento didático, se converte em outra realidade: o pensamento filosófico, dele extraído à medida que auxilia o estudante a pensar à luz da dinâmica do mundo midiático da contemporaneidade. Na mediação didática em Filosofia, o uso do filme é interessante porque permite indicar ao estudante possíveis modos de ler filosoficamente a realidade;
- é possível o uso não marginal do pensamento por imagem mediante a prática filosófica em aula;
- recorda que a esfera da emoção entra no mecanismo cognitivo, uma vez que a paixão (pathos) e a razão (logos) não são universos paralelos, mas mundos em comunicação.

O que pode ser interessante, no uso do filme como mediação didática para o ensino de Filosofia, é a possibilidade de operar uma mudança do mundo concreto para o abstrato e da imagem para o concreto. Talvez um dos grandes problemas dos professores da disciplina seja a dificuldade dos estudantes em operar a passagem do concreto ao abstrato e do abstrato ao concreto novamente. O professor tem dificuldade de favorecer a passagem da forma abstrata à forma concreta de pensamento, de modo que a Filosofia, com seus conceitos, passe a servir para a interpretação da realidade e para a pesquisa do próprio comportamento.

O mundo da imagem pode ser uma ponte entre esses dois níveis, favorecendo o movimento seja do concreto ao abstrato, seja do abstrato ao concreto. Assim, o cinema pode oferecer uma mediação concreta no ensino de Filosofia, também porque é parte da experiência cotidiana do jovem desde sua infância.

A trama de um filme, os conceitos expressos pelos personagens com suas ações e palavras, as trilhas musicais podem constituir indicações precisas para um vínculo com a reflexão filosófica porque, do concreto da situação, se pode passar à definição de um princípio abstrato.

Segundo Trombino (2003), parece evidente a vantagem do uso didático do filme nos seguintes casos:

- quando os estudantes têm estilos cognitivos diferenciados, caso em que o filme pode oferecer suporte ao ensino e valorizar muitos estilos diversos, ao mesmo tempo em que possibilita uma postura didática diferenciada;
- quando o professor se defronta com a exigência de problematizar conceitos que não fazem parte do mundo dos estudantes, mas são para eles previamente problemáticos (por exemplo, a relação entre mente e corpo expressa no filme *Matrix*). O problema, neste caso, é como passar da esfera intuitiva das questões para sua expressão filosófica, em termos teóricos rigorosos;
- quando o professor deseja apresentar casos problemáticos relacionados à reflexão, também mediante o diálogo, aplicado às situações da vida e de conceitos filosóficos já estudados: porque o filme tem uma particular ligação com a realidade, e sua fruição pode ser uma experiência coletiva muito útil como recurso para o favorecimento de debates aprofundados entre os estudantes.

É claro que o exposto acima se trata de exemplos, uma vez que não existe na literatura uma classificação das tipologias dos exercícios e dos trabalhos filosóficos que fazem uso do filme como mediação didática.

1.2.4. O uso do filme como mediação didática nas aulas de Filosofia

Para Napolitano (2003, p. 11), *"trabalhar com o cinema em sala de aula é ajudar a escola a reencontrar a cultura ao mesmo tempo cotidiana e elevada, pois o cinema é o campo no qual a estética, o lazer, a ideologia e os valores sociais mais amplos são sintetizados numa mesma obra de arte"*. Nesse caso, o uso do cinema como mediação pedagógica é uma possibilidade de ampliar o universo cultural dos estudantes.

Já nas palavras de Almeida (2001, p. 29):

> é possível, mesmo o professor não se tornando um crítico cinematográfico altamente especializado, incorporar o cinema na sala de aula e em projetos escolares, de forma a ir muito além do "conteúdo" representado pelo filme. O significado de um texto/filme é o todo, amálgama desse conjunto de pequenas partes, em que cada uma não é suficiente para explicá-lo, porém todas são necessárias e cada uma só tem significação plena em relação a todas as outras.

A utilização do cinema como mediação didática na escola *"é importante porque traz para a escola aquilo que ela se nega a ser e que poderia transformá-la em algo vívido e fundamental: participante ativa da cultura e não repetidora e divulgadora de conhecimentos massificados, muitas vezes já deteriorados, defasados"* (Almeida, 2001, p. 48).

Por outro lado, é preciso que a atividade escolar com o uso do cinema, expresso em seu produto (o filme), vá além da experiência cotidiana, sem negá-la. Com efeito, a escola, com o professor como mediador, deve propor leituras mais ambiciosas, não restritas ao puro deleite, fazendo a ponte entre a emoção e a razão de forma direcionada e problematizadora, incentivando o aluno a tornar-se um espectador mais exigente e crítico, propondo relações entre conteúdo/linguagem do filme e conteúdo escolar. Isso é um desafio não somente para o professor de Filosofia, mas para todos os professores.

Diante disso, ouso pensar algumas questões que podem potencializar ou dificultar o uso do filme como mediação didática no ensino de Filosofia. Antes de tudo, na escolha do filme a ser incluído nas atividades de ensino, o professor deve levar em conta o problema da adequação e da abordagem por meio de reflexão prévia sobre seus objetivos gerais e específicos. Ao mesmo tempo, deve considerar os fatores que costumam influir no desenvolvimento e na adequação das atividades, como os relacionados a seguir.

- Possibilidades técnicas e organizativas: a disponibilidade de equipamentos na escola; o acesso fácil ou difícil ao filme; tempos diferentes entre as aulas e o filme; sala inadequada para exibição. Nesses casos, o mais importante para o professor é conhecer os limites e as possibilidades técnicas, antes mesmo de planejar as atividades didático-pedagógicas com o cinema.
- Articulação com o currículo/conteúdo, habilidades e conceitos: o professor precisa saber, de antemão, em que medida o conteúdo do filme está relacionado com o da disciplina e com que objetivo será utilizado na abordagem de determinado conteúdo. O filme, nesse caso, não pode ser meramente ilustrativo, mas deve apresentar conteúdos significativos para a aprendizagem dos alunos. É conveniente fazer um trabalho articulado com os conteúdos mais conceituais da disciplina, de modo que o filme seja, ao mesmo tempo, pretexto e conteúdo para a compreensão dos conceitos nela estudados.
- Abordagem do filme conforme a faixa etária e a etapa de aprendizagem dos alunos, assim como atenção aos valores culturais do grupo ao qual ele é proposto. Além disso, antes da exibição, é importante apresentar informações sobre o filme e falar dos objetivos almejados com seu uso na disciplina. É fundamental, para o sucesso da atividade, estabelecer um diálogo anterior, embora seja necessário evitar uma interpretação antecipada do filme, impedindo os alunos de fazer sua própria. Trata-se de ser cuidadoso na escolha do filme e no mapeamento do grupo.
- Para contornar dificuldades, o professor pode: selecionar alguns trechos ou cenas, no caso de filmes com assimilação mais difícil; informar os alunos a respeito do filme a ser exibido, estimulando a discussão e a pesquisa prévia sobre ele; minimizar o impacto de cenas mais difíceis de ser assimiladas.

Diante do exposto, a título de exemplo, passo a indicar, com base na proposta de Napolitano (2003, p. 79-100), a organização do planejamento das atividades e dos procedimentos básicos para o uso do filme no processo de ensino de Filosofia.

1) No planejamento das atividades

- Pensar no emprego do filme de acordo com um planejamento geral, considerando o objetivo geral da disciplina e os objetivos específicos como norteadores da escolha e dos procedimentos.
- Selecionar uma sequência de filmes a ser trabalhados ao longo do ano, tendo em mente o conjunto dos objetivos que a disciplina deve alcançar ou desenvolver ao longo do processo de ensino-aprendizagem.
- Antes de trabalhar com o filme em sala de aula, procurar informações básicas sobre ele, sobre seu contexto, temática, abordagem, fotografia, produção, ano de lançamento, entre tantas outras informações relacionadas à história do cinema e à sua trajetória nas sociedades humanas.
- Procurar conhecer a cultura cinematográfica da classe, sem fazer um juízo prévio dos valores que os alunos possuem. O importante é conhecer esses valores, para poder interferir neles durante o processo de ensino, e não antes mesmo de começar as atividades.

2) Na análise do filme
- Não iniciar o trabalho de análise exibindo o filme em classe. Caso a maioria possua aparelhos de videocassete ou de DVD, é mais produtivo os alunos assistirem ao filme na íntegra fora do horário de aula.
- Fornecer um roteiro de análise aos alunos, que pode ser dividido em duas partes: informativa, a título de subsídio para os alunos; interpretativa, provocando o olhar deles e delimitando algumas questões básicas para serem percebidas e assimiladas durante a primeira vez em que assistirem ao filme.

- Selecionar textos de apoio diretamente relacionados ao filme.
- Formar grupos de discussão com base nos relatórios: depois de o filme ser exibido e assimilado pelos alunos, é importante que eles possam aprofundar suas análises mediante debates em pequenos grupos.
- Organizar uma síntese da discussão grupal, relacionando-a com o conteúdo trabalhado no curso ou no tema em questão.
- Para uma análise mais aprofundada, é importante haver uma produção textual sobre o filme, seja individualmente, seja em grupo. De preferência, uma produção de caráter dissertativo, pois, para produzir o texto, o aluno terá de estruturar seu pensamento e refletir sistematicamente sobre o filme.
- Os procedimentos de análise, para chegarem à produção textual de caráter dissertativo, podem começar: pela reconstituição sumária da história (um roteiro do filme, mediante sinopse, reconstituição oral, reconstituição imagética/iconográfica/plástica, reconstrução gestual, teatralização); pela apresentação dos principais personagens e de suas características dramáticas; pela discussão da mensagem principal da obra (desenvolvimento do roteiro, conceitos tratados ao longo do filme, valores culturais, ideológicos).
- O trabalho em sala de aula (sob a coordenação do professor) pode ser conduzido de muitas maneiras: apresentação dos grupos com base em uma ficha de análise ou em um relatório; debate livre e estabelecimento das diferenças de leitura e análise (interpretações várias e correções de erros de leitura); articulação com o conteúdo trabalhado em sala de aula – que pode desdobrar-se em trabalhos complementares: dissertação temática; monografia com base em pesquisa mais aprofundada; apresentação de painel; jogos e gincanas; feiras científicas; criação de *sites*.

Considerações finais

Considerações finais

> *"A dificuldade de ensinar filosofia é que esta disciplina consiste mais numa ATITUDE intelectual do que num conjunto bem estabelecido de conhecimento"* (Savater, 2000, p. 31, grifo nosso)

A intenção central deste livro foi pensar, analisar, compreender, discutir, expressar, identificar, ordenar, reconhecer e relacionar o ensino de Filosofia como uma práxis epistemológica, metodológica e pedagógica. Esse tripé epistêmico, metódico e didático conjuga a ideia de que o filosofar, no espaço do ensino, configura-se como uma práxis formadora da atitude filosófica.

Evidenciou-se, ao longo da obra, a necessidade de construir mediações pedagógicas para o ensino de Filosofia, imprescindíveis para a formação da atitude filosófica, especialmente do iniciante nos estudos filosóficos. Pensar uma "didática" para a Filosofia consiste numa busca de identificação da especificidade do filosofar entre os estudantes. Ao mesmo tempo em que se buscam mediações pedagógicas, afirma-se a necessidade da Filosofia como detentora de um conteúdo que só ela pode oferecer. Portanto, o ensino dessa disciplina na escola deve efetivar-se como conteúdo específico no currículo. Nesse caso, ela não pode ser entendida como um conhecimento que apenas perpasse os demais. Academicamente, pode-se dizer que a Filosofia se encontra diluída nas diversas ciências, mas isso não constitui razão para deixar de ensiná-la aos jovens em sua especificidade. É preciso compreendê-la em sua dinâmica própria e assumi-la no processo de ensino.

Sustento, como tantos outros professores, que a Filosofia deve ser uma disciplina do currículo do ensino médio com um conteúdo e um método que lhe sejam inerentes. Defendemos

> Neste caso estou usando os termos pedagógico e didático como sinônimos, embora reconheça as distâncias teóricas que os separam.

> *"O ensino de Filosofia está intimamente associado a uma atitude pedagógico-cultural bem determinada: a de pretender uma articulação sem que esta se dê por meio de uma disciplina especializada na articulação, o que seria transformar a Filosofia numa metodologia abstrata. [...] A inserção curricular da Filosofia se distingue das outras disciplinas na medida em que pretende algo mais que o processamento da informação e o tratamento do raciocínio. Nas condições atuais, o caráter formador da Filosofia só pode ser pensado numa relação de tensão com a informação e com o treinamento. Que esta tensão se manifeste no currículo escolar é algo que deve ser inevitavelmente assumido, já que é esta tensão que abre o espaço para a manifestação da característica formadora da filosofia"* (Silva, 1993, p. 804).

Considerações finais

a ideia de que ela não pode ser trabalhada transdisciplinarmente. Nossa posição é que a transversalidade proposta pelos PCN constitui uma afronta à tradição interdisciplinar construída no País. Sabemos que a Filosofia pode exercer um papel fundamental na relação entre os diversos saberes componentes do currículo da escola, mas, para que isso ocorra, ela deve ser assumida como disciplina do currículo.

Este trabalho procurou fundamentar epistemologicamente o objeto e o método da Filosofia no ensino formal e só tem sentido se ela constituir disciplina curricular presente na escola. Ao defender essa ideia, pretendeu propor alternativas metodológicas para o ensino de Filosofia como conteúdo específico do saber e da cultura humana, que precisam e devem ser assumidos e compreendidos pelo jovem, pois o horizonte da compreensão de sua humanidade depende, em grande parte, desse conhecimento. Negar esse conteúdo é negar às novas gerações a possibilidade de uma hominização mais completa.

Ao sugerir um conjunto de mediações para o ensino de Filosofia, espero que possam dar uma dinâmica diferenciada ao processo didático da disciplina. A questão do método é fundamental para, com base na tradição, ampliar nosso universo de visão, educando o olhar para aprender a ver melhor o mundo à nossa volta. Apresentando a leitura e a escrita, a pesquisa, a imagem, o contexto social e a autoaprendizagem como mediações potencializadoras do ensino de Filosofia e de seu processo reflexivo, busco construir um espaço para que o conteúdo filosófico se amplie e proponho uma didática para esse ensino.

Pensar uma epistemologia da prática do filosofar é sempre risco muito grande, especialmente porque se trata de terreno demasiadamente problemático e insuficientemente trabalhado. Essa carência de nosso tempo impõe limites que não consegui transpor ou resolver no desenvolvimento deste livro. Tal realidade abre novas perspectivas para que continuemos assumindo uma atitude de busca permanente de nosso objeto de investigação, a qual não se esgota, mas se amplia um pouco mais com a presente proposta.

Certamente, ainda não existe consenso em torno do ensino de Filosofia. Porém, há uma preocupação geral e um sentimento nacional de que ela faz falta. Essa sensação de perda existente nos meios escolares é resultante da necessidade que temos, como humanos que somos, do conhecimento. Importa dizer que, no capitalismo contemporâneo, com o conhecimento sendo apropriado pelo mercado, mercantilizado e comercializado, mais do que nunca precisamos da Filosofia no espaço escolar, para orientar nossas ações e ideias como forma de manter-nos alertas sobre as amarras da ideologia, as quais facilmente nos aprisionam, aniquilam a crítica e cooptam a ação política.

O horizonte da Filosofia no ensino formal busca, para além de uma abstração da prática, uma prática que, abstraída, se constitua como perspectiva de ação transformadora do mundo. Esse diálogo entre pensamento e mundo fundamenta e justifica a necessidade da disciplina no espaço da escola. Porém, nossa sociedade (por meio das elites hegemonicamente dominantes no cenário nacional) tem negado sistematicamente essa possibilidade às novas gerações. Pensar uma didática da Filosofia no contexto de sua ausência é uma forma de resistência política e insistência pedagógica em favor da hominização operada pelo conhecimento. Isso por si só revela e põe a nu os limites da presente obra.

Por uma questão de compromisso prático e pedagógico, é preciso esforçar-se para propor e pensar a Filosofia mesmo onde seu espaço permanece comprimido num horizonte pedagógico sem identidade. É o caso do ensino médio brasileiro, cujos objetivos não estão nem devida nem claramente definidos no processo de formação dos jovens. O fato de ter assumido uma perspectiva muito mais voltada para a entrada do aluno na universidade tem dificultado e, por vezes, impedido a construção da identidade formativa desse nível de ensino. Esse impasse, ou essa falta de identidade do ensino médio, tem agravado a situação da Filosofia como processo sistemático nesse espaço.

Semelhante discussão, tão presente entre nós, não visa garantir um espaço para o licenciado em Filosofia, embora essa também seja uma luta justa. Trata-se, fundamentalmente, de pensar que tipo de formação se pretende oferecer às novas gerações. O alijamento da Filosofia do espaço escolar é apenas parte de um processo de descaso político para com toda a formação que deveria ter lugar no ensino médio, o que exigiria, como contraponto, a reestruturação de todo esse nível de ensino, e não apenas do espaço da Filosofia nesse contexto. O que se vê, de modo geral, é que a discussão sobre essa disciplina no âmbito da escola constitui apenas mais um paliativo para diminuir a dor de um paciente em estágio terminal. Ou seja, é um consolo ao moribundo, para que tenha morte menos dolorosa.

A despeito de todos os limites, concebi e propus caminhos possíveis para o ensino filosófico na escola. Fiz questão de afirmar que a perspectiva apresentada é uma entre outras existentes. De todo o modo, a instituição e a criação de uma didática para o ensino de Filosofia, especialmente para aquele destinado à escola, são necessidades urgentes. Este livro é resultado desse esforço. Porém há muito mais por ser feito, para que o ensino da Filosofia seja construído como horizonte da práxis revolucionária no interior de uma sociedade massificada. Creio que, mais do que nunca, essa disciplina constitui elemento fundamental para e no ensino médio, pois somente ela pode ser o "instrumento" constituinte da identidade humana num contexto de mercantilização dos sentidos, das relações e do conhecimento humano. Esse papel não pode ser delegado a nenhuma outra ciência, até porque a Filosofia se tem preocupado com a compreensão do humano numa perspectiva mais universal.

Pensar uma didática do ensino de Filosofia só tem sentido quando as formas, os conteúdos e as mediações do processo de ensino da disciplina constituem uma práxis transformadora dos indivíduos e da sociedade em contextos concretos de produção autônoma do conhecimento. Com a esperança de ter contribuído para tal horizonte de sentido, repito as significativas palavras de Comte-Sponville (2001, p. 58), as quais de alguma forma traduzem o espírito que orientou a elaboração destas linhas: *"nunca se faz mais que continuar, eu sei, e é para o que me esforço, e o que me regozija".*

BIBLIOGRAFIA

Bibliografia

ADORNO, Theodor W. *Educação e emancipação*. Rio de Janeiro: Paz e Terra, 1995.

ALMEIDA, Custodio Luís S. de. *Hermenêutica e dialética*: dos estudos platônicos ao encontro com Hegel. Porto Alegre: Edipucrs, 2002.

ALMEIDA, Milton J. *Imagens e sons*: a nova cultura oral. São Paulo: Cortez, 2001.

ALTAMURA, D. L'incubo della civiltà e il sogno della natura nel film "Sogni" di Kurosawa. In: *Comunicazione Filosofica*, nº 8, 1999. Disponível em: <www.sfi.it>. Acesso em: 28 out. 2003.

ALTET, Marguerite. *As pedagogias da aprendizagem*. Lisboa: Instituto Piaget, 1999.

_____. *La formation professionnelle des enseignants*. Paris: PUF, 1994.

ALTHUSSER, Louis. Ideologia e aparelhos ideológicos do Estado (notas para uma investigação). In: ZIZEK, Slavoj (Org.). *Um mapa da ideologia*. Rio de Janeiro: Contraponto, 1996. p. 105-142.

ANDRÉ, Marli. *O papel da pesquisa na prática e na formação dos professores*. Campinas: Papirus, 2002.

_____. Pesquisa, formação e prática docente. In:_____. *O papel da pesquisa na formação e na prática dos professores*. Campinas: Papirus, 2001. p. 55-71.

APPLE, Michael W. *Conhecimento oficial*: a educação democrática numa era conservadora. Petrópolis: Vozes, 1997.

_____. *Educação e poder*. Tradução de Maria Cristina Monteiro. 2. ed. Porto Alegre: Artes Médicas, 2002.

_____. *Educando à direita*: mercados, padrões, Deus e desigualdade. São Paulo: Cortez: Instituto Paulo Freire, 2003.

_____. *Ideologia e currículo*. São Paulo: Brasiliense, 1982.

ARANHA, Maria Lúcia de Arruda; MARTINS, Maria Helena Pires. *Filosofando*: introdução à Filosofia. São Paulo: Moderna, 1996.

ARISTÓTELES. *Metafísica*. São Paulo: Nova Cultural, 1979. (Os pensadores.)

_____. *Metafísica*. Porto Alegre: Globo, 1969.

ASTOLFI, Jean-Pierre. *L'école pour apprendre*. Paris: ESF, 1992.

BACELAR E OLIVEIRA, J. Crítica. In: _____. *Verbo:* enciclopédia luso-brasileira de cultura. Lisboa: Verbo, [1974?].

BAGNO, Marcos. *Pesquisa na escola:* o que é, como se faz. 4. ed. São Paulo: Loyola, 2000.

BAKHTIN, Mikhail Mikhailovitch. *Estética da criação verbal*. São Paulo: Martins Fontes, 2000.

BARREIRO, Cristhianny Bento. Questionamento sistemático: alicerce na reconstrução dos conhecimentos. In: MORAES, Roque; LIMA, Valderez Marina do Rosário. *Pesquisa em sala de aula:* tendências para a educação em novos tempos. Porto Alegre: Edipucrs, 2002. p. 171-188.

BASSO, Maximino. *A atividade filosófica:* o modo de conceber e fazer filosofia de alguns pensadores da época contemporânea. Brasília: Universa, 1998.

BEHRENS, Marilda Aparecida. Projetos de aprendizagem colaborativa num paradigma emergente. In: MORAN, José Manuel; MASETTO, Marcos T.; BEHRENS, Marilda Aparecida. *Novas tecnologias e mediação pedagógica*. 5. ed. Campinas: Papirus, 2002. p. 67-132.

BEILLEROT, J. A "pesquisa": esboço de uma análise. In: ANDRÉ, Marli. *O papel da pesquisa na formação e na prática dos professores.* Campinas: Papirus, 2001. p. 71-90.

BENJAMIN, Walter. *O conceito de crítica de arte no Romantismo alemão*. 2. ed. São Paulo: Iluminuras, 1999.

_____. *Obras escolhidas:* magia, técnica, arte e política. São Paulo: Brasiliense, 1987.

BERBAUM, Jean. *Développer la capacité d'apprendre*. Paris: ESF, 1992.

BERBEL, Neusi Aparecida Navas; GIANNASI, Maria Julia (Org.). *A metodologia da problematização aplicada em curso de educação continuada e a distância. Londrina:* UEL, 1999.

BERGSON, Henri. *Matéria e memória:* ensaio sobre a relação do corpo com o espírito. São Paulo: Martins Fontes, 1999.

BERTICELLI, Ireno Antonio. Currículo: tendências e filosofia. In: COSTA, Marisa Vorraber (Org.). *O currículo nos limiares do contemporâneo*. 3. ed. Rio de Janeiro: DP&A, 2001.

BETTS, G. T. The autonomous learner model for the gifted and talented. In: COLANGELO, N.; DAVIS, G. (Org.). *Handbook of gifted education*. Massachusetts: Allyn & Bacon, 1991.

BLOOM, Benjamin. *Caractéristiques indivisualles et apprentissages scolaires*. Paris: Labor Nathan, 1979.

BOAVIDA, João. *Filosofia:* do ser e do ensinar. Coimbra: Universidade de Coimbra, 1991.

BOOTH, Wayne C.; COLOMB, Gregor G.; WILLIAMS, Josep M. *A arte da pesquisa*. São Paulo: Martins Fontes, 2000.

BORKOWSKI, J.; CARR, M.; PRESSLEY, M. Spontaneous strategy use: perspectives from metacognitive theory. *Intelligence*, 11, p. 61-75, 1987.

BORNHEIM, Gerd A. As metamorfoses do olhar. In: NOVAES, Adauto (Org.). *O olhar*. São Paulo: Companhia das Letras, 1997. p. 89-95.

BOSI, Alfredo. Fenomenologia do olhar. In: NOVAES, Adauto (Org.). *O olhar*. São Paulo: Companhia das Letras, 1997. p. 65-88.

BOURDIEU, Pierre. *Razões práticas:* sobre a teoria da ação. Campinas: Papirus, 1996.

BOUTINET, Jean-Pierre. *Antropologia do projeto*. 5. ed. Porto Alegre: Artmed, 2002.

BUORO, Anamelia Bueno. *Olhos que pintam:* a leitura da imagem e o sentido da arte. São Paulo: Educ: Fapesp: Cortez, 2002.

BURÓN, J. *Enseñar a aprender:* introducción a la metacognición. Bilbao: Ediciones Mensajero, 1993.

BUZZI, Arcângelo R. *Introdução ao pensar:* o ser, o conhecimento, a linguagem. Petrópolis: Vozes, 1991.

CABRERA, J. *Da Aristotele a Spielberg:* capire la Filosofia attraverso i film. Milano: Bruno Mandadori, 2000.

CAÑAL, P. et al. *Investigar la escuela:* elementos para una enseñanza alternativa. Sevilha: Díada, 1997.

_____. Investigación escolar y estrategias de enseñanza por investigación. *Investigación en la escuela*, Sevilla, nº 38, p. 15-36, 1999.

CANDAU, Vera M. (Org.). *A Didática em questão*. Petrópolis: Vozes, 1986.

CANDIDO, Celso; CARBONARA, Vanderlei (Org.). *Filosofia e ensino:* um diálogo transdisciplinar. Ijuí: Unijuí, 2004.

CARRAHER, David Willian. *Senso crítico:* do dia a dia às ciências humanas. 2. ed. São Paulo: Pioneira, 1993.

CARTOLANO, Maria Tereza Penteado. *Filosofia no ensino de 2º grau*. São Paulo: Cortez, 1985.

CASAGRANDA, Edison Alencar. A Filosofia com crianças e o diálogo como princípio educativo. In: FAVERO, Altair Alberto; RAUBER, Jaime José; KOHAN, Walter. *Um olhar sobre o ensino de filosofia*. Ijuí: Unijuí, 2002. p. 129-148.

CASTELLANOS, D.; CÓRDOVA, M. D. *Hacia una comprensión de la inteligencia*. Havana: Iplac, 1996.

_____; GRUEIRO, I. *¿Puede ser el maestro un facilitador?:* una reflexión sobre la inteligencia y su desarrollo. Havana: Iplac, 1996.

CERLETTI, Alejandro A. Ensino da Filosofia e filosofia do ensino. In: GALLO, Silvio; CORNELLI Gabriele; DANELON, Márcio (Org.). *A filosofia do ensino de Filosofia*. Petrópolis: Vozes, 2003. p. 61-69.

CHARLOT, Bernard (Org.). *Os jovens e o saber:* perspectivas mundiais. Porto Alegre: Artmed, 2001.

_____. *Da relação com o saber:* elementos para uma teoria. Porto Alegre: Artmed, 2000.

CHAUÍ, Marilena. *Convite à Filosofia*. São Paulo: Ática, 1996.

_____. Janela da alma, espelho do mundo. In: NOVAES, Adauto (Org.). *O olhar*. São Paulo: Companhia das Letras, 1997. p. 31-64.

CHOMSKY, Noam. *Os caminhos do poder:* reflexões sobre a natureza humana e a ordem social. Porto Alegre: Artmed, 1998a.

_____. *Linguagem e mente:* pensamentos atuais sobre antigos problemas. Brasília: UnB, 1998b.

COMTE-SPONVILLE, André. *Uma educação filosófica*. São Paulo: Martins Fontes, 2001.

CORAZZA, Sandra Mara. Por uma formação repleta de sentido. In: ESTEBAN, Maria Teresa; ZACCUR, Edwiges (Org.). *Professora-pesquisadora:* uma práxis em construção. Rio de Janeiro, DP&A, 2002. p. 55-70.

CORBISIER, Roland. Prefácio do tradutor. In: FOUGEYROLAS, Pierre. *A Filosofia em questão*. Rio de Janeiro: Paz e Terra, 1972. p. ix-xxiii.

CORDI, Cassiano et al. *Para filosofar*. São Paulo: Scipione, 1995.

CORNU, L.; VERGNOUX, A. *La Didactique en questions*. Paris: Hachette, 1992.

CORTELA, Mario Sergio. *A escola e o conhecimento:* fundamentos epistemológicos e políticos. 4. ed. São Paulo: Cortez: Instituto Paulo Freire, 2001.

COSSUTTA, Frédéric. *Elementos para a leitura dos textos filosóficos*. São Paulo: Martins Fontes, 1994.

COSTA, Marisa Vorraber (Org.). *O currículo nos limiares do contemporâneo*. 3. ed. Rio de Janeiro: DP&A, 2001.

CUNHA, José Auri. *Filosofia:* iniciação à investigação filosófica. São Paulo: Atual, 1992.

CUNHA, Marcus Vinicius da. *John Dewey:* uma filosofia para educadores em sala de aula. Petrópolis: Vozes, 1994.

CURY, Augusto Jorge. *Inteligência multifocal:* análise da construção dos pensamentos e da formação de pensadores. São Paulo: Cultrix, 1998.

D'ANTONIO, Nicola. *Un "regista filosofico":* Krzysztof Kieslowski. Il giardino dei pensieri, nov. 2002. Disponível em: <http://www.ilgiardinodeipensieri.com/storiafil/dantonio-2.htm>. Acesso em: 28 out. 2003.

DAMIS, Olga Teixeira. Didática: suas relações, seus pressupostos. In: VEIGA, Ilma Passos Alencastro (Coord.). *Repensando a Didática*. 16. ed. Campinas: Papirus, 2000. p. 13-24.

DAMKE, Ilda Righi. *O processo do conhecimento na pedagogia da libertação:* as ideias de Freire, Fiori e Dussel. Petrópolis: Vozes, 1995.

DANILOV, M.; SKATKIN, M. *Didáctica de la escuela média*. Havana: Pueblo y Educación, 1985.

DELEUZE, Gilles. *A filosofia crítica de Kant*. Lisboa: Edições 70, 1994.

_____. *Cinema 1:* l'immagine-movimento. Milano: Ubulibri, 1993.

_____. *Cinema 2:* l'immagine-tempo. Milano: Ubulibri, 1997.

_____; GUATTARRI, Félix. *O que é a Filosofia?* Rio de Janeiro: Editora 34, 1992.

DELVAL, Juan. *Aprender a aprender*. 5. ed. Campinas: Papirus, 2002.

DEMO, Pedro. *Saber pensar*. São Paulo: Cortez: Instituto Paulo Freire, 2000a.

_____. *Pesquisa e construção de conhecimento:* metodologia científica no caminho de Habermas. 4. ed. Rio de Janeiro: Tempo Brasileiro, 2000b.

_____. *Pesquisa:* princípio científico e educativo. 9. ed. São Paulo: Cortez, 2002.

DESHAIES, Bruno. *Metodologia da investigação em ciências humanas*. Lisboa: Instituto Piaget, 1997.

DEVELAY, Michel. *De l'apprentissage à l'enseignement*. Paris: ESF, 1992.

DEWEY, John. *Como pensamos:* como se relaciona o pensamento reflexivo com o processo educativo, uma exposição. 4. ed. São Paulo: Nacional, 1979.

_____. *Experiência e educação*. São Paulo: Nacional, 1982.

DIDI-HUBERMAN, Georges. *O que vemos, o que nos olha*. São Paulo: Editora 34, 1998.

DUSSEL, Enrique D. *Método para uma filosofia da libertação*. São Paulo: Loyola, 1986.

EITERER, Carmen Lúcia. Da Companhia de Jesus aos nossos dias: um comentário sobre a história do ensino de Filosofia na escola média no Brasil. In: PIOVESAN, Américo et al. (Org.). *Filosofia e ensino em debate*. Ijuí: Unijuí, 2002. p. 471-482.

ELIAS, Marisa del Cioppo. *Célestin Freinet:* uma pedagogia de atividade e cooperação. Petrópolis: Vozes, 1997.

ELLIOT, J. *Reconstructing teacher education*. Londres: Falmer Press, 1993.

ESTEBAN, Maria Teresa; ZACCUR, Edwiges (Org.). *Professora--pesquisadora:* uma práxis em construção. Rio de Janeiro, DP&A, 2002.

FABBRINI, Ricardo Nascimento. O ensino de Filosofia no 2º grau: uma "língua de segurança". In: ARANTES, Paulo et al. A *Filosofia e seu ensino*. Petrópolis: Vozes; São Paulo: Educ, 1995. p. 87-94.

FAVARETTO, Celso Fernando. Notas sobre ensino de Filosofia. In: ARANTES, Paulo et al. *A Filosofia e seu ensino*. Petrópolis: Vozes; São Paulo: Educ, 1995. p. 77-86.

FÁVERO, Altair Alberto; ROUBER, Jaime José; KOHAN, Walter (Org.). *Um olhar sobre o ensino de Filosofia*. Ijuí: Unijuí, 2002.

FAZENDA, Ivani C. Arantes. *Didática e interdisciplinaridade.* Campinas: Papirus, 1998.

_____. *Interdisciplinaridade:* um projeto em parceria. 5. ed. São Paulo: Loyola, 2002.

_____. *Interdisciplinaridade:* história, teoria e pesquisa. Campinas: Papirus, 1994.

FELDMAN, Daniel. *Ajudar a ensinar:* relações entre didática e ensino. Porto Alegre: Artmed, 2001.

FERNÁNDEZ, Alicia. *O saber em jogo:* a psicopedagogia propiciando autorias de pensamento. Porto Alegre: Artmed, 2001.

FIORI, Ernani Maria. *Educação e política.* Porto Alegre: L&PM, 1991.

_____. *Metafísica e história:* textos escolhidos. Porto Alegre: L&PM, 1987.

FLAVELL, J. Metacognitive aspects of problem solving. In: RESNICK, L. B. *The nature of intelligence.* New Jersey: John Wiley & Sons, 1976. p. 231-235.

FOLSCHEID, Dominique; WUNENBURGER, Jean-Jaques. *Metodologia filosófica.* São Paulo: Martins Fontes, 1997.

FONSECA, Vitor da. *Aprender a aprender:* a educabilidade cognitiva. Porto Alegre: Artmed, 1998.

FOUGEYROLAS, Pierre. *A Filosofia em questão. Rio de Janeiro:* Paz e Terra, 1972.

FRANCO, Maria Amélia Santoro. *Pedagogia como ciência da educação.* Campinas: Papirus, 2003.

FRANCO, Sérgio de Gouvêa. *Hermenêutica e psicanálise na obra de Paul Ricoeur.* São Paulo: Loyola, 1995.

FRAWLEY, William. *Vygotsky e a ciência cognitiva:* linguagem e integração das mentes social e computacional. Porto Alegre: Artes Médicas Sul, 2000.

FREINET, Célestin. *Ensaio de psicologia sensível.* Lisboa: Presença, 1976.

FREIRE, Paulo. *Conscientização:* teoria e prática da libertação. Uma introdução ao pensamento de Paulo Freire. São Paulo: Moraes, 1980.

_____. *Ação cultural para a liberdade e outros escritos*. 7. ed. Rio de Janeiro: Paz e Terra, 1982.

_____. *Pedagogia do oprimido*. Rio de Janeiro: Paz e Terra, 1986.

_____. *Pedagogia da esperança:* um reencontro com a pedagogia do oprimido. Rio de Janeiro: Paz e Terra, 1997a.

_____. *Pedagogia da autonomia:* saberes necessários à prática educativa. Rio de Janeiro: Paz e Terra, 1997b.

_____. *A importância do ato de ler*. 45. ed. São Paulo: Cortez, 2003.

_____; FAUNDEZ, Antônio. *Por uma pedagogia da pergunta*. 4. ed. Rio de Janeiro: Paz e Terra, 1985.

FRISON, Lourdes Maria Bragagnolo. Pesquisa como superação da aula copiada. In: MORAES, Roque; LIMA, Valderez Marina do Rosário. *Pesquisa em sala de aula:* tendências para a educação em novos tempos. Porto Alegre: Edipucrs, 2002. p. 143-158.

GADAMER, Hans-Georg. A incapacidade para o diálogo. In: ALMEIDA, Custódio Luís; FLICKNGER, Hans-Georg; ROHDEN, Luiz. *Hermenêutica filosófica:* nas trilhas de Hans-Georg Gadamer. Porto Alegre: Edipucrs, 2000. p. 129-140.

_____. *Verdad y método:* fundamentos de una hermenéutica filosófica. Salamanca: Sigueme, 1977.

GADOTTI, Moacir. *Escola cidadã:* uma aula sobre autonomia da escola. São Paulo: Cortez, 1992.

_____. *Pensamento pedagógico brasileiro*. São Paulo: Ática, 1987.

GALIAZZI, Maria do Carmo. O professor na sala de aula com pesquisa. In: MORAES, Roque; LIMA, Valderez Marina do Rosário. *Pesquisa em sala de aula:* tendências para a educação em novos tempos. Porto Alegre: Edipucrs, 2002. p. 293-316.

GALLINA, Simone F. S. A disciplina de Filosofia e o ensino médio. In: GALLO, Silvio; KOHAN, Walter Omar. *Filosofia no ensino médio*. Petrópolis: Vozes, 2000. p. 34-46.

GALLO, Silvio. A especificidade do ensino de Filosofia: em torno dos conceitos. In: PIOVESAN, Américo et al. (Org.). *Filosofia e ensino em debate*. Ijuí: Unijuí, 2002. p. 193-225.

_____. Filosofia no ensino médio: em busca de um mapa conceitual. In: FÁVERO, Altair Alberto; RAUBER, Jaime José; KOHAN, Walter Omar. *Um olhar sobre o ensino de Filosofia*. Ijuí: Unijuí, 2002. p. 189-208.

_____; CORNELLI, Gabriele; DANELON, Márcio (Org.). *Ensino de Filosofia:* teoria e prática. Ijuí: Unijuí, 2004.

_____; _____; _____. *A filosofia do ensino de Filosofia.* Petrópolis: Vozes, 2003.

GARCÍA, L. et al. *Los retos al cambio educativo.* Havana: Pueblo y Educación, 1996.

GARCIA, Regina Leite; ALVES, Nilda. Conversa sobre pesquisa. In: ESTEBAN, Maria Teresa; ZACCUR, Edwiges (Org.). *Professora-pesquisadora:* uma práxis em construção. Rio de Janeiro: DP&A, 2002. p. 105-125.

GARCIA, Rolando. *O conhecimento em construção:* das formações de Jean Piaget à teoria de sistemas complexos. Porto Alegre: Artmed, 2002.

GARDNER, Howard. *Estruturas da mente:* a teoria das inteligências múltiplas. Porto alegre: Artes Médicas, 1994.

_____. *Inteligência:* um conceito reformulado. Rio de Janeiro: Objetiva, 2000.

GARRIDO, Elsa. *O ensino da Filosofia no 2° grau e a compreensão de textos:* um levantamento em São Paulo e uma aplicação da técnica de "Cloze". 1988. Tese – Faculdade de Educação da USP, São Paulo.

GHEDIN, Evandro. A escola e o modelo de justificação da exploração e reprodução ideológica: a tese de Habermas. *Outras Palavras,* nº 3, 2003a. Disponível em: <http://orbita.starmedia.com/outraspalavras/art17eg.htm>. Acesso em: 20 out. 2003.

_____. *A Filosofia e o filosofar.* São Paulo: Uniletras, 2003b.

_____. A problemática da Filosofia no ensino médio. In: FÁVERO, Altair Alberto; RAUBER, Jaime José; KOHAN, Walter Omar. *Um olhar sobre o ensino de Filosofia.* Ijuí: Unijuí, 2002a. p. 209-234.

_____. Professor reflexivo: da alienação da técnica à autonomia da crítica. In: PIMENTA, Selma Garrido; GHEDIN, Evandro. *Professor reflexivo no Brasil:* gênese e crítica de um conceito. São Paulo: Cortez, 2002b. p. 129-150.

_____. Educação e despolitização: a tese de Habermas. In: ENCONTRO DE PESQUISA DO NORTE NORDESTE, 15., 2001a, São Luís (MA). *Anais...* São Luís: Universidade Federal do Maranhão, 2001a. GT 17.

_____. Bakhtin e o discurso: a desvelação verbal do real e a construção do sentido na produção do conhecimento. In: SEMINÁRIO INTERNACIONAL DE EDUCAÇÃO, 1., 2001b, Cianorte (PR). *Anais...* Cianorte: Universidade Estadual de Maringá, 2001b. p. 872-877.

_____. Reflexão e educação: o processo fundador da condição humana. *Amazônida* - Revista do Programa de Pós-Graduação em Educação da Universidade Federal do Amazonas, ano 4/5, nº 1/2, p. 27-36, 1999/2000a.

_____. *A Filosofia no ensino:* a formação do pensamento reflexivo-crítico. 2000b. Dissertação – Universidade Federal do Amazonas, Manaus.

_____. Ética e educação: caminhos entrecruzados. *Amazônida* - Revista do Programa de Pós-Graduação em Educação da Universidade Federal do Amazonas, Manaus, ano 4, nº 1, p. 9-21, 1999.

_____ et al. *Currículo e ensino básico.* Manaus: UEA, 2004.

_____; FRANCO, Maria Amélia Santoro. *Pesquisa em educação:* questões de método. São Paulo: Cortez, 2006 (no prelo).

GILES, Thomas Ranson. *O que é filosofar.* São Paulo: EPU, 1984.

GILSON, Etiene. *A Filosofia na Idade Média.* São Paulo: Martins Fontes, 1995.

GIROUX, Henry A. *A escola crítica e a política cultural.* São Paulo: Cortez: Autores Associados, 1992.

_____. *Cruzando as fronteiras do discurso educacional:* novas políticas em educação. Porto Alegre: Artes Médicas Sul, 1999.

_____. *Os professores como intelectuais:* rumo a uma pedagogia crítica da aprendizagem. Porto Alegre: Artes Médicas, 1997.

GÓMEZ, A. P. Ensino para a compreensão. In: SACRISTÁN, J. Gimeno; GÓMEZ, A. I. Pérez. *Compreender e transformar o ensino.* Porto Alegre: Artmed, 2000. p. 67-98.

GONÇALVES FILHO, Antenos Antônio. Visão de totalidade e prática liderante em educação. *Educação Brasileira*, Brasília, v. 11, nº 23, p. 81-98, 2. sem. 1989.

GONÇALVES FILHO, José Moura. Olhar e memória. In: NOVAES, Adauto (Org.). *O olhar.* São Paulo: Companhia das Letras, 1997. p. 95-124.

GOODSON, Ivor F. *Currículo: teoria e história.* Petrópolis: Vozes, 1995.

GRAMSCI, Antonio. *Concepção dialética da história*. 10. ed. Rio de Janeiro: Civilização Brasileira, 1995.

_____. *Os intelectuais e a organização da cultura*. Rio de Janeiro: Civilização Brasileira, 1968.

GRETER, Francisco Paulo. *A especificidade do ensino de Filosofia no currículo e na prática pedagógica do 2º grau:* educar para a inteligibilidade mediante a apropriação de uma linguagem de segurança. 1997. Dissertação – Faculdade de Educação da USP, São Paulo.

HABERMAS, Jurgen. *Conhecimento e interesse*. Rio de Janeiro: Zahar, 1982.

_____. *Técnica e ciência como "ideologia"*. Lisboa: Edições 70, 1994.

_____. *Técnica e ciência enquanto 'ideologia'*. Tradução de Zeliko Loparic. In: _____. Textos escolhidos. São Paulo: Abril Cultural, 1975. p. 303-333. (Os pensadores, 48.)

_____. *Dialética e hermenêutica*: para a crítica da hermenêutica de Gadamer. Porto Alegre: L&PM, 1987.

HARGREAVES, Andy. *Profesorado, cultura y postmodernidad*. Madrid: Morata, 1996.

HEGEL, G. W. F. *Fenomenologia do espírito*. Petrópolis: Vozes, 2000.

HEGENBERG, Leonidas. *Saber de e saber que:* alicerces da racionalidade. Petrópolis: Vozes, 2002.

HEIDEGGER, Martin. *O que quer dizer pensar*. In:_____. Ensaios e conferências. Petrópolis: Vozes, 2002. p. 111-124.

_____. *Ser e tempo*. Petrópolis: Vozes, 1988. t. 1-2.

HERNÁNDEZ, Fernando. *Els estudis sobre el pensament del mestre i la innovación educativa*. Guix, Barcelona, nº 125, p. 4-7, 1998a.

_____. La globalización mediante proyectos de trabajo. *Cuadernos de Pedagogía*, nº 185, 1998b.

_____; SANCHO, J. M. *Para enseñar no basta con saber la asignatura*. Barcelona: Laia, 1989.

_____; VENTURA, Montserrat. *A organização do currículo por projetos de trabalho: o conhecimento é um caleidoscópio*. 5. ed. Porto Alegre: Artmed, 1998.

HORKHEIMER, Max. *Eclipse da razão*. São Paulo: Centauro, 2000.

HORN, Geraldo B. A presença da Filosofia no currículo do ensino médio brasileiro: uma perspectiva histórica. In: GALLO, Silvio; KOHAN, Walter Omar. *Filosofia no ensino médio.* Petrópolis: Vozes, 2000. p. 17-33.

HUISMAN, Denis. *Dicionário de obras filosóficas.* São Paulo: Martins Fontes, 2000.

JAPIASSU, Hilton. *Nem tudo é relativo:* a questão da verdade. São Paulo: Letras & Letras, 2001.

_____. *Um desafio à Filosofia:* pensar-se nos dias de hoje. São Paulo: Letras & Letras, 1997.

JASPERS, Karl. *Iniciação filosófica.* Lisboa: Guimarães, 1987.

_____. *Introdução ao pensamento filosófico.* São Paulo: Cultrix, [ca. 1970].

JOLY, Martine. *Introdução à análise da imagem.* 6. ed. Campinas: Papirus, 2003.

JONNAERT, Philippe; BORGHT, Cécile Vander. *Criar condições para aprender:* o socioconstrutivismo na formação do professor. Porto Alegre: Artmed, 2002.

KEMMIS, S. *El curriculum:* más allá de la teoria de la reprodución. Madrid: Morata, 1988.

KIRK, G. S.; RAVEM, J. E.; SCHOFIELD, M. *Os filósofos pré-socráticos:* história crítica com seleção de textos. 4. ed. Lisboa: Fundação Calouste Gulbenkian, 1994.

KOHAN, Walter Omar. Perspectivas atuais do ensino de Filosofia *no Brasil.* In: FÁVERO, Altair Alberto; RAUBER, Jaime José; KOHAN, Walter Omar. *Um olhar sobre o ensino de Filosofia.* Ijuí: Unijuí, 2002.

_____. *Ensino da Filosofia:* perspectivas. Belo Horizonte: Autêntica, 2002.

_____. *Filosofia:* caminhos para seu ensino. Rio de Janeiro: DP&A, 2004a.

_____ (Org.). *Políticas do ensino de Filosofia.* Rio de Janeiro: DP&A, 2004b.

_____; LEAL, Bernardina; RIBEIRO, Álvaro (Org.). *Filosofia na escola pública.* Petrópolis: Vozes, 2000.

KONDER, Leandro. *O futuro da filosofia da práxis:* o pensamento de Marx no século XXI. Rio de Janeiro: Paz e Terra, 1992.

KOSIK, Karel. *Dialética do concreto.* 2. ed. Rio de Janeiro: Paz e Terra, 1976.

LABARRERE, A. *Pensamiento:* análisis y autorregulación en la actividad cognitiva de los alumnos. México: Metaphilosophy. 1994.

LAKATOS, E. M.; MARCONI, M. de A. *Fundamentos de metodologia científica.* São Paulo: Atlas, 1985.

LANGÓN, Mauricio. Filosofia do ensino de Filosofia. In: GALLO, Silvio; CORNELLI, Gabriele; DANELON, Márcio (Org.). *A Filosofia do ensino de Filosofia.* Petrópolis: Vozes, 2003. p. 90-100.

LAVILLE, Christian; DIONNE, Jean. *A construção do saber:* manual de metodologia da pesquisa em ciências humanas. Porto Alegre: Artmed; Belo Horizonte: UFMG, 1999.

LERNER, Delia. *Ler e escrever na escola:* o real, o possível e o necessário. Porto Alegre: Artmed, 2002.

LÉVINAS, Emmanuel. *Humanismo do outro homem.* Petrópolis: Vozes, 1993.

LIBÂNEO, José Carlos. *Didática.* São Paulo: Cortez, 1994.

_____. *Fundamentos teóricos e práticos do trabalho docente:* um estudo introdutório sobre pedagogia e didática. 1990. Tese – Pontifícia Universidade Católica, São Paulo.

LIMA, Márcio Antônio Cardoso. *O ensino de Filosofia e suas contradições.* Governador Valadares: Univale, 2002.

LIPMAN, Matthew. *O Pensar na educação.* Petrópolis: Vozes, 1995.

LISITA, Verbena; ROSA, Dalva; LIPOVETSKY, Noêmia. Formação de professores e pesquisa: uma relação possível? In: ANDRÉ, Marli. *O papel da pesquisa na formação e na prática dos professores.* Campinas: Papirus, 2001. p. 107-128.

LUDKE, Menga. A complexa relação entre o professor e a pesquisa. In: ANDRÉ, Marli. *O papel da pesquisa na formação e na prática dos professores.* Campinas: Papirus, 2001a. p. 27-54.

_____. *O professor e a pesquisa.* Campinas: Papirus, 2001b.

LUQUE, A. Aprender enseñando-aprender a enseñar: la interacción en la construcción del conocimiento y en los procesos de ayuda educativa. In: SEMINÁRIO SOBRE CONSTRUTIVISMO E EDUCAÇÃO, 3., 1997, Sevilla. *Resumos.* Universidad de Sevilla, 1997. p. 75-78.

LURIA, Alexander Romanovich. *Pensamento e linguagem:* as últimas conferências de Luria. Porto Alegre: Artes Médicas, 1986.

MACHADO, Nilson José. *Epistemologia e didática:* as concepções de conhecimento e inteligência e a prática docente. São Paulo: Cortez, 1995.

MACIEL, Auterives. *Perceptos e afetos.* Disponível em: <http://www2.uerj.br/~labore/perceptos_e_afetos_main.htm>. Acesso em: 4 nov. 2003. 5 p.

MARTINS, Angela Maria. *Autonomia da escola:* a (ex)tensão do tema nas políticas públicas. São Paulo: Cortez, 2002.

MARTINS, Marcos F. Uma nova Filosofia para um novo ensino médio. In: GALLO, Silvio; KOHAN, Walter Omar. *Filosofia no ensino médio.* Petrópolis: Vozes, 2000. p. 94-111.

MATRIX. Direção: Andy e Larry Wachowski. 1999.

MATURANA, Humberto. *Ontologia da realidade.* Belo Horizonte: UFMG, 2001.

McCOMBS, B. The role of the self-system in self-regulated learning. *Contemporary Educational Psychology*, 11, p. 314-332, 1986.

MEIRIEU, Philippe. *Aprender... sim, mas como.* Porto Alegre: Artes Médicas, 1998.

MERLEAU-PONTY, Maurice. *Elogio da Filosofia.* Lisboa: Guimarães, 1998.

_____. *Fenomenologia da percepção.* São Paulo: Freitas Bastos, 1971.

_____. *L'oil et esprit.* Paris: Gallimard, 1964.

_____. *O visível e o invisível.* 3. ed. São Paulo: Perspectiva, 1999.

MEYER, Philippe. *O olho e o cérebro: biofilosofia da percepção visual.* São Paulo: Unesp, 2002.

MIALARET, Gaston. *Pédagogie générale.* Paris: PUF, 1991.

MIRANDA, Marília Gouvea. O professor pesquisador e sua pretensão de resolver a relação entre teoria e a prática na formação de professores. In: ANDRÉ, Marli. *O papel da pesquisa na formação e na prática dos professores.* Campinas: Papirus, 2001. p. 129-143.

MIRAS, Mariana. Um ponto de partida para a aprendizagem de novos conteúdos: os conhecimentos prévios. In: COLL, Cesar et al. *O construtivismo na sala de aula.* São Paulo: Ática, 2003. p. 57-78.

MONDIN, Batista. *O homem, quem é ele?*: elementos de antropologia filosófica. 5. ed. São Paulo: Paulus, 1980.

MORAES, Roque. *Produção numa sala de aula com pesquisa:* superando os limites e construindo possibilidades. Educação, Porto Alegre, nº 40, v. 23, p. 9-38, abr. 2000.

_____. A pesquisa na educação de professores de Química. In: ENCONTRO DE DEBATES SOBRE O ENSINO DE QUÍMICA, 17., 1997, Ijuí. *Anais...* Ijuí, 1997.

_____; RAMOS, Maurivan G. The use of research in teacher education. In: CONFERENCE OF THE ISTE, 21st, 1998, South Africa. *Proceedings.* South Africa, 1998.

_____; GALIAZZI, Maria do Carmo; RAMOS, Maurivan G. Pesquisa em sala de aula: fundamentos e pressupostos. In: MORAES, Roque; LIMA, Valderez Marina do Rosário. *Pesquisa em sala de aula:* tendências para a educação em novos tempos. Porto Alegre: Edipucrs, 2002 p. 9-24.

_____. Educar pela pesquisa: exercício de aprender a aprender. In: _____; LIMA, Valderez Marina do Rosário. *Pesquisa em sala de aula:* tendências para a educação em novos tempos. Porto Alegre: Edipucrs, 2002a. p. 127-142.

MORAES, Roque. Produção em sala de aula com pesquisa: superando limites e construindo possibilidades. In: _____; LIMA, Valderez Marina do Rosário. *Pesquisa em sala de aula:* tendências para a educação em novos tempos. Porto Alegre: Edipucrs, 2002b. p. 203-236.

MOREIRA, Antônio Flávio Barbosa. *Currículo:* questões atuais. 6. ed. Campinas: Papirus, 2001.

_____. *Currículos e programas no Brasil.* 9. ed. Campinas: Papirus, 2002.

_____. O currículo como política cultural e a formação docente. In: SILVA, Tomaz Tadeu da; MOREIRA, Antonio Flávio Barbosa (Org.). *Territórios contestados:* o currículo e os novos mapas políticos e culturais. Petrópolis: Vozes, 1995.

MORETTO, Vasco Pedro. *Construtivismo:* a produção do conhecimento em aula. Rio de Janeiro: DP&A, 2000.

MORIN, Edgar. *A religação dos saberes:* o desafio do século XXI. Rio de Janeiro: Bertrand Brasil, 2001.

_____. *Complexidade e transdisciplinaridade:* a reforma da universidade e do ensino fundamental. Natal: Edufrn, 2000.

_____. *O método 3:* o conhecimento do conhecimento. Porto Alegre: Sulina, 1999.

MORRA, G. *Sociologia e antropologia.* Fossano: Esperiense, 1971.

MURCHO, Desidério. Matrix, cepticismo e o valor da realidade. *Intelectu*, nº 8, maio 2003. Disponível em: <http://www.intelectu.com/arquivo.html>. Acesso em: 9 out. 2003.

NAPOLITANO, Marcos. *Como usar o cinema na sala de aula.* São Paulo: Contexto, 2003.

NAVIA, Ricardo J. Reflexiones sobre la metodología en la enseñanza media de la Filosofía. *Reflexão*, Campinas, ano XV, nº 43, p. 35-44, jan./abr. 1989.

NIETZSCHE, Friedrich Wilhelm. Ecce homo: como tornar-se o que se é. In: _____. *Obras incompletas.* São Paulo: Nova Cultural, 1996. p. 409-459.

NISBET, John; SHUCKSMITH, Janet. *Estratégias de aprendizaje.* Madrid: Antillanas, 1993.

NOGUEIRA, Nilbo Ribeiro. *Pedagogia dos projetos:* uma jornada interdisciplinar rumo ao desenvolvimento das múltiplas inteligências. 3. ed. São Paulo: Érica, 2002.

NOVAES, Adauto. De olhos vedados. In: _____ (Org.). *O olhar.* São Paulo: Companhia das Letras, 1997. p. 9-20.

NUNES, Benedito. *Dois ensaios e duas lembranças.* Belém: Secult: Unama, 2000.

OLIVEIRA, Ana Cláudia de. As semioses pictóricas. *Face,* São Paulo, v. 4, nº 2, p. 104-125, 1995.

OLIVEIRA, José Alcimar de. *Educação e barbárie no Brasil:* onze reflexões inteiriças e inconclusas sobre o Iluminismo, a razão instrumental e a educação danificada. 1998. Dissertação – Universidade do Amazonas, Manaus.

OLIVEIRA, Marcos Barbosa de; OLIVEIRA, Marta Kohl de. *Investigações cognitivas:* conceitos, linguagem e cultura. Porto Alegre: Artmed, 1999.

OLIVEIRA, Maria Auxiliadora Monteiro. *O ensino da Filosofia no 2º grau da escola brasileira:* um percurso histórico, até a realidade mineira dos anos 80. 1993. Dissertação – Pontifícia Universidade Católica, São Paulo.

OLIVEIRA, Maria Rita N. S. *A reconstrução da didática:* elementos teórico-metodológicos. 4. ed. Campinas: Papirus, 2002.

OLSON, D. R. *The world on paper:* the conceptual and cognitive implications of writing and reading. New York: Cambridge University Press, 1994.

ONFRAY, Michel. Revolta. In: LE NOUVEL OBSERVATEUR. Café Philo: as grandes indagações da Filosofia. Rio de Janeiro: Jorge Zahar, 1999. p. 32-37.

ONRUBIA, Javier. Ensinar: criar zonas de desenvolvimento proximal. In: COLL, Cesar et al. *O construtivismo na sala de aula.* São Paulo: Ática, 2003. p. 123-152.

OSTROWER, Fayga. A construção do olhar. In: NOVAES, Adauto (Org.). *O olhar.* São Paulo: Companhia das Letras, 1997. p. 167-182.

PACCA, J.; VILLANI, A. A competência dialógica do professor de ciências no Brasil. In: REUNIÃO ANUAL DA ANPED, 20.,1997, Caxambu. **Anais...** Caxambu, 1997.

PAVIANI, Jaime. *Formas do dizer:* questões de método, conhecimento e linguagem. Porto Alegre: Edipucrs, 1998.

PENTEADO, Heloísa Dupas. *Comunicação escolar:* uma metodologia de ensino. São Paulo: Salesiana, 2002.

PÉREZ, Francisco Carvajal; GARCÍA, Joaquim Ramos. *Ensinar ou aprender a ler e a escrever?:* aspectos teóricos do processo de construção significativa, funcional e compartilhada do código escrito. Porto Alegre: Artmed, 2001.

PIAGET, Jean. *A linguagem e o pensamento da criança.* 7. ed. São Paulo: Martins Fontes, 1999.

PIMENTA, Selma Garrido. A didática como mediação na construção da identidade do professor: uma experiência de ensino e pesquisa. In: ANDRÉ, Marli; OLIVEIRA, Maria Rita N. S. (Org.). *Alternativas do ensino de Didática.* Campinas: Papirus, 1997. p. 37-70.

_____. A prática (e a teoria) docente re-significando a Didática. In: ANDRÉ, Marli; OLIVEIRA, Maria Rita N. S. (Org.). *Confluências e divergências entre didática e currículo.* Campinas: Papirus, 1998. p. 153-176.

_____. Formação de professores: identidade e saberes da docência. In: _____ (Org.). *Saberes pedagógicos e atividade docente.* São Paulo: Cortez, 2000.

_____. Professor reflexivo: construindo uma crítica. In: _____; GHEDIN, Evandro. *Professor reflexivo no Brasil:* gênese e crítica de um conceito. São Paulo: Cortez, 2002.

_____; ANASTASIOU, Léa das Graças C. *Docência no ensino superior*. São Paulo: Cortez, 2002. v. 1.

_____; GHEDIN, Evandro. *Professor reflexivo no Brasil*: gênese e crítica de um conceito. São Paulo: Cortez, 2002.

PINKER, Steven. *Como a mente funciona*. São Paulo: Companhia das Letras, 1998.

PIOVESAN, Américo et al. (Org.). *Filosofia e ensino em debate*. Ijuí: Unijuí, 2002.

PLATÃO. *Teeteto*. Belém: UFPA, 1973.

POPPER, Karl R. A ciência normal e seus perigos. In: LAKATOS, Imre; MUSGRAVE, Alan (Org.). *A crítica e o desenvolvimento do conhecimento:* quarto volume das atas do Colóquio Internacional sobre Filosofia da Ciência realizado em Londres em 1965. São Paulo: Cultrix, 1979. p. 63-71.

PORLAN, R.; RIVERO, A. *El conocimiento de los profesores*. Sevilla: Díada, 1998.

PORTO, Patrícia de Cássia Pereira. Professora-pesquisadora no tecido escolar. In: ESTEBAN, Maria Teresa; ZACCUR, Edwiges (Org.). *Professora-pesquisadora:* uma práxis em construção. Rio de Janeiro: DP&A, 2002. p. 87-104.

PUCCI, Bruno (Org.). *Teoria crítica e educação:* a questão da formação cultural na Escola de Frankfurt. Petrópolis: Vozes, 1995.

RABUSKE, Edvino A. *Antropologia filosófica:* um estudo sistemático. 5. ed. Petrópolis: Vozes, 1993.

RAMOS, Maurivan G. Os significados da pesquisa na ação docente e a qualidade no ensino. *Educação*, Porto Alegre: Edipucrs, nº 40, p. 39-56, abr. 2000.

RAMOS-DE-OLIVEIRA, Newton; ZUIN, Antônio Álvaro Soares; PUCCI, Bruno (Org.). *Teoria crítica, estética e educação*. Campinas: Autores Associados; Piracicaba: Unimep, 2001.

RATHS, Louis E. et al. *Ensinar a pensar*. São Paulo: EPU, 1977.

RAYS, Oswaldo Alonso. A questão da metodologia do ensino na Didática escolar. In: VEIGA, Ilma Passos Alencastro (Coord.). *Repensando a Didática*. 16. ed. Campinas: Papirus, 2000. p. 83-95.

REALE, Giovanni; ANTISERI, Dario. *História da Filosofia:* do Renascimento até nossos dias. São Paulo: Paulus, 1991.

REBOUL, Oliver. *Filosofia da educação*. São Paulo: Companhia Editora Nacional: Universidade de São Paulo, 1974.

REZENDE, Antônio (Org.). *Curso de Filosofia para professores e alunos dos cursos de segundo grau e de graduação*. 7. ed. Rio de Janeiro: Jorge Zahar: Seaf, 1997.

RICOEUR, Paul. *História e verdade*. Rio de Janeiro: Companhia Editora Forense, 1968.

_____. *Da interpretação:* ensaio sobre Freud. Rio de Janeiro: Imago, 1977.

_____. *Interpretação e ideologia*. Rio de Janeiro: Francisco Alves, 1990.

_____. *O conflito das interpretações:* ensaios de hermenêutica. Rio de Janeiro: Imago, 1978.

_____. *Teoria da interpretação:* o discurso e o excesso de significação. Lisboa: Edições 70, 2000.

RIOS, Terezinha Azerêdo. *Compreender e ensinar:* por uma docência da melhor qualidade. São Paulo: Cortez, 2001.

RODRIGUES, João Assis. *O professor enquanto mediador do conhecimento crítico-emancipatório no ensino de Filosofia no 2º grau*. Vitória: Universidade Federal do Espírito Santo, 1993.

RODRÍGUEZ, Clara Suárez; TORO, Maria de. La capacidad de aprendizaje. Una propuesta didáctica. *Revista del Instituto Superior Técnico de Costa Rica*, Costa Rica, 1998.

ROLLA, Aline Bertilla Mafra; SANTOS NETO, Antônio dos; QUEIROZ, Ivo Pereira de. *Filosofia e ensino:* possibilidades e desafios. Ijuí: Unijuí, 2003. 280 p.

ROSSI, Roberto. *Introdução à Filosofia:* história e sistemas. São Paulo: Loyola, 1996.

ROUANET, Sergio Paulo. *A razão cativa:* as ilusões da consciência, de Platão a Freud. 3. ed. São Paulo: Brasiliense,1990.

_____. *As razões do Iluminismo*. São Paulo: Companhia das Letras, 1998.

_____. O olhar iluminista. In: NOVAES, Adauto (Org.). *O olhar*. São Paulo: Companhia das Letras, 1997. p. 95-124.

RUBINSTEIN, S. L. *El problema de las capacidades y las cuestiones relativas a la teoría psicológica*. Havana: Pueblo y Educación, 1985.

SACRISTÁN, J. Gimeno; GÓMEZ, A. I. Pérez. *Compreender e transformar o ensino*. Porto Alegre: Artmed, 1998.

SALOMON, Délcio Vieira. *A maravilhosa incerteza:* ensaio de metodologia dialética sobre a problematização no processo de pensar, pesquisar e criar. São Paulo: Martins Fontes, 2000.

SALVADOR, C. et al. La evaluación de los aprendizajes desde el punto de vista del profesorado: un análisis constructivista. In: SEMINÁRIO SOBRE CONSTRUTIVISMO E EDUCAÇÃO, 3., 1997a, Sevilla. *Resumos*. Sevilla: Universidad de Sevilla, 1997a. p. 19-28.

SALVADOR, C. et al. Implicaciones de la concepción constructivista de la enseñanza y el aprendizaje para el estudio de las prácticas educativas escolares: unidades y niveles de análisis. In: SEMINÁRIO SOBRE CONSTRUTIVISMO E EDUCAÇÃO, 3., 1997b, Sevilla. *Resumos*. Sevilla: Universidad de Sevilla, 1997b. p. 25-31.

SALVADOR, César Coll. *Aprendizagem escolar e construção do conhecimento*. Porto Alegre: Artes Médicas, 1994.

SÁNCHEZ, Caridad Moncada. *Metodología para el diagnóstico de la capacidad de aprendizaje*. Cuba: Universidade de Oriente, 1997.

_____. Modelo pedagógico de la capacidad de aprendizaje: alternativa preventiva e integradora. In: ENCUENTRO MUNDIAL DE LA EDUCACIÓN ESPECIAL, 2., 1998a, Havana (Cuba). *Anales...* Havana, 1998a.

_____. Alternativa para elevar la calidad del proceso de enseñanza aprendizaje. In: SIMPOSIO IBEROAMERICANO DE INVESTIGACIÓN Y EDUCACIÓN, 2., 1998b, Havana (Cuba). *Anales...* Havana, 1998b.

_____; RODRÍGUEZ, Clara Suárez. Como diagnosticar la capacidad de aprendizaje en los escolares. In: CONGRESSO LATINOAMERICANO EM PEDAGOGIA, 1999, Havana (Cuba). *Anales...* Havana, 1999.

SANT'ANNA, Liza Martins; MENEGOLLA, Maximiliano. *Didática:* aprender a ensinar. 6. ed. São Paulo: Loyola, 2000.

SANTORO, André; ANGELO, Cláudio. Zoológico de gênios. *Superinteressante*, São Paulo, ano 14, n⁰ 1, jan. 2000.

SANTOS, Boaventura de Souza. *Pela mão de Alice:* o social e o político na pós-modernidade. 4. ed. São Paulo: Cortez, 1997.

SANTOS, Lucíola L. C. P. Dilemas e perspectivas na relação entre ensino e pesquisa. In: ANDRÉ, Marli. *O papel da pesquisa na formação e na prática dos professores*. Campinas: Papirus, 2001. p. 11-26.

SARTRE, Jean-Paul. *O existencialismo é um humanismo*. São Paulo: Nova Cultural, 1987a.

_____. *O ser e o nada:* ensaio de ontologia fenomenológica. 4. ed. Petrópolis: Vozes, 1997.

_____. Questão de método. São Paulo: Nova Cultural, 1987b.

SAVATER, F. *O meu dicionário filosófico*. Lisboa: Dom Quixote, 2000.

SAVIANI, Demerval. *Educação:* do senso comum à consciência filosófica. 6. ed. São Paulo: Cortez: Autores Associados, 1985.

SCHWARTZ, Suzana. De objetos a sujeitos da relação pedagógica: a pesquisa na sala de aula. In: MORAES, Roque; LIMA, Valderez Marina do Rosário. *Pesquisa em sala de aula: tendências para a educação em novos tempos.* Porto Alegre: Edipucrs, 2002. p. 159-170.

SEARLE, John R. *Mente, linguagem e sociedade:* filosofia no mundo real. Rio de Janeiro: Rocco, 2000.

SEVERINO, Antonio Joaquim. Do ensino de Filosofia: estratégias interdisciplinares. In: ENCONTRO NACIONAL DE DIDÁTICA E PRÁTICA DE ENSINO – ENDIPE, 11., 26-29 maio 2002a, Goiânia. *Anais...* Goiânia, 2002a. p. 191-193. Painel 55.

_____. O uno e o múltiplo: o sentido antropológico do interdisciplinar. In: JANTSCH, Ari Paulo; BIANCHETTI, Lucídio. *Interdisciplinaridade:* para além da filosofia do sujeito. 6. ed. Petrópolis: Vozes, 2002b. p. 159-176.

_____. Os embates da cidadania: ensaio de uma abordagem filosófica da nova LDB. In: BRZEZINSKI, Iria (Org.). *LDB interpretada.* 7. ed. São Paulo: Cortez, 2002c.

_____. A importância do ler e do escrever no ensino superior. In: CASTANHO, Sérgio; CASTANHO, Maria Eugênia (Org.). *Temas e textos em metodologia do ensino superior.* Campinas: Papirus, 2001a. p. 71-79.

_____. *Educação, sujeito e história.* São Paulo: Olho d'água, 2001b.

_____. A Filosofia da Educação no Brasil: esboço de uma trajetória. In: GHIRALDELLI, Paulo (Org.). *O que é Filosofia da Educação.* 2. ed. Rio de Janeiro: DP&A, 2000a.

_____. *Metodologia do trabalho científico.* 21. ed. São Paulo: Cortez, 2000b.

_____. *A Filosofia contemporânea no Brasil:* conhecimento, política e educação. 2. ed. Petrópolis: Vozes, 1999.

_____. Da possibilidade do estatuto científico da Didática: um olhar filosófico. In: ENDIPE: CONFERÊNCIAS, SIMPÓSIOS, MESAS REDONDAS, 8., 1996, Florianópolis. *Anais...* Florianópolis, 1996. v. 2.

_____. *Filosofia da Educação*: construindo a cidadania. São Paulo: FTD, 1994a.

_____. *Filosofia.* São Paulo: Cortez, 1994b.

_____. *Educação*: ideologia e contra-ideologia. São Paulo: EPU, 1986.

_____. O papel da Filosofia no Brasil: compromissos e desafios atuais. *Reflexão*, Campinas: Puccamp, nº 17, p. 5-12, 1975.

SILVA, Ezequiel Theodoro da. *Criticidade e leitura:* ensaios. Campinas: Mercado de Letras: Associação de Leitura do Brasil, 1998.

SILVA, Franklin Leopoldo e. Currículo e formação: o ensino da Filosofia. *Síntese Nova Fase*, Belo Horizonte, v. 20, n° 63, p. 797-806, out./dez. 1993.

_____. História da Filosofia: centro ou referencial. In: NIELSEN NETO, Henrique (Org.). *O ensino de Filosofia no 2º grau.* São Paulo: Sofia: Seaf, 1986.

SILVA, Tomaz Tadeu da; MOREIRA, Antonio Flávio. *Territórios contestados:* o currículo e os novos mapas políticos e culturais. Petrópolis: Vozes, 1995.

SIMONS, Doris C.; CRUZ, Irene G. Enseñanza y estrategias de aprendizaje: los caminos del aprendizaje autorregulado. In: ENCUENTRO POR LA UNIDAD DE LOS EDUCADORES LATINOAMERICANOS, 1999, Havana (Cuba). *Pedagogia 99*. Havana, 1999.

SOARES, Magda. As pesquisas nas áreas específicas influenciando o curso de formação de professores. In: ANDRÉ, Marli. *O papel da pesquisa na formação e na prática dos professores.* Campinas: Papirus, 2001. p. 91-106.

SOLÉ, Isabel. Disponibilidade para a aprendizagem e sentido da aprendizagem. In: COLL, Cesar et al. *O construtivismo na sala de aula.* São Paulo: Ática, 2003. p. 29-55.

SOUZA, Sonia Maria Ribeiro. *Por que Filosofia?:* uma abordagem histórico-didática do ensino de Filosofia no 2º grau. 1992. Tese – Universidade de São Paulo, São Paulo.

_____. *Um outro olhar:* filosofia. São Paulo: FTD, 1995.

STEIN, Ernildo. *Seminário sobre a verdade:* lições preliminares sobre o parágrafo 44 de Sein und Zeit. Petrópolis: Vozes, 1993.

_____. *Aproximações sobre hermenêutica.* Porto Alegre: Edipucrs, 1996.

STERNBERG, R. J. A triarchic theory of intellectual giftedness. In: _____; DAVISON, J. E. (Org.). *Conceptions of giftedness.* New York: Cambridge University, 1986. p. 222-243.

SUMARES, Manuel. *O sujeito e a cultura na filosofia de Paul Ricoeur:* para além da necessidade. Lisboa: Escher, 1989.

TELES, Maria Luiza Silveira. *Filosofia para jovens:* uma iniciação à Filosofia. Petrópolis: Vozes, 1996.

TISHMAN, Shari; PERKINS, David N.; JAY, Eileen. *A cultura do pensamento na sala de aula.* Porto Alegre: Artes Médicas Sul, 1999.

TORRES, Carlos Alberto. *Pedagogia da luta:* da pedagogia do oprimido à escola pública popular. Campinas: Papirus, 1997.

TREVISAN, Amarildo Luiz. Ideia para um ensino de Filosofia por imagens. In: REUNIÃO ANUAL DA ANPED, 26., 2003, Poços de Caldas. *Anais...* Poços de Caldas, 2003. GT 17.

TROMBINO, Mario. *Immagini e allegati*. Disponível em: <http://www.athenaforum.org>. Acesso em: 28 out. 2003.

_____. La tigre e il dragone. Il giardino dei pensieri, nov. 2001. Disponível em: <http://www.ilgiardinodeipensieri.com/storiafil/immagini-1.htm>. Acesso em: 28 out. 2003.

VASCONCELLOS, Celso dos S. *Planejamento:* projeto de ensino-aprendizagem e projeto político-pedagógico. São Paulo: Libertad, 1999.

_____. _____. 7. ed. São Paulo: Libertad, 2000.

VÁZQUEZ, Adolfo Sánchez. *Filosofia da práxis*. Rio de Janeiro: Paz e Terra, 1977.

_____. *Filosofia e circunstâncias*. Rio de Janeiro: Civilização Brasileira, 2002.

VEIGA, Ilma Passos A. Metodologia do ensino no contexto da organização do trabalho pedagógico. In: LEITE, Denise B. C.; MOROSINI, Marília (Org.). *Universidade futurante:* produção do ensino e inovação. Campinas: Papirus, 1997.

VYGOTSKY, L. S. *A construção do pensamento e da linguagem*. São Paulo: Martins Fontes, 2000.

_____. *A construção social da mente*. São Paulo: Martins Fontes, 2001.

WACHOWICZ, Lílian Anna. *O método dialético na Didática*. Campinas: Papirus, 1991.

WUENSCH, Ana M.; VALADÃO, Erasmo B. A relação do projeto Filosofia na Escola com o ensino médio. In: KOHAN, Walter Omar; LEAL, Bernardina; RIBEIRO, Álvaro (Org.). *Filosofia na escola pública*. Petrópolis: Vozes, 2000. p. 281-295.

XAVIER, Ismail. *O discurso cinematográfico: opacidade e transparência*. Rio de Janeiro: Paz e Terra: 1997a.

_____. Cinema: revelação e engano. In: NOVAES, Adauto (Org.). O olhar. São Paulo: Companhia das Letras, 1997b. p. 367-384.

ZABALA, Antoni. *A prática educativa:* como ensinar. Porto Alegre: Artmed, 1998.

_____. *Enfoque globalizador e pensamento complexo: uma proposta para o currículo escolar*. Porto Alegre: Artmed, 2002.

ZIZEK, Slavoj (Org.). *Um mapa da ideologia*. Rio de Janeiro: Contraponto, 1996.

ZUIN, Antônio Álvaro Soares. *Indústria cultural e educação: o novo canto da sereia*. Campinas: Autores Associados, 1999.

Evandro Ghedin é Licenciado e pós-graduado em Filosofia pela Universidade Católica de Brasília (UCB), especialista em Antropologia na Amazônia e mestre em Educação pela Universidade Federal do Amazonas (Ufam). Doutorou-se em Filosofia da Educação, sob orientação do Prof. Dr. Antônio Joaquim Severino, na Faculdade de Educação da Universidade de São Paulo (USP). É professor na Universidade do Estado do Amazonas (UEA), onde coordena o Programa de Pós-Graduação e Pesquisa em Educação e Ensino de Ciências na Amazônia. É professor no curso de Licenciatura em Filosofia na Faculdade Salesiana Dom Bosco (FSDB). Tem pesquisado nos últimos dez anos sobre o ensino de Filosofia. Destas pesquisas produziu: *A Filosofia no ensino* – a formação do pensamento reflexivo-crítico (Dissertação de Mestrado) e *O filosofar como práxis* – pressupostos epistemológicos e implicações metodológicas para seu ensino na Escola Média (Tese de Doutorado). Possui experiência em coordenação pedagógica na formação de professores. Lidera o Grupo Integrado de Estudos e Pesquisas em Formação de Professores para o Ensino de Ciências (CNPq); lidera o Grupo de Neurodidática e formação de professores para o Ensino de Ciências (CNPq/UEA/Fapeam) e é membro do Grupo de Pesquisa em Formação do Educador (Gepefe-Feusp--CNPq). É autor de *Professor Reflexivo no Brasil*: gênese e crítica de um conceito (em parceria com Selma Garrido Pimenta e outros) pela Cortez Editora; *A Filosofia e o Filosofar* pela Editora Uniletras; *Pesquisa em Educação: Alternativas investigativas com objetos complexos* (em parceria com Selma Garrido Pimenta e Maria Amélia Santoro Franco e outros) pela Editora Loyola; possui 14 obras organizadas, vários capítulos de livros e artigos publicados.